JN117877

旅行ガイドにない
アジアを歩く

YOKOHAMA

横浜

鈴木　晶

YOKOHAMA
横浜

東神奈川ノースピア入口

ランドマークと日本丸

初代「飛鳥」と花火

“Jack” “Queen” “King”

国際連合70周年に「国連ブルー」でライトアップされたマリンタワー

ベイブリッジ

山手111番館

本牧の桜並木

行き交う大型客船

バス「あかいくつ」

横浜海岸教会

コンテナ船

本牧お馬流し

生麦蛇も蚊も祭り

子安浜

幕末～関東大震災

かつての埋立地を示す斜面

明治期殉職警官碑

「青い目の人形」像

インド水塔

「象の鼻」の震災遺構

旧横浜正金銀行

インド水塔での震災セレモニー

日清戦争碑

日露戦争墓

15年戦争

大通り公園「平和祈念碑」

5/29のみ見学可能な「平和祈念碑」内部

空襲の痕跡（熊野神社）

空襲の痕跡（金蔵院）

空襲の痕跡（末吉不動）

空襲の痕跡が残るJR鶴見線国道駅

氷川丸

日吉台地下壕

かつての「疎開道路」標識（磯子区）

戦後社会

横浜固有の戦後建築遺産である防火帯建築

英連邦戦死者墓地

大学生が植えた被爆アオギリ2世（明治学院大学横浜キャンパス）

戦後の野毛闇市を移動した都橋ビル

「昭和二十年」碑（神奈川区）

米軍機墜落事故「和枝碑」（青葉区）

米軍の横浜ノース・ドック

寿町の炊き出し

80's ~ 90's

IR候補地の山下埠頭

コンテナ化で激減した艀

90年代半ばまで鶴見線で走っていた旧型電車

工事中のランドマーク

90年代初頭まで赤レンガ倉庫は落書きだらけ

横浜日劇

中華街のディスプレー

Mix Culture

横浜トリエンナーレ2001 オノ・ヨーコの展示（銃痕のあるドイツの貨車）

同2017アイ・ウェイウェイの展示（欧州難民のボートとライフジャケット）

三ッ池公園内のコリア庭園（鶴見区）

中華街のイベント

おきなわ物産センター（鶴見区）

インド・ディワリ祭

「平和のための戦争展よこはま」

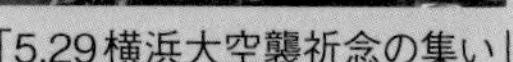
「5.29横浜大空襲祈念の集い」

イントロダクション

横浜は、世界に開かれた魅力にあふれる港町です。大きな中華街があって「シウマイ弁当」も有名ですね。

高度経済成長のまっただ中に、私は横浜の下町で生まれました。海へ行って埠頭や貨物線で遊び、丘の上から行きかう船を見て育ちました。

そのころ、「書を捨て街へ出よ」という言葉が流行ったそうです。既成のルールにとらわれず、自分で考え行動しろ、ということなのでしょう。

いま、横浜を歩くとたくさんの歴史や建物の説明板があります。

近代の横浜は、江戸・東京の隣にあって貿易都市としてデビューし、やがて工業・軍事都市化が進み、関東大震災、横浜大空襲で焼け野原になりながら、復興しました。この間日本各地、欧米、アジアなどから人々がやってきました。戦後、経済的に失速した横浜は「観光」で復活しました。

80年代、元町のファッション「ハマトラ」が流行り、刑事ドラマのエンドロールで主役が駆けぬける赤レンガは観光名所になりました。「歴史」の視点が見えにくくなっています。

福井藩の武士・岡倉勘右衛門は、横浜で外国人向け商館を営み、そこで岡倉覚三（天心）が生まれました。天心は東京美術学校（現東京芸大）の設立に関わり、ボストン美術館に赴任、またインドを訪れタゴールとの親交から反英運動に協力するなど、アジアへの確かなまなざしを持っていました。しかし朝鮮への視点は異なっていました。時代の深層を見る難しさを感じます。

私は横浜人気を喜びつつ、「経済」によって「歴史」の視点が解体されやすいと感じ、フェアな視点でこの地を再認識したい、と考えました。その方法として、史跡という「ほんもの」を通して、近現代の軌跡の「構造」をつかめるよう、まとめてみました。

起きたことは一つでも、それをどう認識するかで、歴史の捉え方が変わる場合があります。「横浜」を通してこれまでと、これからの日本やアジア、グローバル世界を考える一端になればうれしいです。また、自分の地元と世界をつなげて社会のあり方を考えてほしいと思います。

そこで冒頭の言葉をアレンジします。
「書を抱き、旅に出よう！」

YOKOHAMA GLOBAL HISTORY MAP

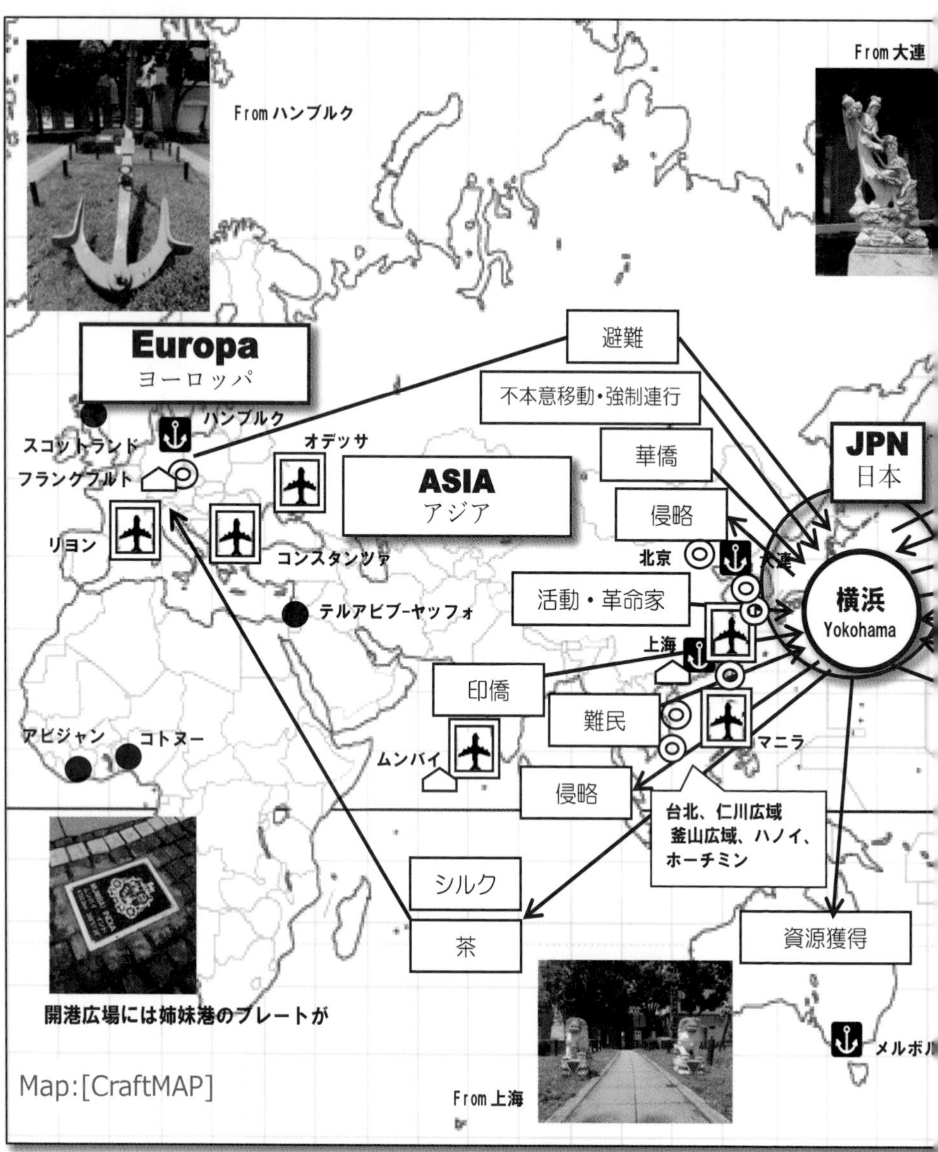

横浜と世界を結ぶネットワーク

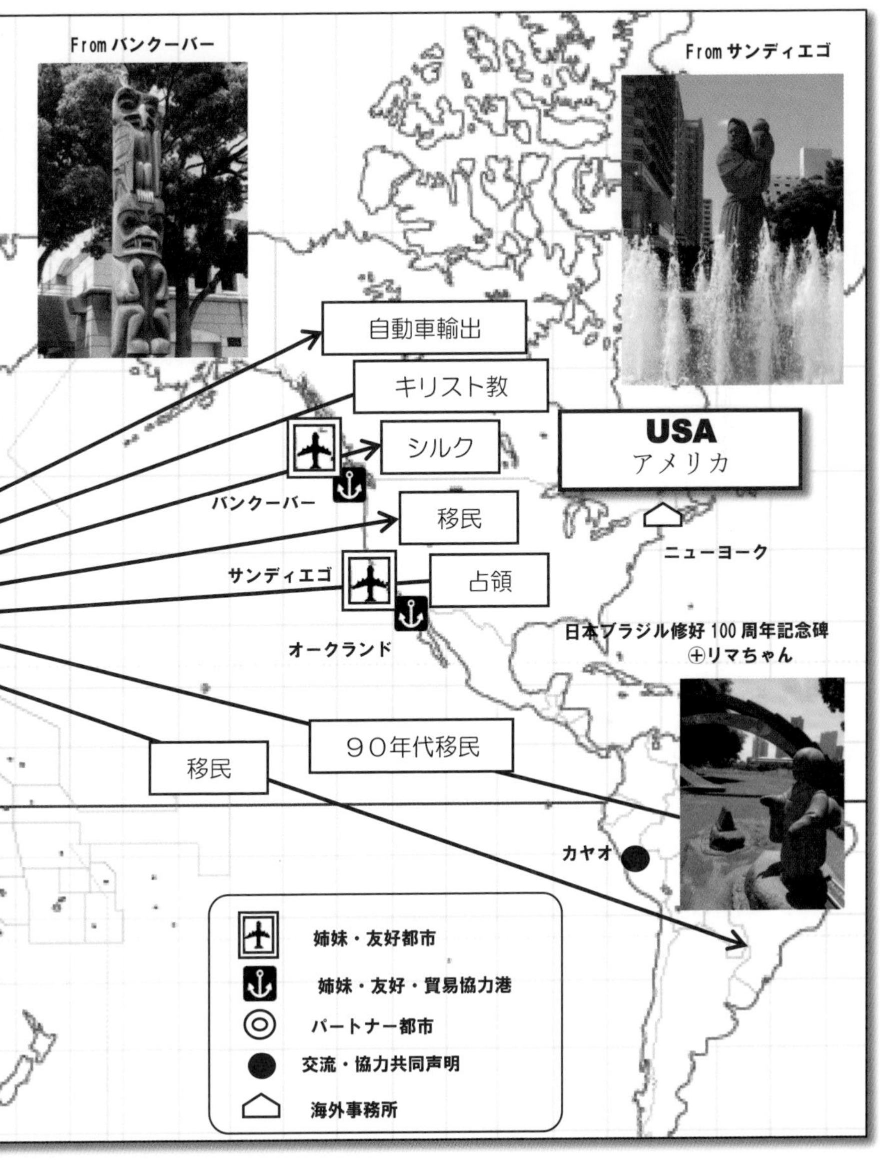

もくじ

口絵

序章

1章　明治前期の横浜～幕末から明治へ～

2章 明治後期から大正時代の横浜～強国化と格差～

3章 大正時代の横浜～工業都市化と格差～

4章　昭和前期の横浜～不況・ファシズムから戦争へ～

5章　「戦後」の横浜

◆本文掲載写真のうち、（L）は横浜中央図書館所蔵、（R）は横浜市史資料室所蔵資料、それ以外は、著者による撮影です。

Yokohama map

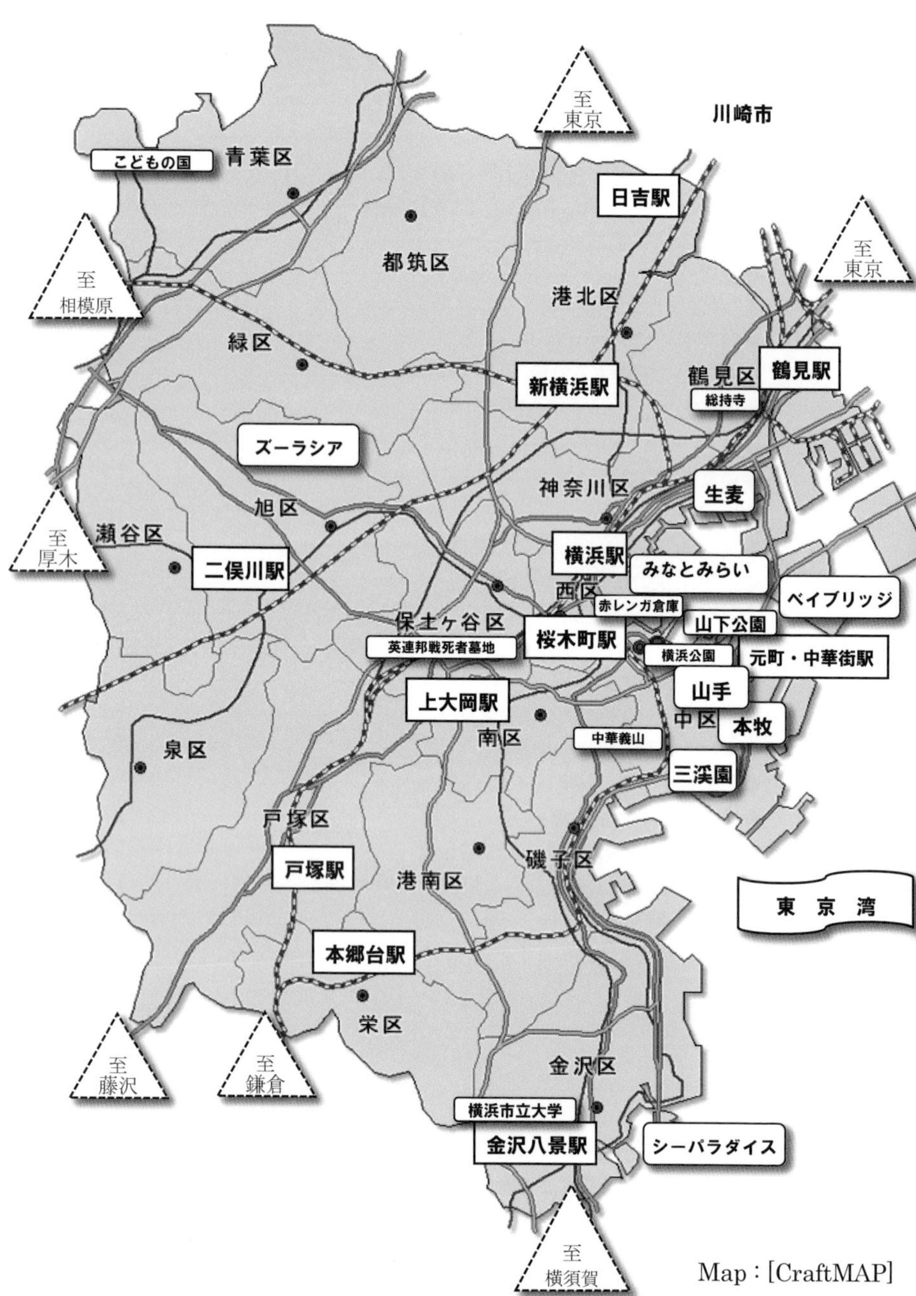

Map：[CraftMAP]

Around YOKOHAMA

序章

1. 江戸時代までの横浜を歩く

(1) 海面が高い時代の「横浜」は？

私が勤めた職場のひとつは大岡川に近く、海岸線から3,5キロの内陸ですがクラゲやエイが泳ぎ、ゴマアザラシも目撃されました。横浜は遠浅の海が釣り鐘型に入り込んでいたので、内陸まで汽水域があります。

海面が高かった時代、横浜北部は海が鶴見川流域に食い込んでいました。花見山遺跡❶（都筑区川和町）では、縄文時代草創期の約1万2000年前の土器などが発見されました。市歴史博物館の特別展では「日本列島における土器出現の背景、縄文文化誕生の謎の解明に欠かすことの出来ない貴重な資料」とされています。横浜ではこの時代の土器、貝塚や集落がいくつも発見されており、横浜最古の貝塚は金沢区の野島貝塚❷で、約8000年前の遺跡です。

(2) 古代遺跡も多い横浜

弥生時代後期（1～2世紀）の遺跡では、明治30年代に発掘され、市民も多く発掘に参加した三殿台遺跡❸（磯子区岡村）や、港北ニュータウン開発中に発掘された大塚・歳勝土遺跡❹があります。ここには方形周溝墓を伴う環濠集落の遺構が残っています。

古墳時代の遺跡では、市内最古の高塚古墳である3世紀後半の新羽南古墳❺、4～5世紀に大和政権の影響が及んだ支配者のものという稲荷前古墳群❻（青葉区大場町）など多数あり「古墳の博物館」と呼ばれます。

古墳時代末期の7～9世紀、栄区を流れるいたち（鼬）川流域で製鉄が始まります。現在、神奈川県唯一の製鉄遺跡が上郷深田遺跡❼です。近くには鍛冶ヶ谷いう地名に名残がみられます。金属関連では、鎌倉時代に秩父の金沢村から鍛冶匠が移住してきて「金沢」という地名になったといいます。

いたち川流域にはこの時期の特殊な横穴墓群があります。崖面に直接墓室の穴を開けるもので、神奈川県に多いうえ、旧鎌倉郡域は遺体を葬る玄室にさらに「棺室」がある特殊な構造です。ＪＲ根岸線本郷台駅東方の宮ノ前横穴墓群❽が知られています。

7世紀半ばに武蔵国の中心が今の東京都府中に置かれ、横浜北部には都筑郡が設置され、その後の国郡里制で久良岐郡などが設置されます。今の神奈川県内では９カ所の郡衙が置かれ、横浜市内では荏田❾（長者原遺跡。現荏田猿田公園）にありました。

横浜最古という奈良時代創建の弘明寺❿には平安中期の十一面観音像が現存します。この頃から横浜の多くの場所が荘園となっていきました。

12世紀末には源頼朝が東国武士と御恩・奉公の関係を結び鎌倉幕府が成立します。頼朝とこのような関係を結んだ横浜の御家人には榛谷、稲毛、平子各氏がいます。金沢区六浦には、頼朝が創建した浄願寺跡とされる場所に中世のやぐら跡が発見され、上行寺東遺跡⓫と呼ばれています。頼朝死後、北条時政は政権奪取をもくろみ、源氏の重臣・畠山重忠へ「鎌倉に異変あり、至急参上されたし」と連絡します。130騎余りを率いて鎌倉を目指した重忠は、鶴ヶ峰に差しかかった

稲荷前遺跡 Access
田園都市線市が尾駅から
東急バス6分「水道局青
葉事務所前」徒歩1分
長者原遺跡
花見山遺跡
畠山重忠公碑 Access
相模鉄道鶴ヶ峰駅徒歩10分
大塚・歳勝土遺跡 Access
市営地下鉄センター北駅徒歩8分
新羽南古墳
権現山合戦場 Access
京浜急行神奈川駅徒歩3分
弘明寺観音 Access
京浜急行弘明寺駅徒歩3分
三殿台遺跡 Access
市営地下鉄弘明寺駅からバス
219系統「三殿台公園」徒歩 3分
宮ノ前横穴墓群 Access
京浜東北線本郷台駅徒歩5分
金沢文庫 Access
京浜急行金沢文庫駅
徒歩12分
蒔田城跡
上郷深田遺跡
野島貝塚
上行寺東遺跡
「CraftMAP」 http://www.craftmap.box-i.net/
★年代で見る！横浜のおもな前近代史遺跡
2万年前 1万年前 5千年前 2千年前 5世紀 10世紀 15世紀
縄文時代 弥生時代 古墳時代 平安時代 鎌倉時代 室町時代
❶ 花見山遺跡
❷ 野島貝塚
❸ 三殿台遺跡
❹ 大塚・歳勝土遺跡
❺ 新羽南古墳
❻ 稲荷前遺跡
❼ 上郷深田遺跡
❽ 宮ノ前横穴墓群
❾ 長者原遺跡
❿ 弘明寺
⓫ 上行寺東遺跡
⓬ 畠山重忠謀殺
⓭ 金沢文庫創建
⓮ 権現山合戦
⓯ 蒔田城築城

時に北条方の大軍に襲われ、謀殺されてしまいました⓬（1205年）。相鉄線鶴ヶ峰駅近くには重忠の首塚や石碑、説明板などがありその戦いをたどることができます。

（3）中世の横浜

その後、横浜の地は平子氏が大きな勢力を持ちます。鎌倉時代末期には、神奈川湊や六浦湊が西国、中国や琉球との貿易港となり交易が行われました。六浦湊には陶磁器や書籍が中国から輸入され、米や水銀、布、剣、蒔絵などが輸出されました。その価値は重視され、鎌倉との往復のために朝比（夷）奈切り通しが整備されました。こうした輸出入品の解明には、沈没船の調査研究の進展があります。

鎌倉幕府8代執権・北条時宗の補佐など重要な役割を担っていた北条実時は1275年ころ、和漢の書の収集庫として金沢文庫⓭を邸宅に造りました。のち文庫は菩提寺の称名寺により管理されます。現在の金沢文庫は1930年に県の施設として復活し、90年から金沢北条氏と称名寺関連の文化財展示や研究拠点として運営されています。

1410年7月には権現山（現神奈川区幸ヶ谷公園）の周辺で、北条早雲が管領上杉朝良の領地を狙う合戦場⓮となりました。しかし早雲のもくろみは失敗に終わってしまいました。

足利氏の影響下となった横浜の地は、戦国時代から江戸時代にも足利氏一門の出である三河国の吉良氏が支配しました。吉良氏は赤穂浪士の討ち入りのお話（1702年）で有名な吉良上野介義央（よしなか）の先祖にあたります。吉良氏は15世紀に現在の南区に蒔田城⓯を築きました。築城理由の一つは、この地まで遠浅の海が切り込んでいたことです。小机城（港北区）、青木城（神奈川区）、笹下城（港南区）など、北条氏が築いた城と連携して本牧の港を守るのにも適していました。また遠浅の海に注ぐ大岡川は、金沢区釜利谷を経由する鎌倉への交易路でした。蒔田城は現在の横浜英和学院の場所に本丸がありました。蒔田の「堀の内」という地名は、城があったことを示しています。近くの勝国寺は吉良氏の菩提寺で、毎年8月に「吉良の行列」があります。

蒔田城のあった場所を頂点に今の横浜中心部は、かつては「つりがね」型をした遠浅の海でした。この「つりがね」の入口に、東京湾の海流が長い間かけて砂洲を形成し「横に長い浜」が形成されました。「横浜」の地名の由来は、東海道から大きく横にそれた場所、浜の横に発展

小机城
神奈川湊
青木城
蒔田城
笹下城
本牧
杉田
釜利谷
白山道
鎌倉
六浦湊
六浦道

鎌倉へのアクセス

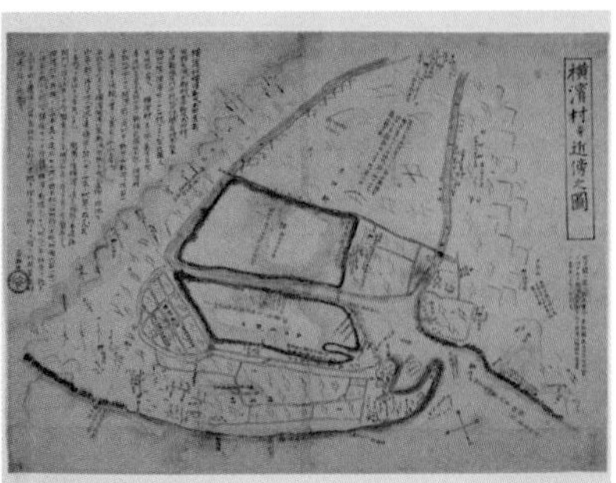

「横浜村并近傍之図」（L）横浜中央図書館蔵

した地などの説がありますが、この「横に長い浜」地形が由来としては有力です。平子氏の菩提寺として1171年創建の南区宝生寺には、「横浜」という地名が最初に資料として確認されている文書（1442年／室町時代）があります。

江戸時代以前には磯子周辺で小田原北条氏の家臣、間宮氏が漁業の副業として梅を植樹したところ、梅林が有名となり、名所として訪れる人々でにぎわいました。朱印船が収穫された梅干を積んで、杉田から出港していました。

こう見ていくと、横浜の地が今とは違う意味で「湊」であり、海運が盛んだったことがわかります。

（4）近世の横浜

内陸部に向かった「つりがね」型の内海埋め立てが始まったのは、江戸時代初期です。幕府は人口増加から、食糧増産策として新田開発を奨励しました。横浜（武蔵国久良岐郡）では、1656年から摂津出身で江戸の材木・石材商人、吉田勘兵衛が新田開発に着手しました。翌年大雨で堰堤が破壊されてしまいますが、59年に工事は再開、67年に竣工しました。土砂は野毛の天神山、山手の大丸山、横浜村の砂洲などから横浜スタジアムの5.7杯分を調達しました。京急日ノ出町駅近くの山の中腹に吉田新田の開発記念碑が「天神阪碑」として立っています。

「つりがね」の頂点にある南区の「お三の宮」（日枝神社）は、吉田勘兵衛が鎮守として73年に建立しました。吉田新田は「つりがね」の約半分、現在の横浜駅根岸道路（京急日の出町駅～長者町）のラインまででした。幕府の直轄地でさほど熱心に農業が行われず、さらに新田開発をする地主階層が育たず、それ以上拡がらなかったといいます。

約130年後、横浜新田（今の中華街／1796年）、開国後の太田屋新田（1856年）が、「袖ヶ浦」と呼ばれた横浜駅周辺は尾張屋新田（64年）や平沼新田（39年）が造成されました。

今も吉田新田以前の河口だった「お三の宮」付近では、満潮時に川の水が上流へ向かい、海水魚を見ることができます。日枝神社には貿易商人の枠にとらわれず、運河開削も行った伏島近蔵の顕彰碑があります。

さて「横に長い浜」である砂洲は現在の桜木町を指差すような地形で、先端に洲干弁天がありました。砂洲上には、現在のマリンタワーの辺りに戸数２０戸、人口１００人程度の横浜村があり、半農半漁の村として生計を立てていました。横浜市歌（森鴎外作詞）で「昔思えば苫屋の煙」と歌われているのはその情景を想像したものとされます（苫屋とは筵（むしろ）で屋根を葺いた粗末な家）。

一方で対岸の神奈川は東海道の宿場町であり、江戸入りを待つ大名行列が滞在するため、2つの本陣がありました。ま

鎌倉ルートの一つ、大岡川

天神阪碑

吉田邸にあった大井戸

た神奈川湊は江戸中心の正式なルートではないものの、知多半島内海を拠点とした尾州廻船（内海船）で兵庫などと結ばれて繁栄しており、諸外国が神奈川開港を要求したのも当然です。しかし、江戸のサブ・シティ的役割の神奈川と、ひなびた横浜村の地位は、開港後に逆転することになります。

「横浜明細全図再版」（L）

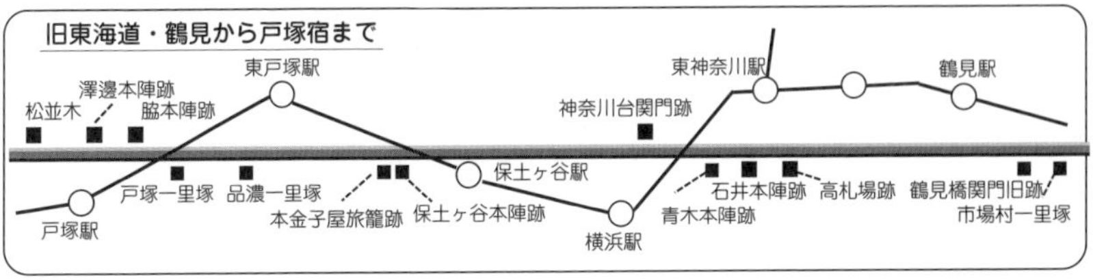

旧東海道・鶴見から戸塚宿まで

松並木
澤邊本陣跡
脇本陣跡
東戸塚駅
戸塚一里塚
品濃一里塚
本金子屋旅籠跡
保土ヶ谷本陣跡
保土ヶ谷駅
戸塚駅
横浜駅
神奈川台関門跡
東神奈川駅
青木本陣跡
石井本陣跡
高札場跡
鶴見駅
鶴見橋関門旧跡
市場村一里塚

保土ヶ谷宿

保土ヶ谷宿本陣跡　本金子屋旅籠跡

鶴見周辺

市場一里塚　鶴見橋関門旧跡

境木

品濃一里塚

鶴見～生麦

国道 15 号線をクロスする旧東海道

戸塚宿

脇本陣跡
澤邊本陣跡

神奈川宿

本陣跡　神奈川台関門跡　高札場（復元）

2. 幕末の情勢～海禁政策と横浜 本当に鎖国？

江戸幕府の海禁政策で、横浜の人々は海外と接点はあったのでしょうか？　この時代、幕府は長崎・対馬・琉球・松前と外への窓口を持ちました。オランダと中国のほか、朝鮮とは国交を持ち、琉球王国を従属させ、アイヌ民族との交易もありました。東海道沿いの人々はこのうち3つに接点がありました。

長崎のオランダ商館長（「カピタン」）は欧州情勢を伝える『オランダ風説書』を携え、江戸へ参府しました（1633～1789年は毎年、のち5年に1度）。

正式な国交関係を結んでいた朝鮮からも使者が派遣されました。それが室町時代に始まり、豊臣秀吉の侵略で中断後、徳川家康の意向で復活して江戸まで来た朝鮮通信使です。最初の3回は「回答兼刷還使」、以後「通信使」として9回来日し、5回目以降は徳川将軍の就任祝いでした。東海道沿いにはその足跡があります。使節団は最大約500人規模で、医師や文人も含まれており、庶民との間に交流もありました。

家康は、使節をどれだけ重視していたのでしょうか。一行が京都と琵琶湖南岸の間を通る時は、東海道に並行する道を使用させていました。この道は家康が関ヶ原の合戦に勝利した後、大坂へ向かう時に使った「勝利の道」で、大名の参勤交代にも使わせないほどでした。

Around Yokohama

カピタンの江戸での宿、「長崎屋」のあとには説明板が立っています。当時、多くの人が情報を得ようと集まってきました。（総武線新日本橋駅4番出口）。

第１回使節団は、徳川家の宿泊所だった金蔵院（東神奈川）に泊まりました。家康の使節重視が表れています。神奈川県内には箱根関所や早雲寺、鎌倉・建長寺などに足跡があります。「横浜開港記念みなと祭国際仮装行列」のパレードに、「朝鮮通信使」が登場していたこともありました。

1609年、薩摩藩の侵略で日明両属状態を強いられた琉球王国には、徳川将軍の代替わりに「琉球慶賀使」、琉球国王の代替わりに「琉球謝恩使」を遣わすよう幕府から強要されました。その時には「異国風」の服装を命じられて、東海道を歩きました。なぜ「異国風」が必要だっ

＊朝鮮通信使の足跡

箱根、静岡、瀬戸内海沿岸などに足跡があります。写真は広島県鞆の浦です。

みなと祭パレードでの通信使

たのでしょうか。この「江戸上がり」は1634年から1850年まで18回を数え、一行は百人前後、薩摩藩士らと合わせて数百人の大行列でした。江戸城と薩摩江戸屋敷（三田）では、路次楽（行進しながら吹奏する）と舞楽が披露されていました。これが幕府にとって他国を支配している権威を示すものになったのです。

海禁政策中は異文化との接点がなかったように思える当時の日本ですが、東海道沿いの人々はこうした光景を目にしていたのです。生麦の名家・関口家の『関口日記』にはそうした往来が随所に記されています。

『関口日記』12巻より（横浜市教育委員会）

嘉永3（1850）年3月11日

去月廿七日阿蘭陀人川崎宿二而　紛失品有之候二付関東御取締ノ御改革惣代江被仰付質帳取調

（先月27日に川崎宿でオランダ人が紛失した品を探すため、関東取締出役が「質帳」の調査を組合村々惣代に命じる）

10月29日

琉球人今夕神奈川宿石井本陣泊リ薩州様川崎御泊

下女たけ母親琉球人見物二参リ　今夕止宿之所未明通行二付見物出来兼申候

（琉球人が神奈川宿、石井本陣に宿泊、関口家の下女母親が見物に行く）

19世紀には欧米列強の帝国主義政策で、植民地再分割が進みました。アジアへはイギリスのアヘン戦争（1840～42年）を皮切りにオランダやフランスも進出し、中国を半植民地化します。ロシア、アメリカも便乗する中、海禁政策を堅持していた江戸幕府の周辺にも大きな変化が訪れるようになります。

最初に日本に通商を求めたのはロシアでしたが、江戸幕府は薪水給与令（42年）などでやり過ごそうとしました。しかし、貿易交渉のため日本漂流民を乗せたアメリカ商船・モリソン号（37年）、アメリカの東インド艦隊司令長官ビットルが来航（46年）しました。漂流漁民では、土佐出身の中浜万次郎がアメリカ船で帰国（51年）、浜田彦蔵（ジョセフ・ヒコ）は横浜のアメリカ領事館通訳として帰国（58年）しました。

金蔵院（東神奈川）

江戸上がりの映画

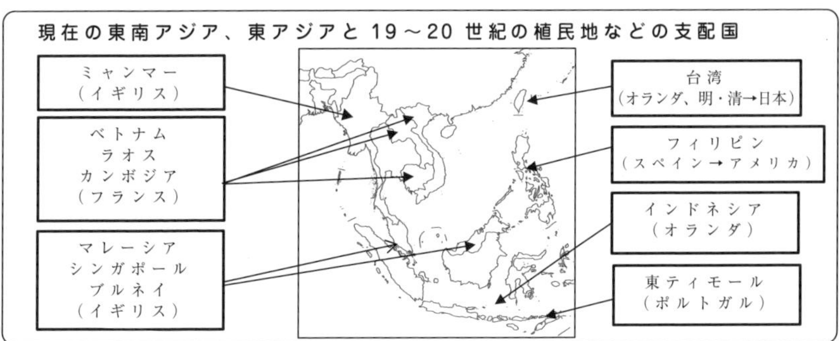

3. ゆれる幕末、開国・開港へ

1853年7月、アメリカから西回りでペリー艦隊が浦賀沖に現れ、江戸幕府を揺さぶります。黒船は幕府と交渉後、羽田沖まで巡航し測量をしたり、空砲を撃ちました。横浜の山々には幕府が禁じても多くの人々が見物にやってきました。その光景は浮世絵に残され、『関口日記』にも記されています。

幕府はこの来航を『オランダ風説書』などで知りつつ、諸大名に意見を求めたため、権威が揺れ動きます。結局幕府は、アヘン戦争などの国際情勢や、オランダ国王からの「鎖国の方が危険」という勧告を参考に開国を決め、54年３月、日米和親条約を締結しました。内容は下田・箱館の開港、薪水や食料の提供、領事駐在、一方的な最恵国待遇などでした。幕府は外国人の活動を限定した開国ですませようとしたようです。

ペリー一行は現在の開港資料館近辺に上陸、1カ月の交渉の末に和親条約を調印しました。調印セレモニーではアメリカ側から汽車模型などが披露され、日本側は相撲力士が力自慢を披露しました。ハイネの画は、教科書でもよく取り上げられますが、画の右側に描かれた玉楠の木は、幕末の大火と関東大震災で焼けながら、ひこばえが成長して開港資料館中庭に立っています。

条約締結時に応接場の設営や食糧など設備一切を担当したのが、横浜村名主・石川徳右衛門でした。徳右衛門はのち横浜町惣年寄になりました。住居前は「代官坂」と呼ばれ、JR石川町駅の名前の由来になっています。

この頃、大きな影響力を持っていたのが長野・松代藩士、佐久間象山です。

＊ペリー上陸碑（那覇市泊港）

1852年11月にアメリカ・ノーフォークを出発したペリーは、西回り航路で53年5月、琉球王国に到着し、強引に上陸しました。7月には久里浜に上陸、翌54年3月に日米和親条約を締結した後に、アメリカへの帰路、7月には琉球で琉米修好条約を締結していますが、強圧的なものでした。

「ペリー提督・横浜上陸図」（横浜開港資料館蔵）

開港資料館中庭の玉楠

開港広場・日米和親条約調印の地碑

象山はペリー２度目の来航時に藩の仕事で横浜応接所を警備しました。弟子の吉田松陰は、江戸・象山書院で学び、53年には長崎で、54年にはペリー艦隊（下田）で密航を試み失敗します。松下村塾では多くの志士を育てますが、安政の大獄で処刑されました。明治時代初期の明六社には「東洋道徳・西洋芸術」と言った象山の教え子が何人もいます。

その後幕府は和親条約をロシア、オランダ、イギリスとも締結しました。アメリカはやがて生糸・茶・銀など日本製品の有用性を認識し領事タウンゼント・ハリスは江戸幕府に通商を迫ります。

幕府はペリー来航後に江戸湾に台場（海上砲台）を築造し、横浜開港後には伊予松山藩に命じて同様の台場を構築させました（60年竣工）。この神奈川台場は勝海舟の設計で、近くには新町台場も造られました。神奈川台場は今も２カ所でその石垣を見ることができます。

1858年、日米修好通商条約は金沢・小柴沖に停泊したポーハタン号上で調印されました。幕府はさらに英仏蘭露と条約を締結し（「安政の五カ国条約」）、神奈川・長崎・兵庫・箱館・新潟が開港しました。

1859年6月、開港で横浜村や戸部村、中村、大田村の一部をあわせて横浜町が形成され、外国貿易の玄関として受け入れ態勢が整えられます。また中心部では本町、海辺通（元浜町）弁天通、南仲通、北仲通の5つの街筋がきまり、本町の東

◆ 横浜にもある「浦島太郎伝説」

浦島太郎の話は古くは『日本書紀』『御伽草子』、近代では国定教科書にもあります。木曽や香川などにも残るこのお話、太郎が丹後国で亀を救い竜宮から戻ると、両親の墓が武蔵国白幡にあると聞き、見つけた時に観音像を安置したといいます。

現在、神奈川区の慶雲寺にはその像と両親の墓碑があり、市の地域有形民俗文化財になっています。区内には、足洗川、足洗井戸、亀住町といった名前もあり、地元浦島丘中の校章は亀の形です

石川代官屋敷門

佐久間象山顕彰碑（野毛山）

神奈川台場（神奈川１丁目）

神奈川台場（星野町）

神奈川台場公園

☆なぜ日本は植民地支配されなかったかー太平天国の乱とシパーヒーの反乱

列強諸国はこの時代、帝国主義政策で清国の半植民地化（アヘン戦争やアロー戦争など）や、ベトナム、現在のインドネシアなどの植民地化を進めました。日本近海にもアメリカ、ロシア、イギリスの船が捕鯨や貿易寄港地として、開港の要求をしてきました。列強の圧倒的な軍事力を考えれば、日本はなぜ植民地化されなかったのでしょうか。

当時日本の外交努力もありましたが、実は1850～64年の太平天国の乱（運動）、57年のシパーヒーの反乱（インド大反乱）によるアジアの人々の抵抗が関係していました。非人道的な植民地支配国は、従順だと思っていたアジアの人々が大きな反乱を起こしたことに衝撃を受けて、一方的な支配を見直したのでした。

外国人墓地に眠るエドワード・ベンソン（Edward Benson）は太平天国軍と戦った常勝軍（英仏軍と共同して戦った傭兵軍）に所属したのち1860年に来日して仲買商を始め、２代目の居留地取締官も務めました。外国人用として山手公園設立のきっかけも作った人物です。

端に神奈川運上所（税関）を設け、東側を外国人居留地、西側を内国人居留地としました。

今の県レベルでは幕府により神奈川奉行所（戸部村／紅葉坂）、会所（青木町）が設置され行政、司法の仕事を行い、横浜村では運上所（現神奈川県庁）が関税及び外務全般の事務を担当しました。神奈川奉行は外国奉行が兼任しており、初代外国奉行は岩瀬忠震でした。

＊横浜道の造成

外国側は繁栄している東海道筋の神奈川を開港する内容で条約を締結したのですが、幕府側はなるべく外国人を隔離したいと考え、ひなびた横浜村の101戸の住民を厳島神社とともに移転させ、そこに港や外国人居留地を造成しました。それまで東海道と横浜村の間は、保土ヶ谷～蒔田経由の鎌倉道か、神奈川・洲崎神社前からの船運だけだったので、幕府は東海道とのアクセスとなる「横浜道」を3か月の突貫工事で開通させました。浅間下から戸部、野毛を通って馬車道に至るルートでした。鉄道開通前の69年、下岡蓮杖がこのルートを使って築地居留地行き馬車を開業しました。現在も切通しの立派な石垣があります。

外国勢は約束違反を怒り、領事館を条約の通り、東海道筋（神奈川宿）の寺院に置きました。しかし攘夷の拡がりや横浜道の開通、居留地の整備が進み便利になると、横浜に移転する施設が相次ぎ、横浜港は繁栄し始めます。

60年、修好通商条約批准書の交換と西洋見聞のため、横浜港から77名が米軍艦ポーハタン号で渡米し、「咸臨丸」が随行しました。「軍艦奉行」（提督）木村摂津守と「軍艦操練所教授方頭取」（艦長）勝麟太郎（海舟）を筆頭に福沢諭吉、中浜万次郎らが乗り組んで太平洋を初めて横断しました。

神奈川運上所跡碑

神奈川奉行所跡碑

＊横浜開港の立役者は？

神奈川開港を決めた日米修好通商条約を調印に導いた井伊直弼の像が、桜木町近くの丘（掃部山と名付けられた）に、港の方角を見て立っています。しかし、功績があったのは外交官として粘り強く交渉を行った岩瀬忠震でした。岩瀬は伊達政宗の子孫で、蕃書調所や長崎海軍伝習所の開設、品川砲台の築造に関わりました。1855年には外交官として日露和親条約を締結するなど、高い評価を得ていました。

59年の横浜開港のとき、幕府は外国人を遠ざけようと対岸の横浜村に開港場を設けましたが、忠震は大坂に江戸の繁栄を奪われないようにと神奈川開港を強く主張しました。岩瀬の顕彰碑が神奈川区高島台の本覚寺にあります。

東海道神奈川宿周辺の外国施設	
長延寺	オランダ領事館
慶運寺	フランス領事館
浄瀧寺	イギリス領事館
本覚寺	アメリカ領事館
普門寺	イギリス士官宿舎
甚行寺	フランス公使宿舎
成仏寺	宣教師宿舎
宗興寺	ヘボン施療所

横浜道切通し

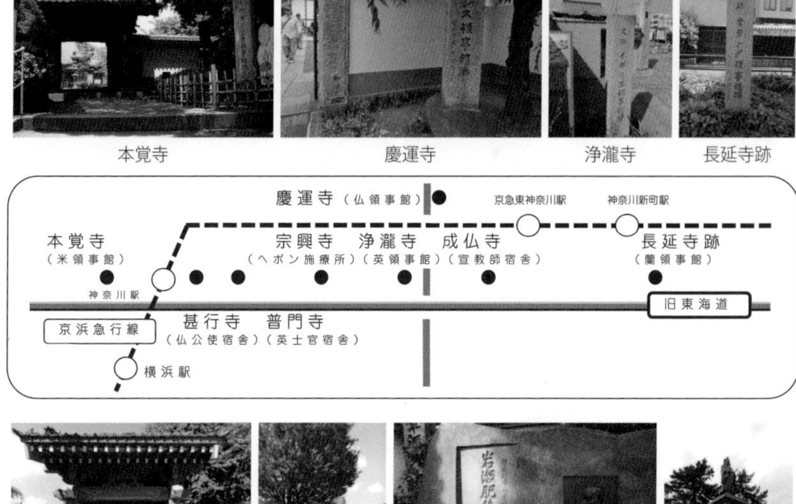

本覚寺　慶運寺　浄瀧寺　長延寺跡

甚行寺　成仏寺　岩瀬忠震顕彰碑　井伊直弼像

4. つづく攘夷事件と横浜

(1) 生麦事件が起きる

多くの外国人が来日すると、攘夷の動きが高まり殺傷事件や焼き打ちが相次ぎます。横浜では1859年8月ロシア人2名、11月フランス領事代理の中国人使用人、60年2月にはオランダ人船長2人が殺害されました。

このタイミングで62年に起きたのが生麦事件です。中国でのビジネスを終え帰英前に日本観光に立ち寄ったチャールズ・リチャードソン一行が、薩摩藩の大名行列を横切ったのは、土地の風習に無意識だったのでしょうか。一連の攘夷事件とは異なるようにも思えます。2012年にリチャードソンの子孫が来日し、彼が日本へ敬意を持っていたと紹介されました。

生麦事件については、事件現場に説明板（「関口日記」引用と当時の絵の複製）があります。またリチャードソン絶命の地であるキリン・ビアビレッジ前には中村正直筆の碑があるほか、近くに私設「生麦事件参考館」があります（現在は市民団体「鶴見みどころガイドの会」がガイド／要問合せ）。

山手外国人墓地にはリチャードソンの墓に加え、同じく負傷したマーシャルとクラークの墓も近年同じ場所に立ち、「近代国家成立の発端となった生麦事件犠牲者の墓」という石碑も建立されました。

イギリス側は63年5月に幕府から賠償金を受け取り、６月末にジョン・ニール公使代理が薩摩へ７隻の艦隊で生麦事件

生麦事件碑

生麦事件説明板

リチャードンなどの墓

薩英戦争プレート

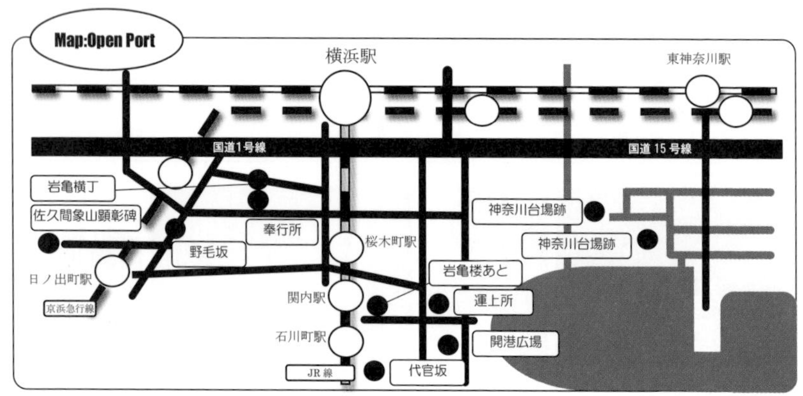

への対応を求めますが、薩摩藩は拒否します。イギリス軍が薩摩藩の蒸気船を拿捕したことから、砲撃が始まり、薩英戦争が始まりました。イギリス艦隊は砲台へ艦砲射撃を行ったため、街中は大火に見舞われましたが、犠牲者は数人にとどまりました。イギリス艦隊も大砲暴発の犠牲者を含めて13人が亡くなりました。この時に大破した旗艦ユーライアルスの犠牲者名と年齢を刻んだプレートが、開港資料館にあります。17歳で犠牲になった人もいます。名前を見る限り植民地の人間ではありませんが、少年労働者だったのでしょうか。

(2) つづく攘夷事件と動く幕末

一方、長州藩では主導権を握った尊王攘夷派が1863年5月、下関海峡を航行する外国船を砲撃します。しかし翌年9月、４カ国連合軍は報復に、前田砲台を一時占領しました。いわゆる下関戦争です。この戦闘でイギリス軍8人、フランス軍2人が死亡、帰路の船上でも負傷者が亡くなったことから横浜の外国人墓地には下関戦争戦没者記念碑が建っています。

薩摩藩と長州藩は欧米列強の軍事力の強さを実感し、軍事支配を恐れて攘夷の方針を見直します。しかし、幕府は消極的開国の方針を変えないため、倒幕をめざし、66年には坂本龍馬らの仲介で、薩長同盟が結ばれました。

1863年10月、現在の南区井土ヶ谷下町で、井土ヶ谷事件が起きました。フランス人士官アンリ・カミュが鎌倉へ行くため、横浜港から警戒しながら歩いていたものの、３人の浪人風の者がカミュを殺害しました。この事件も大きな外交問題に発展し、幕府はフランスへ特使を派遣し謝罪、賠償をして事態を収束させました。事件現場の近くには説明板が立っています。

これに先立つ63年5月、孝明天皇は攘夷勅令を、また幕府も各国公使へ開港場の閉鎖を通告しますが、猛反発にあい、すぐに撤回するなど迷走します。そこで攘夷派対策もあってヨーロッパに使節団を派遣しました。これが横浜鎖港談判使節団（63年12月～64年7月）です。使命には井土ヶ谷事件の賠償交渉もありましたが、フランス軍艦で渡欧した一行は、鎖港実現の厳しさを感じて、交渉を打ち切り帰国しました。この時に結んだパリ約定を幕府は批准しなかったため、４カ国連合軍は横浜から長州へ攻撃に向かったのでした。

戸部の願成寺には、64年10月に鎌倉で2人のイギリス人士官を殺傷した（鎌倉事件）清水清、間宮一や、68年に岩亀楼で暴れたフランス人水兵を殺害した鳶の小亀が処刑されて、その墓があります。

オランダ人船長の墓（攘夷）

井土ヶ谷事件説明板

攘夷実行者の墓（願成寺）

(3) フランス軍、イギリス軍が駐留

攘夷事件を受け、居留民保護を名目にイギリスとフランスは横浜に軍隊を駐屯させ、横浜港は1863年から75年まで外国軍の管理下におかれました。フランス軍は今の港の見える丘公園に駐留し、一帯は「フランス山」と呼ばれました。隣接する丘には、イギリス軍が駐留し、「トワンテ山」と呼ばれました（第20連隊の”Twenty” がなまったもの）。のちにイギリス総領事公邸（1937年築）が建てられ、現在は横浜市イギリス館として公開されています。

64年8月、下関戦争のため駐屯した兵士は2300人になりました。上海からはインド軍兵士（バルチスタン兵／パキスタン）約150人が４カ月間、イギリス陸軍として山手の兵舎に滞在しました。日本史の教科書には、下関戦争時に連合艦隊が砲台を占領した写真が載っていて、最前列には黒人兵が数多くいます。「イギリス軍」「フランス軍」といっても植民地の人々が危険な最前線に配置されたことが読み取れます。

「フランス山」エリアは64年からフランス政府の永代借地で、横浜市が所有権を得たのは1971年でした。現在、中腹には関東大震災で崩壊したフランス領事館と領事官邸跡（1896年築、その後、焼失）があります。また建物に飾られていた「RF」（フランス共和国）と刻まれたメダリオンが堀川沿いにあります。また「フランス山」にちなんでパリ中央市場の地下部分を支えた鉄骨が移設され、公園内に立っています。

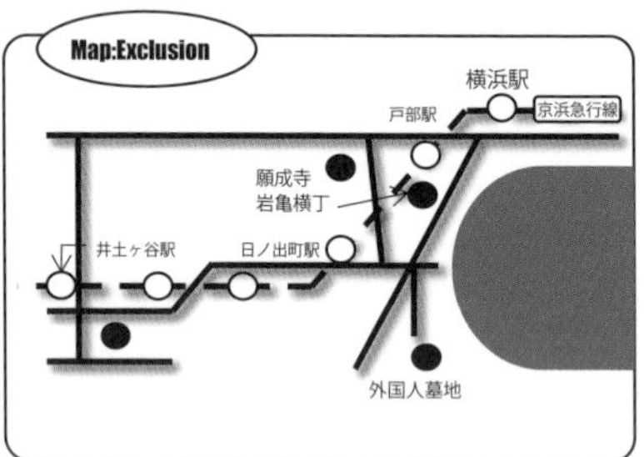

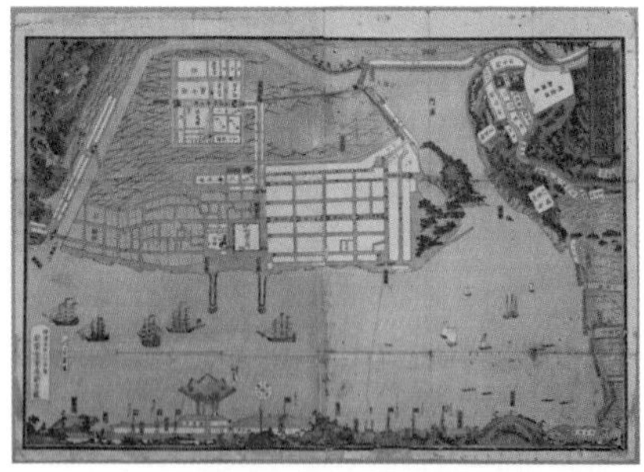
「御開港横浜之図」(L)

旧フランス領事館遺構

イギリス館

パリ中央市場の鉄骨

5. 手間をかけて造った居留地

幕府は外国人居留地を造り始めると、現在の石川町駅〜元町・中華街駅間に運河を掘削し、「堀川」と命名しました。居留地の周りは海か水路となり、そこに7か所の関門と橋を設けました。

そして関所より内側を「関内」と呼びました。関内駅の名前の由来です。これで居留地「出島」化作戦は完了です。また沼地だった現在の横浜スタジアムの場所を埋め立て外国人用の遊郭が作られ、港崎（みよざき）町と命名されました。この地にあった「岩亀楼」の石灯籠が残されています。その「岩亀楼」の別荘・寮がいまの岩亀横丁（掃部山公園下）です。

しかし遊郭は不興を買い、また66年の「豚屋火事」により焼失したため、横浜各地に散らばることになりました。その跡には日本最古の公園として、西洋人・日本人共用公園である「横浜公園」が作られました（76年）。現在は記念の石碑と、設計者のブラントンの胸像があります。火事の後新たな街づくりが始まり、居留地は山手まで拡がり、波止場には埠頭（「象の鼻」）が造成されました。横浜公園は防火帯の性格を持って造成されており、ここからスポーツが広まりました。公園には1929年に野球場が造られ戦後はゲーリック球場、そして平和野球場とその名を変えました。78年には、横浜スタジアムが完成しました。

1875年ころ居留地の造成が終わり、神奈川宿近辺にあった外国領事館も移転してきました。当初、地番しかなかった居留地には街路名がつけられるようになります。基本的には日本各地の藩名や地名などが使われましたが、そうした理由はわかっていません。このうち名残りがあるのはバス停「薩摩町中区役所前」と加賀町警察署くらいです。

1899年の居留地撤廃に伴い街路名は廃止され、山手居留地は山手町に、そして最初の居留地はその下の場所だと、山下町と命名され「内地雑居」となりました。2001年に、山下町91番地（旧居留地91番地、ロイヤルホール裏手）のマンション建設工事で、居留地時代の遺構が発見されました。調査の結果、地下は砂洲であるともわかり、現在の開港道が旧横浜新田と砂洲との境だと推測されています（「開港のひろば」第99号）。

また横浜開港による舟運の増加、埋め

戸部の岩亀横丁

岩亀楼の石灯篭

旧居留地 91 番地

48 番館の遺構

＊つけられた街路名

現在の山下町は1879年、山手町は1884年
南北～日本大通、薩摩町、越後町、前橋町、小田原町、豊後町、武蔵横町、大坂町、琵琶町、京町、阿波町、
東西～堀川町、上田町、九州町、富士山町、花園町、加賀町、蝦夷町、尾張町、函館町、本村通、神戸町、長崎町、武蔵町、本町通、駿河町、角町、二子町、水町通、海岸通
山手居留地～谷戸坂通、山手本町通、地蔵坂、汐汲坂、富士見町など26の町名

■薩摩町中区役所前バス停

■建て直し前の加賀町警察署

立てや大岡川の水流をスムーズにするために、掘割川が中村川と根岸の間に掘削され、1874年に完成しました。この沿岸を利用して造船所や工場が建設されて、物流が盛んになりました。

山下町界隈にはいまも居留地にかかわる遺跡がいくつか残っています。山下町48番地には旧48番館の倉庫建物（83年頃）、90番地の駐車場（パーク340）の土台部分、91番地の塀（マンション敷地に保存）、136番地（媽祖廟に当時の煉瓦使用）などがあります。

居留地の番地と現在の山下町の番地は同一のままになっています。また、NHK横浜放送局の建物は50番地周辺に当たり、2010年に建築工事時の発掘成果をビジュアルに展示しています（山下居留地遺跡）。

港湾機能として、当時は氷川丸付近の「フランス波止場」と、大桟橋たもとの「イギリス波止場」がありました。後者は2009年には整備されて、かつてその形からつけられた呼び名を使って「象の鼻パーク」と命名されました。

当時、横浜に来た西洋人たちは香港、上海の租界と同様、娯楽として、競馬、テニス、クリケット、ボート、カヌーなどのスポーツを愛好しました。横浜の競馬場はまず山下町に（61年）、その後攘夷事件の多発で東海道から離れた根岸になりました（66年）。明治天皇は、桜木

29 番地説明板

90 番地の土台

50 番地の山下居留地遺跡

71 番地の遺構

町近くにあった鎮守府（のち御用邸）から数十回も来場しました（神奈川区、新港埠頭に明治天皇行幸碑あり）。お供で西郷隆盛が来たり、弟の従道が日本人初の馬主になりました。天皇賞や皐月賞は根岸で始まり、いまも毎年1月に東京競馬場では「根岸ステークス」というレースがあります。観覧スタンド（1930年）にはいまも一等馬見所（J.H.モーガン設計）が残っています。建物は戦時中、捕虜収容所になり、現在敷地全体は森林公園と米軍施設になっています。

65年にはイギリス軍のために射撃場兼練兵場が造られました。JR山手駅から約700m、大和町商店街が一直線なのはこの名残で、今も正式名称は「市道鉄砲場通線」です。78年にはテニスコートが山手公園に造成されました。公園内には横浜山手・テニス発祥資料館があります。

＊３つの大砲

59年、スイス商社シーベルブレンワルト商会の跡地（山下町90番地）から掘り出された大砲が３つあります。

跡地の説明板には、ペリーと交渉する時に佐久間象山が持ち込んだオランダ様式のもの、とありました。後年の研究では、オランダ東インド会社関連船の大砲で、錨に作り直そうと保管中、関東大震災で埋没したようです（開港広場・市教委説明板）。現在、1つは開港広場、1つは以前の説明板の内容が「前所有者倉庫会社からの伝言」と注釈付きで90番地の跡地に、もう一つは県歴史博物館にあります。

旧根岸競馬場スタンド

庭球発祥之地碑はローラー型

旧山手 68 番館

開港広場の大砲

「市道鉄砲場通線」

6. 最大の輸出品だった生糸

横浜の開港で最大の輸出品となったのは生糸でした。長野・山梨・群馬・埼玉、そして東北で生産された生糸は、鉄道開通前の明治中ごろまでは、八王子経由の陸運ルートと、利根川水系経由のルートで相模川・富士川などのルートで横浜に運ばれました。八王子からの「絹の道」は鑓水を通り、町田の三塚で神奈川道と八王子道に分岐します。町田は横浜開港で生糸や諸産物の集散地となり発展しました。八王子道は現在の国道16号線を横浜へ、神奈川道は恩田川の南岸と北岸に分岐し小机で合流、東神奈川から横浜港に向かいました。半原から厚木への相州道ルートなどもありました。これらの「絹の道」は「神奈川往還」「浜街道」などと呼ばれました。八王子道沿いに白根村道橋改修碑（旭区／1739年)、和田村道橋改修碑（保土ヶ谷区／1737年）があります。

瀬谷周辺にも多くの製糸工場が設立され繁栄しました。現在も立派な屋敷の旧家や瀬谷銀行（1907年設立のち横浜興信銀行に合併）の跡があります。

阿部勇『上田は信州の横浜だった』（上田小県近現代史研究会）は上田・吉池氏文書から上田と横浜との絹を通したつながりを調べています。

旧生糸検査所（横浜第２合同庁舎）

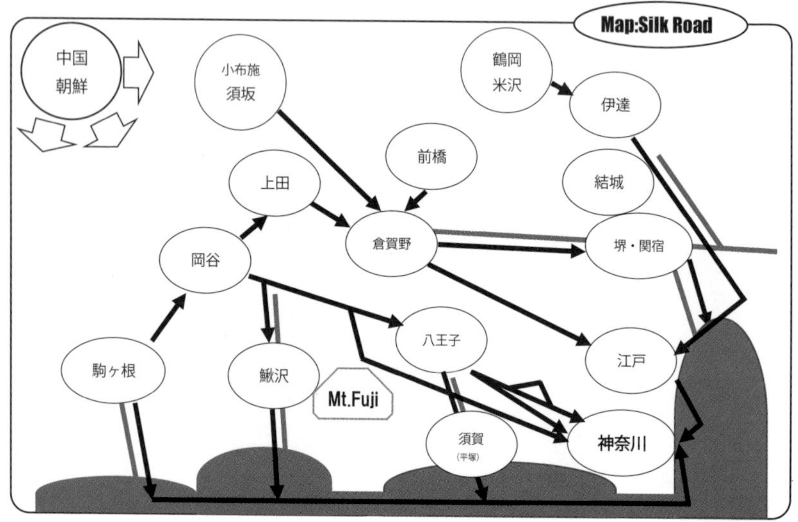

瀬谷区阿久和東の長屋門公園の場所でも養蚕が行われていました。また和泉町の天王森泉公園にあるのは1911年ころ建立された清水製糸場本館の建物で、当時の姿に再現されています。

横浜の絹糸産業は明治から大正にかけて大きく発展し、1900年ころ中国を抜いて世界一の輸出量となりました。第一次大戦後の不況で一時陰りはあったものの、その後過去最高の生産、輸出量を記録していました。08年、絹輸送のために横浜鉄道が開業しました（現JR横浜線）。しかし世界大恐慌の影響や、最大の輸出先アメリカが日本との対立を見据えて代替品ナイロンを開発したため、急速に衰退しました。現在横浜市中心部には帝蚕倉庫、旧生糸検査所（復元）の建物があります。

戦後、再び絹の需要が増加します。1959年、山下町にシルクセンターが建てられ（板倉準三設計）、シルク博物館もオープンして今に続いています。

1884年以来、生糸などの取引所は生糸検査所にありましたが、シルクセンターに2006年までに移り、今は東京穀物取引所に吸収合併されています。

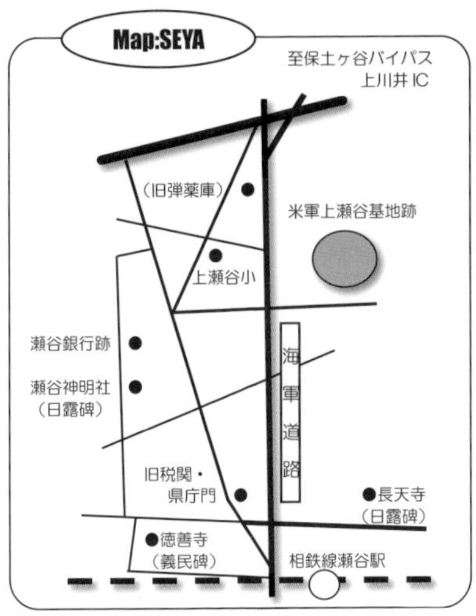

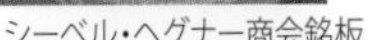
シーベル・ヘグナー商会銘板

瀬谷銀行跡

長屋門公園

天王泉公園

改修前の旧帝蚕倉庫

シルクセンター「絹と乙女」像

クルーズ船が停泊していると散歩も心が弾む

信義に厚い関羽を商売の神と祀る関帝廟

昔も今も横浜と縁の深いインドのイベント

1章

明治前期の横浜

〜幕末から明治へ〜

第1章　明治前期の横浜

1868	1874	1889	1894–1904
明治政府発足 岩倉使節団 「お雇い外国人」 学制や徴兵制 明治６年政変	西洋化、文明開化、中央集権化 「富国強兵・殖産興業」政策 不平等条約改正交渉 日清修好条規、台湾出兵、 江華島事件、琉球処分、	大日本帝国憲法制定 帝国議会開設 「脱亜論」 海外貿易の拡大 軍事国家化	日清戦争 三国干渉 閔妃虐殺事件 日英同盟、産業革命
戊辰戦争 海外移民はじまる キリスト教の解禁 新聞メディアの発達	西洋近代思想の流入、西南戦争、 地租改正反対一揆、旧幕臣抵抗、 自由民権運動、雨宮製糸工場スト	社会主義思想の拡がり キリスト教教育 ロマン主義文学	足尾鉱毒直訴事件 労働組合期成会結成 平民社結成

私は結婚した当時、JR東神奈川駅近くに住んでいました。旧東海道沿いで寺社が多く、それが空襲遺跡の調査につながりました。その後、山下公園近くの公団住宅が当たったのは、中心部で生活したかった私にはチャンスでした。ここで子どもたちが生まれ、観光地が散歩コースとなり、日常で横浜の歴史的な姿を空想することができました。また都会ながら下町風の近所づきあいがありました。おすそわけを頂いたり、外出時に子どもを預かってもらったりしました。街を歩くとそれまで気づかなかったモニュメントや説明板と出会えました。山手通りは、寄り道好きの子どもたちに格好な隠れ場所や階段などがありました。神戸や長崎と比べて西洋館の整備が遅れていた横浜でしたが、1990年代にようやく整い館内でお茶も飲めるようになりました。

1. キリスト教と横浜～宣教師たちの動き

開国後、横浜に多くのキリスト教宣教師がやって来ました。16世紀の宗教改革でプロテスタントがヨーロッパに拡がると、カトリック（イエズス会など）はアジアや中南米へ布教を拡げました。しかし、日本では開国後も禁教が続いたので、カトリックの宣教師は国内の外国人へ布教を、プロテスタントの宣教師は医療や英語教育の活動を始めて時を待ちました。

横浜で最初のカトリック教会である横浜天主堂は、フランス代理公使通訳・ジラール神父により居留地80番地に建てられました。1906年、山手44番地に移転しましたが関東大震災で崩壊し、再建されたのが現在のカトリック山手教会です（33年、チェコ人スワガー設計）。教会の鐘は創建以来のもので、庭のマリア像は1868年にフランスから来ました。ミサには横浜の欧米人や東南アジアの人たちも訪れています。教会の敷地には「カトリック横浜司教館」（東京から移築／

横浜天主堂跡

天主堂創建時のマリア像

ヘボン邸跡

明治学院大

ヘボン像(明学大)

山手町 245 番地

妻木頼黄設計、横浜正金銀行頭取・相馬永胤邸の一部復元）が、その隣には「カトリック横浜司教館別館」（1927年築）があります。

プロテスタントの宣教師では、開港時にアメリカ長老派教会のJ,C.ヘボン、アメリカ・オランダ改革派教会のS.V.ブラウンたちがやってきました。彼らはまず医療や英語教育に取り組みます。68年、現在の海岸教会の地に小会堂が建設され、72年にブラウンを中心に初のプロテスタント教会、横浜基督公会が創立されました。75年にはメソヂスト派宣教師、R.S.マクレイが山手町220番地に会堂を建てました。

来日したプロテスタントの宣教師たちの拠点は「バンド／ Bund」と呼ばれ、横浜バンド（バラ、ブラウン）のほか熊本バンド（熊本洋学校／ 71年設立、ジェーンズ）、札幌バンド（札幌農学校／ 76年設立、クラーク）がありました。

73年、明治政府はキリスト教弾圧への非難への対策や、不平等条約改正を目的にようやく禁教を解きました。

❶医療、教育に力を注いだJ.C.ヘボン／ 1815 ～ 1911）、クララ夫人（1818 ～ 1906）

ドイツからの医療関係者が多い中、ヘボンはアメリカ合衆国長老派教会から、中国やニューヨークでの眼科医を

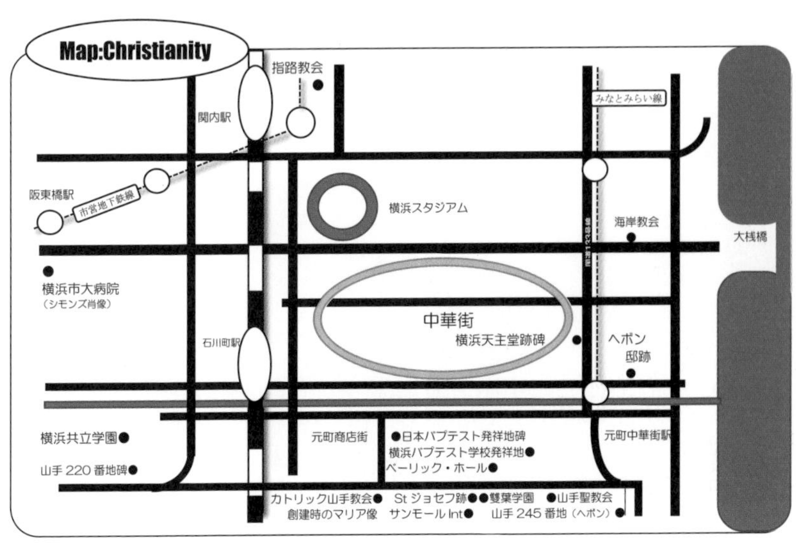

経て1859年、横浜開港時に派遣されました。神奈川区の成仏寺で外国人宣教師たちと生活し、61年に近所の宗興寺で施療所を開業しました。生麦事件では負傷者を本覚寺で治療しました。

同年、夫妻は居留地39番地に転居し、ヘボンは診療活動を本格的に開始します。夫人は翌年からヘボン塾を開き、髙橋是清（日銀総裁、総理大臣）、益田孝（三井物産創設）、沼間守一（『横浜毎日新聞』社長）、岡倉天心などを輩出し、のちの明治学院大学につながります。また女子教育のためにメアリ・キダー（1834 ～ 1910）を69年に日本に呼びました。キダーはやがてヘボン塾から独立し、75年に山手178番地にフェリス・セミナリー（本国の外国伝道局総主事・フェリスにちなむ）を開きました。フェリス女学院大学の前身です。76年、ヘボン夫妻はJ.C.バラに教育施設を譲ると、布教での活用も考えて、日本初の和英辞典を作りました。最初に日本語をローマ字にしたのはイエズス会の宣教師（『日葡辞書』1603年）で、これを『和英語林集成』第三版（1886年）で採用して「ヘボン式ローマ字」と呼ばれました。その後山手に転居し、聖書翻訳に取り組みました。

横浜でのヘボンの足跡は、施療所を開いた宗興寺、山下町39番地（現法務省横浜合同庁舎）や山手町245番地にあります。明治学院大横浜キャンパスには胸像が、横浜市大福浦キャンパスのヘボン・ホールにはレリーフと、歌舞伎俳優に義足を着ける錦絵があります。ヘボンの綴りは“Hepburn”で女優のオードリー・ヘップバーンと同じです。どちらで呼ぶべきでしょうか。

❷英語の教え子も数多いＳ.Ｖ.ブラウン（1810 ～ 80）

アメリカ・オランダ改革派教会から派遣されたブラウンは、江戸幕府から英語通訳育成の依頼を受け、横浜英学所（1862年開校）でバラ、タムソン

山手カトリック教会

「日本基督公会発祥地」

ネーザン・ブラウンの墓

宣教師宿舎跡

山手 245 番地碑

らと教鞭を取りました。一時帰国後、女性宣教師キダーと再来日し、横浜の修文館で教頭兼英語主任を務めました。76年の任期切れ後も、教え子の松平定敬（元桑名藩主）たちの要望に応え、ブラウン塾を開き駒井重格（松平定敬家臣、経済官僚）や島田三郎（衆議院議員）などを教えました。ブラウン塾は77年に東京一致神学校に合流しました。またヘボンと聖書和訳に取り組みました。

❸近代医療に貢献　D.B.シモンズ（1834～89）

1859年、ブラウンとともに宣教師兼医師として来日し宗興寺に居住した後、居留地82番に医院を開業しました。71年から早矢仕有的設立の横浜仮病院に勤めます。この病院はのち横浜共立病院、県立十全病院をへて、現在は横浜市大付属市民総合医療センター／市民センター病院になっています（南区浦舟町）。外来入口にはシモンズの顕彰碑があります。

シモンズは伝染病予防やコレラ治療にも取り組むなど、日本の近代医療に貢献しました。福沢諭吉のチフス治療が縁で東京・三田の慶應義塾内に住み、慶応医学所で臨床講義を担当したり、福沢発行の『時事新報』に日本主義的な論説を展開しました。青山墓地の墓銘碑は福沢の揮毫です。

❹日本初のバプテスト教会を設立
ネーザン・ブラウン（1807～86）

もう一人のブラウンは、アジアでの伝道や奴隷解放運動に関わり、73年にアメリカ・バプテスト宣教師同盟から派遣されました。キリシタン禁制の撤廃直後、代官坂上にゴーブルと日本バプテスト横浜教会を設立、数日後、準備されていた代官坂の本拠地山手75番に移り、宣教活動を始めました。この教会は日本で初めてのバプテスト教会です。

❺横浜共立学園中学校・高等学校（プロテスタント）を作った3人の女性

横浜共立学園は71年、米国婦人一致外国伝道協会から派遣されたプライン、クロスビー、ピアソンが山手48番地に設立したアメリカン・ミッション・ホームが起源です。横浜で増えていた「孤独と貧しさの中にあった混血児」と女性教育に力を入れました。現在の校舎は横浜で唯一のW.M.ヴォーリズの設計です（31年）。同学園所有の山手214番館（20年代建立）は、スウェーデン領事館だった時代もありました。

❻横浜雙葉学園とサン・モール・インターナショナル・スクール

サン・モール修道会（幼きイエス会・カトリック教会）のマチルドた

シモンズのレリーフ

バプテスト教会碑

横浜共立学園中・高校

ち5人はマレー半島で女性教育施設を作ったのち、72年に来日し、山手58番地でアジア初のインターナショナル・スクールであるサン・モール・スクールと、貧困孤児の養育（仁慈堂）を始めました。当時マチルドは59歳、初めて来日した修道女でした。

1900年には横浜紅蘭女学校を開校し、02年にはその中の孤児養育施設を菫（すみれ）女学校にします。紅蘭女学校は58年に横浜雙葉中学校・高等学校となり現在に至ります。5人の修道女をデザインしたレリーフ（写真）にある十字架はマチルドの故郷フランス・シュオーヴィルの教会から贈られたものです。

山手 214 番館

関東学院発祥地

雙葉中・高レリーフ

❼セント・ジョセフ・インターナショナル・スクール（2000年閉校）

マリア会（カトリック教会）によって1901年に山手85番地に開校されました。卒業生には世界的な芸術家イサム・ノグチ（ニューヨーク中心に活躍。横浜ではこどもの国の遊具製作）、チャールズ・ペダーセン（87年ノーベル化学賞）などを輩出しました。しかし生徒数減少や経営の都合で2000年、廃校となりました。跡地の公園スペースに学校の歴史を記したプレートがあります。向かいのベーリック・ホール（30年築）は、イギリス人貿易商B.R.ベーリックの私邸（J.H.モーガン設計）で、戦後セント・ジョセフに寄付され寄宿舎として使われました。このスペイン風の建物は横浜市に寄付され庭園とともに公開されています。

学校跡地はその後、マンション建設のさい、高さや景観を考慮してほしいと、地元住民が山手まちづくり推進会議を組織して「まちづくりプラン」を作成しました。

かつてのセント・ジョセフ

ベーリック・ホール

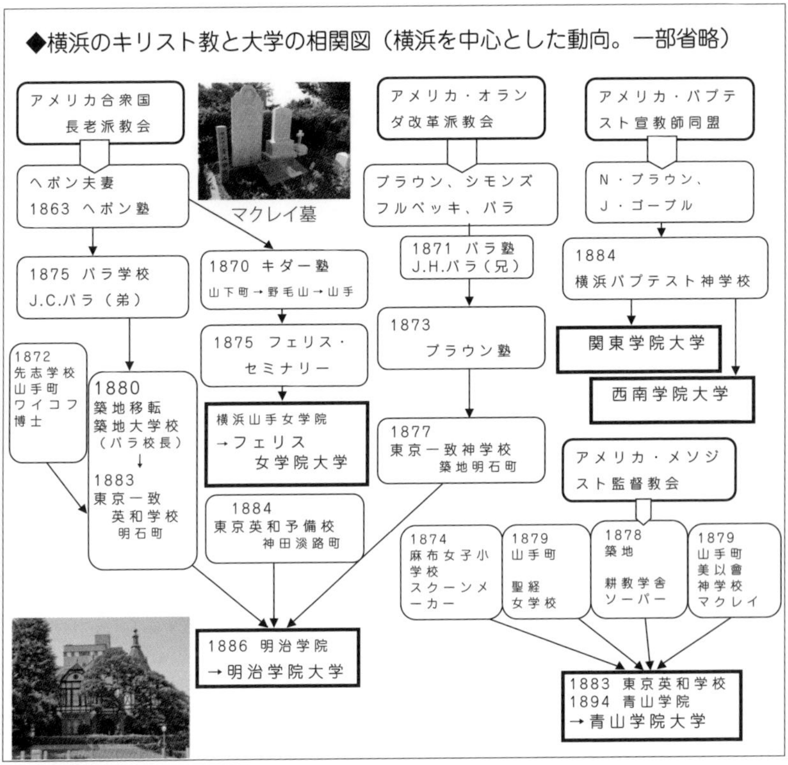

◆横浜のキリスト教と大学の相関図（横浜を中心とした動向。一部省略）

アメリカ合衆国長老派教会
→ ヘボン夫妻 1863 ヘボン塾
→ 1875 バラ学校 J.C.バラ（弟）
→ 1880 築地移転 築地大学校（バラ校長）→ 1883 東京一致英和学校 明石町

1872 先志学校 山手町 ワイコフ博士 → 1883 東京一致英和学校

ヘボン塾 → 1870 キダー塾 山下町→野毛山→山手
→ 1875 フェリス・セミナリー
→ 横浜山手女学院 →フェリス女学院大学

マクレイ墓

アメリカ・オランダ改革派教会
→ ブラウン、シモンズ フルベッキ、バラ
→ 1871 バラ塾 J.H.バラ（兄）
→ 1873 ブラウン塾
→ 1877 東京一致神学校 築地明石町

1884 東京英和予備校 神田淡路町

東京一致英和学校、東京英和予備校、東京一致神学校 → 1886 明治学院 →明治学院大学

アメリカ・バプテスト宣教師同盟
→ N・ブラウン、J・ゴーブル
→ 1884 横浜バプテスト神学校
→ 関東学院大学
→ 西南学院大学

アメリカ・メソジスト監督教会
→ 1874 麻布女子小学校 スクーンメーカー
→ 1879 山手町 聖経女学校
→ 1878 築地 耕教学舎 ソーパー
→ 1879 山手町 美以會神学校 マクレイ
→ 1883 東京英和学校 1894 青山学院 →青山学院大学

明学大白金キャンパス

2.「お雇い外国人」と居留地

(1)「お雇い外国人」の来日

開国後、幕府や諸藩は外国人を招いて、技術や知識を積極的に導入します。横須賀製鉄所建設のためフランスから来たF.L.ヴェルニーはその一人です。横須賀製鉄所（のちの造船所）は横浜の形成に大きく影響しました。それは横浜が首都・東京と軍都・横須賀にはさまれて両都市を支える軍事的周辺都市という側面を持ったからです。

1868年3月、政権を奪った明治政府は西洋技術の導入を本格化します。「富国強兵・殖産興業」の方針のもと、多くの「お雇い外国人」が来日しました。1868～89年の間に2299人（イギリス928人、アメリカ374人、フランス259人、清国253人、ドイツ175人など）に及びました。イギリス人は政府雇用やインフラ整備、アメリカ人は民間、文部省や開拓使、フランス人は軍人、ドイツ人は医学関係、オランダ人は海運関係と分野に特色がありました。ここでは横浜と関わりが深く今も業績をたどることができるモニュメントを見てみます。

(2) 進むインフラ整備 ブラントンとパーマー

横浜のインフラ整備に大きな足跡を残したのが、H.S.パーマーとR.H.ブラントンです。68年に来日した、「お雇い外国人」第1号のブラントンは、全国各地の灯台を造った「灯台の父」です。横浜との関わりが多く、功績を示す史跡、遺構が市内各所にあります。

66年11月「豚屋火事」(豚肉料理屋鉄五郎宅が火元)は日本人居住区の3分の2を焼失し、外国人居留地も多大な被害を受けました。ブラントンは街の復興に関わり、街路を防火帯にした日本大通りや、横浜公園を手がけました。公園内の日本最古の彼我公園碑(日本人と外国人の共用公園)、長さ24mの日本最初のトラス鉄橋「鉄(かね)の橋」(69年、現在復元)、電信創業(69年)の地碑(横浜地検前)などが「横浜街づくりの父」の功績を今に伝えています。彼の胸像は横浜公園から日本大通りを見つめています。

＊上水道と下水道のはじまり

市内中心部では、工事現場から居留地時代の下水道設備が出土しています。当時、日本でもコレラがたびたび流行し、また横浜居留地の外国人の要求もあって、ブラントンの設計・監督によって最初の近代的下水道が、71年に完成しました。当初の下水管は陶管で壊れやすかったため、東大土木工学科1期生で神奈川県技師の三田善太郎を中心に81年から断面が卵型のレンガ造りに替えていきます。明治中期からは鉄筋コンクリート製の下水管が導入されました。80年代の下水改良工事以降に使用された遺構が開港広場に、また山下町の中土木事務所や都市発展記念館には当時の卵形下水管が展示されています。

一方、最初の上水道は、横浜商人たちが出資して横浜水道会社を設立して敷設しました。73年に多摩川からの二ケ領用水鹿島田口(川崎市幸区)から分水し、途中から当時開通した鉄道ルート沿いに桜橋(高島町付近)まで

関内吉田橋

H.S. パーマー胸像

R. H. ブラントン胸像

卵型下水管

獅子頭水栓(勝烈庵)

2.「お雇い外国人」と居留地

約16kmを開通させました。送水には60cm四方の木樋を使用しました。横浜水道記念館（保土ヶ谷区）には神奈川区子安で発見された木樋が展示されています。同社は半年で経営難に陥り、神奈川県の管理となりました。その後人口が急増し、県はパーマーに上水道工事を依頼します。85年に着工して道志川と相模川の合流地点を水源に、野毛山貯水場（浄水場）まで44kmの近代水道を2年後に完成させました。日本側責任者は三田善太郎でした。

パーマーは大桟橋設計や、三菱ドック建造へ助言をしています。彼の胸像は、貯水池があり横浜を見下ろす野毛山公園にあります。ここには「近代水道発祥の地」の碑もあります。貯水場は関東大震災で被災し配水池になりましたが、レンガ造りの建造物が残っています。桜木町駅近くの「ちぇるる野毛」裏には87年から使われた鋳鉄管を用いた「日本近代水道最古の水道管」碑があります。

当時の有料上水道は、契約者のみが鍵を用いて共用栓から水を使えるものでした。横浜では、水の守護神とされ

二カ領用水からの木樋

近代水道発祥の地碑

鶴見・水道道の配水塔

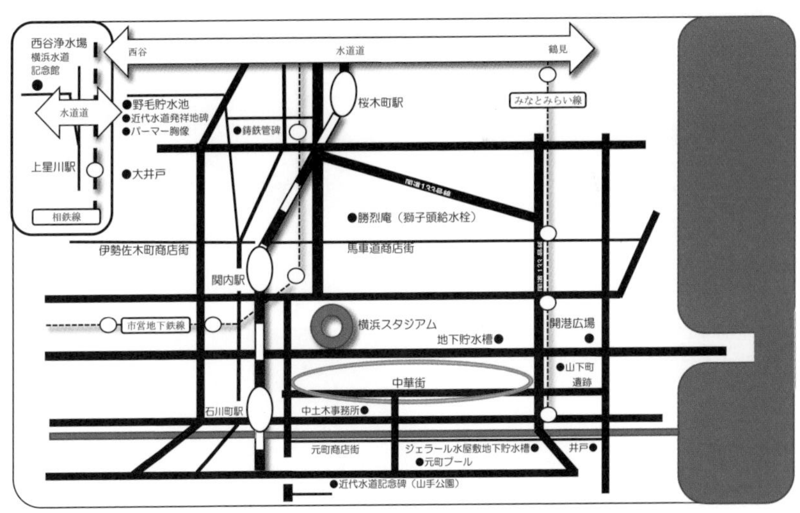

る獅子頭形のものがイギリスから600基輸入されました。現在、水道記念館、開港資料館中庭、関内・勝烈庵本店、南区大原隧道入口、山手資料館や鶴見駅東口などにあります。

横浜水道記念館には87年、近代水道創設記念に横浜停車場（現桜木町駅）にジョサイア・コンドルが選んだ「横浜水道創設記念噴水」（英国製）が、また、パーマーと上水道工事を決断した沖守固県知事の功績を刻んだレリーフや、水道事業の横浜市移管時に出資した大谷嘉兵衛、朝田又七、平沼専蔵らの紀功碑もあります。

横浜の上水道は水源から西谷浄水場を経由して標高の低い藤棚（西区）を経て野毛山配水地へ昇ります。サイフォンの原理によるものです。この水路が路面下に通る道路は「水道道」の名が冠され、鶴見へも伸びています。

都市発展記念館敷地では旧居留地消防隊（1871～99年）の煉瓦造地下貯水槽の遺構を見ることができます。ここは、その後横浜市消防本部がおかれ、日本初の消防車配備（1914年）、救急車配備（1933年）がされた日本における近代消防救急発祥の地です。

(3) 交通インフラ・鉄道建設

日本の交通システムが左側通行なのは、武士同士で刀が当たらないためという説や、イギリスの鉄道技術導入の影響など諸説あります。1872年5月、まず品川～横浜間、4か月後に新橋まで鉄道が開通しました。工事に尽力したエドモンド･モレル（1841～71）の碑がJR桜木町駅にあります。しかし、彼はハードスケジュールで肺結核を病み、鉄道開通の前年に亡くなっています。このほか桜木町駅には機関車の汽地の碑や、開業当初の駅長室があった場所が、関内方面右側の線路沿いにあります。外国人墓地では、モレルの墓がJR東日本の鉄道記念物、また鉄道開通に尽力した5人の墓が準鉄道記念物として指定されています。

西谷浄水場

居留地消防隊貯水槽

水道創設記念噴水

野毛山配水池

鉄道発祥地碑

モレルのレリーフ

(4)「お雇い外国人」と西洋建築

横浜には関東大震災に耐えた建物もあります。妻木頼黄は工部大学校（のちの東大）でニコライ堂などを設計したジョサイア・コンドル（1852～1920／イギリス）に学び、横浜正金銀行本店（1904年）、井伊直弼像台座（09年／掃部山公園）、赤レンガ倉庫（11年）など横浜の重要建築物を手がけました。

(5) 吹奏楽のはじまりと「君が代」

1869年、明治政府はイギリス軍を参考に軍事近代化を図ります。軍楽隊編成のため、1864年から陸軍第一歩兵連隊の軍楽長で横浜に駐留していたJ.W.フェントン（アイルランド出身）のもとに薩摩から約30人を洋楽伝習生として派遣しました。その寄宿舎が本牧・妙香寺でした。現在「日本吹奏楽発祥地碑」が立っています。

フェントンがこの地に駐屯したのは、生麦事件が起きたからですが、薩英戦争を経てここで学んだ薩摩出身者たちはどのような気持ちだったでしょうか。

フェントンは日本に対外儀礼用の国歌がないので69年に「武士の歌」を参考に、妙香寺で「君が代」を作曲します。「発祥」の由縁です。歌詞は『古今和歌集』の詠み人知らずの作品です。しかし、これは歌いにくいと76年に廃止され、80年にドイツ人エッケルト（軍楽隊）が新しいメロディを編曲し、これが93年に祝日大祭日用唱歌となりました。「君が代」を日本古来の歌というには無理があります。「日本の伝統」とされるものに明治以降のものが多くあります。歴史家E.ホブズボームはこうしたものを「伝統の創造」と指摘しました。私たちは「伝統」だからと思考停止せず、検証することが大切です。「伝統」は大事ですが、誰のために、なぜ「創造」されたのかを考えたいですね。

(6) 居留地商館を形成した建築資材／ジェラール瓦

元町商店街の奥に元町プールがあります。水が冷たいのは地下水を使用しているからです。その山手から湧き出す水を丘の反対側で使ったのが、ノルウェー系アメリカ人、ウィリアム・コープランド設立のスプリング・バレー・ブルワリーでした（70年）。しかし、経営不振でジャパン・ブルワリー・カンパニーに譲渡され、これが現在のキリンビールになります。今も井戸がありますが、工場は関東大震災で倒壊し生麦に移りました。近年、横浜では地ビールの店が増え、「横浜をクラフトビア・シティに」と、大桟橋などでイベントが行われています。

一方、海側で貯水槽を造ったのがフランス人、アルフレッド・ジェラールです。当初は食品を船舶に販売していましたが、良質な横浜の水に着目して

君が代発祥地碑

日本吹奏楽発祥地碑

妙香寺での演奏会

ジェラール貯水槽

70年に水源を獲得、パイプで水を堀川の小舟に送り、それを外航船に運んで販売しました。「横浜の水は赤道を通過してもおいしい」という話は有名です。また現在の元町プールの場所に、西洋瓦と煉瓦の製造工場を建てました（73年）。ここで製造された瓦、煉瓦、陶管やタイルは、横浜の建造物に多く使われました。元町プール管理棟屋根の一部はジェラール瓦で葺かれています。（西洋瓦にはスペイン瓦やフランス瓦などがあり、ジェラール瓦は後者です）。

キリン園公園

当時の工場（説明板）

＊「戊辰の横浜」

2018年の「明治150年記念企画展　戊辰の横浜」で横浜開港資料館は「開港都市の明治元年」、横浜市歴史博物館は「名もなき民の慶応四年」をテーマに企画展示を実施しました。幕末の横浜でも、長崎などのように軍艦などの取引が行われていたこと（67年の銃器取引は長崎の1.5倍）、攘夷対策で外国軍が駐留していたこと、新政府軍と幕府軍の衝突はなく、佐賀藩が平和的接収を行ない、横浜は混乱がなかったことなど、幕府と新政府間の権力移行時の横浜の姿が見えてきました。

横浜の近代史には数多くの研究がありますが、まだ知られざる横浜があることをこれらの展示は教えてくれます。

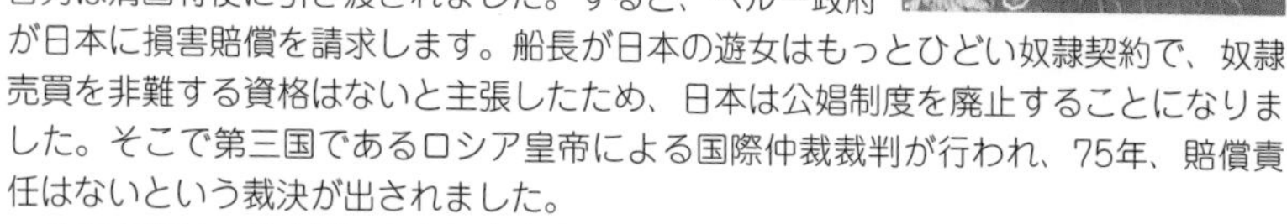

◆マリア・ルス号事件

1872年6月、荒天により損傷したペルー船籍の帆船マリア・ルス号が横浜港に入港しました。すると乗組員の清国人がイギリス軍艦に逃げ込み、230人の清国人苦力が船内で奴隷状態なのが発覚しました。外務卿・副島種臣は審理を神奈川県権令・大江卓に指示しました。

大江は特別法廷で尋問を行い、船長を虐待の罪で有罪、苦力は船に戻るか自身で決めるよう判決を出しました。

船長は苦力に契約履行訴訟を起こしますが無効とされ、苦力は清国特使に引き渡されました。すると、ペルー政府が日本に損害賠償を請求します。船長が日本の遊女はもっとひどい奴隷契約で、奴隷売買を非難する資格はないと主張したため、日本は公娼制度を廃止することになりました。そこで第三国であるロシア皇帝による国際仲裁裁判が行われ、75年、賠償責任はないという裁決が出されました。

この事件は、神奈川にのちに自由民権運動を喚起させたと指摘されます（大畑哲）。横浜中華会館からは感謝の意を込めた大旆（たいはい）が副島、大江に贈られました。大江宛てのものは349×188ｃｍの大きさで華やかな刺繍が施されています。現在は神奈川県立図書館が所蔵し、ときおり公開されています（上の写真）。

3. 横浜「ものはじめ」を考える

この時代は海外から「日本ではじめて」のものが数多く入ってきて、いわゆる「横浜ものはじめ」が相次いであらわれた時代です。

横浜開港資料館『横浜ものはじめ考』には、近代化＝進歩＝経済発展という考えに陥りがちな中で、重要な指摘がされています。こうした考え方を意識しつつ歴史的なもの、興味深い「ものはじめ」の史跡を紹介します。

日本最大の外国人居留地があった横浜は、国際色豊かな都市であった。それは、さまざまな民族が固有の文化を失うことなく、共存していたということを意味する。日本的なものの持つエキゾティシズムこそが外国人を引き付けたのであって、国際文化都市としての横浜は、そうであるからこそ、日本趣味の豊かな町でもなければならなかったのである。外国文化が輸入される一方で、日本文化が輸出されるのでなければ、国際貿易港都とはいえない。外国文化だけが幅をきかす被占領地のような町ではなかった。

「文明開化」という言葉には、「西洋化＝歴史の進歩」というような、したがって「脱亜入欧」に通ずるような含意があり、横浜が持っていた国際性の内容にふさわしくない。本書がこの言葉の使用を避けたのはそのためである。

「ものはじめ」現象をもって、横浜を「文明開化のふるさと」というように理解するのは、外部からの一面的な見方であり、内部からそれに迎合するのは、卑屈でないとすれば、横浜の文化的な伝統に対する無知である。このテーマには、このような問題のはらまれていることにも注意していただきたいと思う。

横浜開港資料館『横浜ものはじめ考』(1988年)

馬車道「ものはじめ」舗道

■石鹸製造■

横須賀造船所でフランス人ボイルから石鹸を知ったのが堤磯右衛門です。製造を試みるも固形化は難しく、諦めたら翌朝容器の中で固まっていたとか、業を煮やした堤の妻が塩を投げつけたら固まった、などと伝わります。早矢仕有的の援助もあり工場（南区万世町2丁目／73年）では髪洗粉、コレラ予防の石炭酸石鹸なども製造しました。上海や香港へも輸出しましたが、松方デフレで経営を縮小、91年に堤が死去すると、2年後に廃業しました。三吉演芸場近くの工場跡（万世ポンプ場）には銘板が設置され、開港資料館では

堤石鹸工場跡説明板

堤石鹸のレプリカ（開港資料館）

電信創業地

石鹸のレプリカが販売されています。堤のもとで働いた村田亀太郎を招いて石鹸製造を続けたのが、花王石鹸の始まりです。

■馬車道を歩けば■

街路樹（Roadside Tree）は街道や参道の並木と異なり、市街地で景観を良くして都市生活環境を改善するものです。関所と港を結ぶ馬車道で、67年に道沿いの商店が競って柳や松を植えたことが、日本における近代的街路樹のはじまりとされています。72年には日本最初のガス灯が点灯されて、馬車道は繁栄していきます。

71年、高島嘉右衛門は「日本ガス社中」（現本町小学校の場所）を設立、フランス人技師を招いてガス事業を始めました。翌年には県庁付近と、大江橋～馬車道・本町通り間にガス灯10数基が設置されます。当初は、柱部をイギリスのグラスゴーから輸入し、灯具は日本人職人が製造しました。しかし高島のガス会社は経営に行きづまり、75年に本町に譲渡された後「横浜市瓦斯局」（のち東京ガスと合併）になります。本町小学校の校門にはガス灯と「日本最初のガス会社跡」の記念碑が、関内ホール前には明治末期の馬車道の様子のレリーフやレプリカがあります。

また馬車道には、横浜で初めて写真館を開いた下岡蓮杖の顕彰碑や、アイスクリーム発祥の地があります。アイスは出島松造が町田房蔵に製法を教えて、製造・販売したのが始まり（69年）とされます。初めて販売した5月9日はアイスクリームの日として、馬車道商店街では無料で「馬車道あいすくりん」を配っています。

開港翌年には居留地70番地に横浜で最初のホテル「ヨコハマ・ホテル」をオランダ人が建てました。ボーリング室もあり、ハイネ、シーボルト、ワーグマンなどが宿泊し、西洋文化の窓口の1つとなりました。洋菓子の「かをり」（山下町）に説明板があります。

「横浜もののはじめ」の例

クリーニング業	（元町公園／1861）
カトリック教会	（山下町／1862）
洋裁業発祥顕彰	（Hサンポート／1863）
日本新聞誕生地	（関帝廟前／1864）
塗装業	（元町公園／1865）
近代競馬	（根岸森林公園／1866）
近代街路樹発祥	（馬車道／1867）
鉄のトラス橋	（関内／1869）
アイスクリーム	（馬車道／1869）
電信創業地	（横浜地検前／1869）
西洋理髪発祥地	（山下公園／1869）
日本吹奏楽発祥地	（妙香寺／1869）
洋式公園	（山手公園／1870）
ビール発祥地	（北方町／1870）
ガス事業発祥	（本町小学校／1870）
君が代発祥地	（妙香寺／1870）
日本初のガス灯	（関内ホール／1872）
鉄道創業地	（桜木町駅／1872）
バプテスト教会	（代官坂／1873）
魚市場	（市役所／1874）
外国郵便創業地	（横浜港郵便局／1875）
メソジスト教会	（山元町／1875）
最古の彼我公園	（横浜公園／1876）
庭球発祥地	（山手公園／1878）
西洋歯学発祥地	（山下町／1882）
ゲーテ座	（山手町／1885）
近代水道	（野毛山／1887）
県電気発祥地	（BayStars通り／1890）
電話交換創始地	（日本大通／1890）
消防救急発祥地	（都市発展記念館／1914）

本町小学校のガス灯

アイスクリーム発祥地碑

塗装業発祥之地碑

4. 世界最大! 中華街の形成

1859年、日米修好通商条約に基づき横浜が開港すると、現在の山下町に外国人が住む居留地が造られました。現在の山下町を中心とした「出島エリア」にあった居留地は、明治になって「お雇い外国人」や商人が増えて手狭になりました。そこで山手にも外国人住居が造られました。山手町と山下町の間の元町は外国人向けに食料品や服など日用品、家具や事務用品などの店舗が建ち並び、東京からも外国人が訪れ賑わいました。

貿易のために来日した西洋人の買弁や通訳として多くの中国人も来日し、外国人居留地の一角に中華街を形成するようになりました。中華街の街路は周辺地区と違い、海岸線から見て斜めになっています。埋め立て時は農地でしたが、すでに他は欧米の有力商館が進出していたこと、またここに集まった業種の事業所が中国人の関わりが深かったことで、1870年代には中国人が6割居住していたそうです（伊藤泉美)。また中国人人口の増加に伴って、外国人墓地から分離して中国人専用の墓地が73年に造られました。92年には地蔵王廟が建立されました。横浜最古の近代建築です。当初は「落葉帰根」の言葉どおり、大陸へ戻るまで棺に石灰を入れて遺体を保管する所でした。関東大震災までは３年に1度、棺船が来ていたそうですが、大陸での政変などの混乱で横浜で葬られることが多くなったといいます。

99年には不平等条約の撤廃で居留地が廃止されて「内地雑居」が進みます。日本人も増えて訪問者が多くなり、それは関東大震災まで続きました。大震災まで清国領事館があった山下町公園には、以前建っていた会芳楼（68年頃建立）を模した東屋が建っています。会芳楼は劇場と料理屋を兼ねた総合娯楽施設でしたが、10年ほどでクローズしてしまいました。

横浜の華僑人口は、日清戦争で一時的に減り、その後急増しました。こうした増加の背景にはビジネスだけではなく、混乱する大陸情勢で活発化した政治運動の「受け皿」としての側面もありました。変法運動（戊戌政変）の失敗で清国から亡命した康有為や梁啓超、辛亥革命を成功させる前の孫文やその仲間は一時的に中華街に居を構えて、機をうかがっていました（後述)。

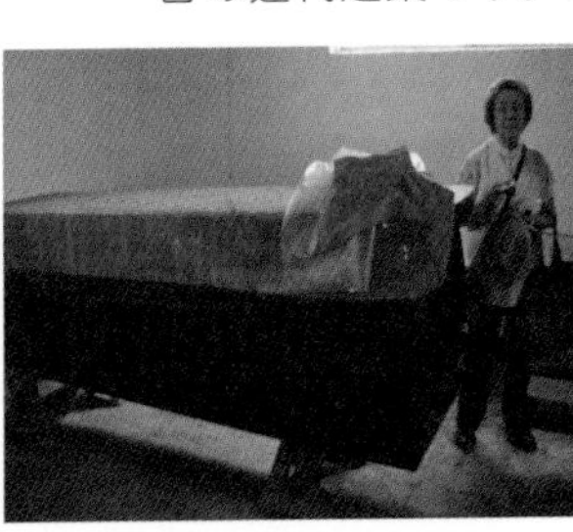
大陸への棺のレプリカ

地蔵王廟

孫文記念館(熊本県荒尾)

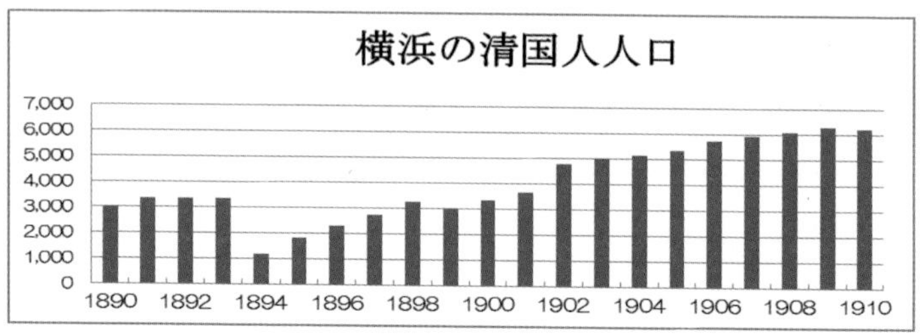

横浜市統計から筆者作成

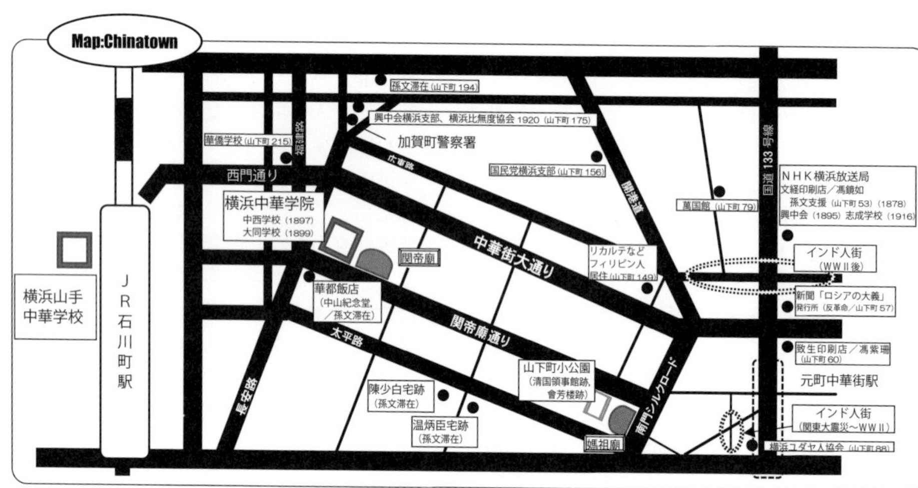

5. 横浜のビジネス界の発達

開港した横浜に来て外国貿易の商店で働き、独立して財を成した人々は、「横浜商人」の第一世代です。

当時、日本の主要輸出品は生糸と茶でした。85年ころ、地中海沿岸地方で蚕の病気が流行して日本の生糸がヨーロッパへ輸出されました。このことが評判となりアメリカ市場でも需要が高まり、横浜商人は業績を伸ばしました。

例えば埼玉からの原善三郎、群馬からの茂木惣兵衛や中居屋重兵衛などの生糸商人、伏島近蔵（横浜銀行前身の七十四銀行頭取）といった人たちは、開港後の「絹の道」との関係が深い商人です。今も横浜銀行の支店が群馬に３店舗あり、神奈川県に群馬銀行が２店舗あるのも、その名残りです。大谷嘉兵衛や早矢仕有的など西からの人物もいます。横浜商人第一世代で、史跡のある人物を紹介しましょう。

❶中居屋重兵衛（1820～61）
上野国（群馬県）吾妻郡出身

中居屋は出身地上州の生糸を取り扱って成功を収めました。本町３丁目に、庭園に池を配し、屋根は輝く銅製の瓦を使用した「銅（あかがね）御殿」と呼ばれた店舗兼住居を建てました。しかしのち幕府に財産を没収されました。幕府の制限を破って生糸や銅の輸出を扱ったからといわれます。投獄中に住居が火災に見舞われて失意のうちに没しました。邸宅跡に説明板があります。

❷茂木惣兵衛（1827～94）
上野国（群馬県）高崎出身

桐生の絹商人を継ぐ養子となり横浜の野沢屋で働き、61年、野沢屋庄三郎の没後に屋号を譲り受け、原善三郎と競います。

明治に入ると横浜の生糸商人は、三越など江戸時代からの特権商人の参入、器械製糸の導入、外国商人との不利な取引に直面します。惣兵衛は原と協力して連合生糸荷預所を設立（81年）して取引慣行を見直し生糸貿易を一本化し、外国人商人や日本の輸出業者の抵抗の中、主導権を握りました。また原と横浜毎日新聞への資金協力や横浜商法会議所、第二国立銀行、第七十四銀行の設立、横浜商法学校の創立委員など横浜の発展に尽くしました。自らの葬儀を簡素にして、横浜の貧民5000人に施米料一人50銭を喜捨しました。

❸原善三郎（1827～99）
武蔵国（埼玉県）児玉郡出身

生家は生糸取り引きをしており、開港時に実家から多額の資金を得て、横浜へ進出しました。貿易で財を成したので、幕末に攘夷派に襲撃されたこともありました。明治に入ると生糸貿易の主導権を横浜商人で確保しようと、生糸改会社の設立、茂木惣兵衛と会社や連合生糸荷預所の設立・運営などに大きな力を発揮しました。政界でも初代横浜市議会議長、衆議院議員、貴族院議員を歴任しました。

❹浅野総一郎（1848～1930）
越中国（富山県）氷見出身

総一郎は地元で商いに失敗して、71年に上京しました。お茶の水で砂糖水を売り、横浜では竹皮商や薪炭商で利益をあげました。横浜瓦斯局の廃棄コークスを買い取り転用し、また市の公衆便所の汲み取りを引き受け、農家に販売しました。竹皮、糞尿、コークスと廃棄物をビジネスにした総一郎の発想はリサイクルの元祖です。

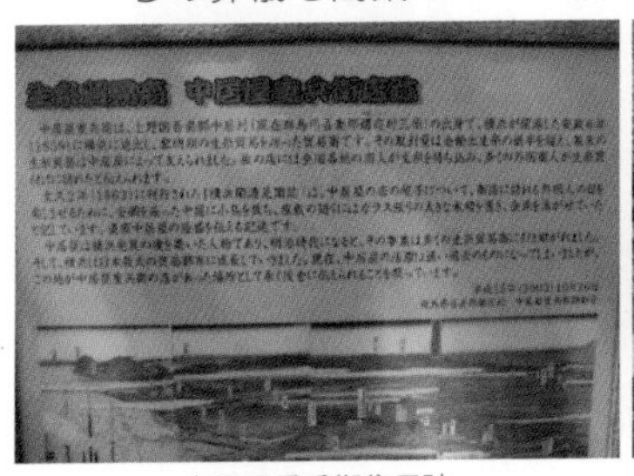
中居屋重兵衛住居跡

日刊新聞発祥之地碑

浅野総一郎像（浅野学園）

ビジネスに成功する間に渋沢栄一や安田善次郎の知己を得て、工業発展を見越して官営深川セメント会社を政府から払い受けます。そこから浅野造船所（のち日本鋼管→現ＪＦＥスチール）や鉄道会社などの事業に取り組み、渋沢のように約50の会社や学校などの設立に関わりました。1番の功績といわれるのが、1915～28年の京浜地帯の埋め立て事業です。83歳での欧米視察の際にベルリンで発病し、帰国後に亡くなりました。

❺高島嘉右衛門（1832～1914）
江戸（東京都）銀座出身

高島は父から材木商を継ぎますが失敗、その後鍋島藩との縁で開港時に伊万里焼の店「肥前屋」を開業しました。鉱山採掘の資金調達のため外国人に小判を密売して投獄された時に易本と出会い、それが高島易断につながります。

65年から居留地の建設ラッシュに乗って利益をあげます。70年には鉄道敷設の築堤造成を請け負い、「晴天140日以内で完工」という条件をクリアしました。線路や道路用地以外は高島が所有権を持ち、「高島町」ができました。伊勢山下（桜木町駅西側）にはガス会社や洋学校を設立しました。そして高島台の山荘から手がけた埋立地を見下ろし、易学に取り組みました。

邸内にあった望欣台の碑が高島山公

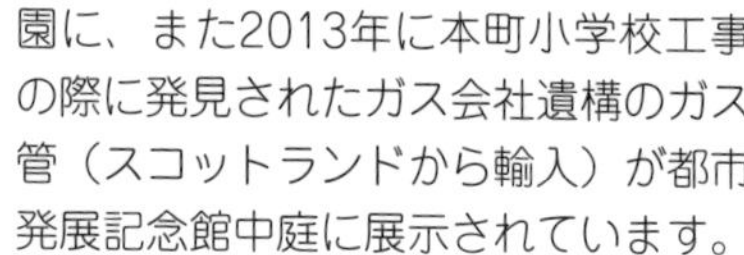

園に、また2013年に本町小学校工事の際に発見されたガス会社遺構のガス管（スコットランドから輸入）が都市発展記念館中庭に展示されています。

❻早矢仕有的（1837～1901）
美濃国（岐阜県）武儀郡出身

早矢仕は59年、江戸で町医者になり、福沢門下で学んだ後、梅毒病院（横浜）に勤務します。69年に丸屋を設立して薬や医療機器を輸入販売し、70年に横浜の尾上町へ移転します。のち屋号を丸善に改称しました。

71年に仮病院（現横浜市大医学部付属病院）や貯蓄銀行の先駆けの細流会社積金社中や丸屋銀行を創立、また横浜正金銀行の創立発起人や県会議員になります。いくつか直輸出会社を興す中で、宮川香山と82年「真葛組」を設立、海外の博覧会で評価を得た真葛焼の製造・販売を行いました。

早矢仕が病院食の1つとして出した、牛肉の細切れと野菜のごった煮をご飯にかけたのがハヤシライスのはじまりといいます（来客に作った同様の食事が起源だ、いや、彼と関係なく「ハッシュド・ビーフ」をライスにかけたもの、と諸説あります）。

現在、丸善の日本橋店と丸の内店のレストランにはハヤシライスと早矢仕の関係の説明板があります。

高島先生顕彰碑

ガス会社遺構（本町小）

丸善の「早矢仕ライス」

❼伏島近蔵（1837～1901）
上野国（群馬県）藪塚村出身

養蚕地帯に生まれて65年に横浜で「田辺屋」を開業、蚕卵紙やお茶を扱います。のちウォルシュ・ホール商会の大番頭を務め、西南戦争時に羅紗を買い占め利益を得ました。78年、茂木惣兵衛らと七十四銀行を設立、イタリアに蚕卵紙を売り込みました。水運活性化のため吉田新田に運河を掘削し、北海道開拓を手がけたあと、市会議員も務めました。彼の碑は吉田新田の根元、日枝神社内にあります。

❽雨宮敬次郎(1846～1911)
甲斐国（山梨県）塩山出身

江戸や開港後の横浜を行商し、70年に横浜に住みます。鉄道や製鉄など社会基盤の重要性を主張し、甲武鉄道をはじめ多くの鉄道会社を手がけ、横浜では大師電気鉄道（現京浜急行電鉄）の発起人になりました。官営製粉所払い下げの日本製粉を経営したり、軽井沢の開発事業でも知られています。

❾大谷嘉兵衛（1845～1933）
伊勢国（三重県）松阪出身

お茶の産地・松阪に生まれ、17歳で横浜へ出て茶屋「伊勢屋」に奉公します。やがて独立して品質向上を目玉に貿易をします。明治になって神奈川県会議員や議長を務め、米西戦争時（98年）にはアメリカが戦費調達のためにかけた製茶関税に抵抗し、渡米してマッキンレー大統領から関税撤廃を引き出しました。また海底電線敷設を提言し、太平洋通信網を拡大したことが、日露戦争に役立ったといいます。

米寿には伊勢山皇大神宮に銅像が建てられました（第2次大戦の金属供出で残った台座は燈籠の土台で残る)。没後、本牧・天徳寺に碑が建立され、周りにはペリー上陸記念碑に使う予定だった石など大谷ゆかりの地の石がいくつも敷かれています。

❿岸田吟香（1833～1905）
美作国（岡山県）久米郡出身

江戸で眼を病み、ヘボンの療養所を訪れた縁で一緒に和英辞書を編纂し、またジョセフ・ヒコの『海外新聞』（初の日本語新聞）を手伝います。67年、アメリカ人リードらと江戸～横浜間に定期航路を開設、翌年には『横浜新報・もしほ草』を創刊しました。73年に『東京日日新聞』で初の従軍記者として台湾出兵に同行します。77年、銀座・楽善堂を開業し眼薬「精錡水」を販売する一方、築地に訓盲院（現筑波大付属盲学校）を開校するなど、教育者にもなりました。楽善堂の上海や武漢の支店には大陸での活動を志す人々が集い、80年には榎本武揚らと興亜会を組織、のち東亜同文会結成に関わりました。4男は洋画家・岸田劉生です。

伏島近蔵顕彰碑

雨宮敬次郎碑（台座のみ）

大谷嘉兵衛顕彰碑

⓫下岡蓮杖（1823～1914）
伊豆国（静岡県）下田出身

長崎の上野彦馬に次いで、写真技術の導入に力を注いだのが下岡蓮杖です。外国人との接点を求め46年、浦賀でビッドルの黒船に幕府の命で乗船したり、ハリスの通訳ヒュースケンから写真技術を学びました。横浜で外国人雑貨商に雇われて店の写真館を引き継ぎ、弁天通5丁目に開業しました。

68年、太田町で富士山型の英文看板を掲げた「不二家」を開業、横浜と築地の居留地を結ぶ馬車事業「成駒屋」や、戸部で牛乳屋の開業、また箱館戦争や台湾出兵の絵を販売したりと、画像メディアの発信者ともいえます。

⓬小野光景（1845～1919）
信濃国（長野県）伊那郡小野村出身

父・光賢が横浜に名主として赴任したことから、66年横浜に出て父の町政を補佐しました。横浜貿易商組合の総理に選ばれ、歩合金積立て金の処分に取り組みました。82年には横浜商法学校（現横浜商業高校／Y校）設立の中心人物として奔走し、83年に生糸問屋・小野商店を開業しました。

横浜商法会議所や横浜正金銀行、横浜貿易新聞社（現神奈川新聞社）、横浜鉄道などの設立に関わり、「都市横浜のインフラ整備が光景によって推進されたといっても過言ではない」（西川武臣）。本牧の別荘は2万千坪もあり、政府要人や外国使節を招待しました。一部は市民に公開され、「小野園」と呼ばれました。現在は本牧臨海公園となり、「小野光景別邸跡」記念碑があります。墓所は総持寺にあります。

⓭田中 平八（1834～84）
信濃国（長野県）上伊那郡出身

農家に生まれ、相場投資に失敗を続けるも、生糸と洋銀の取引が軌道に乗り「糸屋」を開業、業績を伸ばしました。68年には横浜金穀相場会所や洋銀相場会所を設立、翌年に横浜為替会社の貸付方に就き、田中組、田中銀行を設立しました。「天下の糸平」と呼ばれ、花咲町に豪邸を建てました。

下岡蓮杖碑

近代のパン発祥の地碑

本牧臨海公園

元町・ウチキパン

「横浜貿易商十傑肖像」（L）

★横浜とパン／内海兵吉と打木彦太郎

本牧の内海兵吉（1827～1907）はフランス船コックから製法を学び「富田屋」を開業しました。74年の台湾出兵では海軍省にビスケットを納品しました。日露戦争時には軍用パンと捕虜の給食で注文が増えました。打木彦太郎（1866～1915）は14歳でクラークの「ヨコハマ・ベーカリー」に弟子入りし、経営を引き継ぎ、山下町から元町へ店を移しました。99年に「ヨコハマ・ベーカリー宇千喜商店」と改称し外国軍艦へ大型パンを、日露戦争では軍に乾パンを納入して繁盛しました。神奈川県下の製パン業は軍の注文や遠洋航海の船舶需要で発展してきました（紀田順一郎）。1913年、横浜のパン製造業者のうち納税額１位と２位は内海兵吉の子・角蔵と打木彦太郎でした。

◆久保山墓地

久保山墓地は、明治政府の神道重視による神仏分離令で寺院面積が減り、墓地を集約するため1874年に造られました。政府は戊辰戦争の負傷者を、医療技術の高い外国人医師がいる横浜軍陣病院（野毛）に送りました。亡くなった人は大聖院、のち久保山に改葬され「官修墓地」が造られました。墓地内には、長州藩士（６区）や土佐藩士（3区）の墓域、西南戦争の墓地（9区）があります。コレラ流行時の犠牲者の墓や、関東大震災の石碑もあります。アジア太平洋戦争のＡ級戦犯が巣鴨プリズンで処刑後、密かに運ばれて火葬されたのも久保山でした（光明寺などに碑）。横浜刑務所での死亡者、南方での飛行場工事の犠牲者碑もあります。

このほか、吉田新田を造成した吉田勘兵衛、元首相吉田茂、横浜の豪商原善三郎、眞葛焼の宮川香山、そしてＹ校初代校長美沢進など、横浜で活躍した人たちが葬られています。現在は３万基の墓が並んでいます。

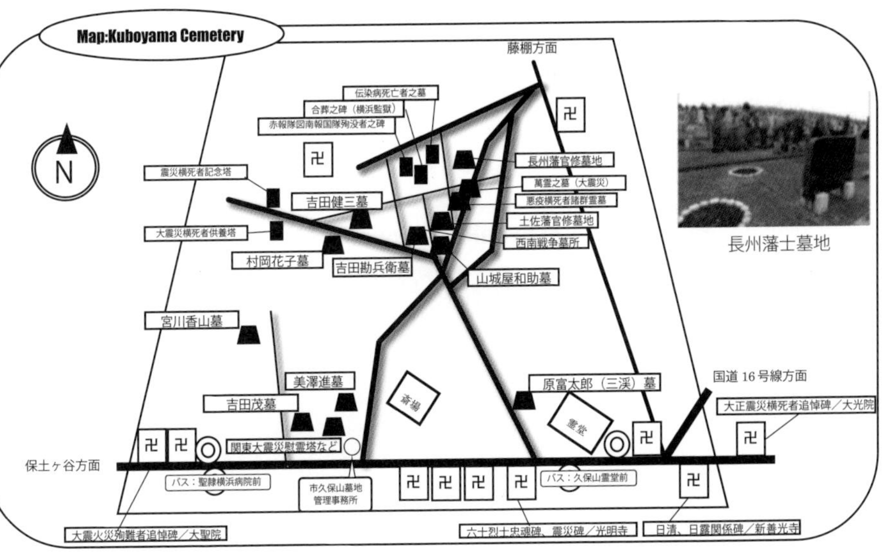

長州藩士墓地

6. 明治政府のうごきと横浜

(1) 明治新政府の成立

戊辰戦争は、幕府対薩長・朝廷勢力(途中から新政府軍)との戦いでした。討幕の勢いに15代将軍徳川慶喜は大政奉還を行い天皇へ政権譲渡をしつつ、徳川家の発言権を残そうとします。これを認めない薩長側は「王政復古の大号令」を発し、小御所会議で徳川家の権益を奪おうとします。1868年1月、京都の鳥羽・伏見の戦いから戊辰戦争が始まりました。戦いは上野戦争、会津戦争などを経て69年5月五稜郭での戦いまで続きます。3月、幕府側・勝海舟と薩長側・西郷隆盛が薩摩藩邸で会談し、江戸城無血開城が決まり政権が交代しました。内戦による貿易の混乱を心配したイギリス公使・パークスの働きかけもありました。7月に江戸は東京と改称され、翌年明治天皇は16歳で京都から東京に移りました。

戊辰戦争の負傷者は横浜に運ばれ、戦死者は久保山墓地に葬られました。上野で新政府軍と戦った彰義隊の1人、土井堯春の顕彰碑が幸ヶ谷公園(神奈川区)にあります。土井は日清・日露戦争で出征兵士を「熱烈送迎」した「神奈川の名物男」(「横浜成功名誉鑑」)で、のち神奈川区青木町の白峯造船所の監督や、刀剣商になりました。

1868~69	戊辰戦争~旧幕府軍と新政府軍が、京都から箱館戦争まで戦った。
1874	台湾出兵
1875	江華島事件、樺太千島交換条約
1876	日朝修好条規
1877	西南戦争
1879	「琉球処分」
1880	国会期成同盟結成
1885	福沢諭吉「脱亜論」
1889	大日本帝国憲法
1894	日清戦争、日英通商航海条約成立
1899	北海道旧土人保護法制定
1901	八幡製鉄所開業
1902	第一次日英同盟成立
1904	日露戦争、第一次日韓協約
1905	桂―タフト協定、第二次日韓協約、韓国統監府設置
1907	第三次日韓協約、第一次日露協約、日仏協約
1910	韓国併合、大逆事件
1911	日米新通商航海条約調印(関税自主権回復)

*横浜町会所の設立

74年、現在の開港記念会館の場所に横浜町会所が作られ、市制施行(89年)まで町政が行われました。「時計塔」と呼ばれて親しまれましたが、1906年に火事で焼失してしまいました。

土井堯春顕彰碑

■ Around Yokohama ■

彰義隊の墓(上野公園)

江戸城無血開城会見地(港区三田)

(2) 岩倉使節団の出発（1871年）

岩倉使節団は条約締結後の国書交換、不平等条約交渉、西洋文化吸収を目的に、71年12月から73年9月まで新政府のメンバーや留学生107人で出発しました（アメリカ到着後、一部が条約批准書を取りに戻る）。欧州、アジア経由632日間で世界一周しました。聖徳記念絵画館（東京都）には、「象の鼻」での出航場面の絵があります。

(3) 台湾出兵（1875年）

71年、那覇に年貢を運ぶ宮古島の船が台風で台湾に漂着し、乗員54人が殺害されました（那覇市に「台湾遭害者之墓」）。意思疎通ができず逃亡したようです。1609年の薩摩藩侵攻以来、琉球王国を実効支配していた日本はこの事件の責任を清に問いますが、受け流されます。そこで75年、西郷従道が3600人の軍隊を率いて台湾出兵を行いました。この出兵は琉球の帰属問題を明確にし、また士族の新政府へ不満を緩める意味も持ちました。イギリスの仲介で、清が日本に賠償金を払うことで決着しました。明治政府は79年には琉球を「沖縄県」にしました（「琉球処分」）が、国境線問題は解決せず、清はグラント前アメリカ大統領に仲裁を依頼します。日本は条件付きで宮古・八重山諸島を清国領とする提案（尖閣諸島も含む）をして仮調印しましたが妥結せず、日清戦争の結果、日本の領有となりました（95年）。

(4) 西南戦争（1877年）

73年、征韓論をめぐり政府から下野した西郷隆盛は、薩摩で私学校を設立して留学を推進するなど教育に力を入れました。政府はわざとスパイとわかる人を派遣するなどして西郷を挑発し、反感をあおりました。75年、海軍は東西に鎮守府を置くこととし、横浜に東海鎮守府が置かれました（84年に横須賀鎮守府に）。76年に明治政府が秩禄処分を実施すると旧武士階級の生活は厳しくなり、九州中心に反乱が起きました。

77年、西南戦争が始まると政府は横浜港から軍兵士を送り込みました。激しい戦いで政府軍にも多くの犠牲者が出ました。この時から赤十字の前身、博愛社の活動が始まりました。

西南戦争の勝利で、政府は中央集権体制の構築を決定的にしました。しかし、税収の約85%という戦費をまかなうため大量に不換紙幣を発行してインフレを起こしたので、松方正義大蔵卿は兌換紙幣を発行し金本位制に戻します。しかし大増税もあって、「松方デフレ」になります。農民は困窮して都市に流入し、都市貧困層が形成されました。一方、政府からの官営企業の払下げで財閥は力を蓄えていきました。

現在の「象の鼻」

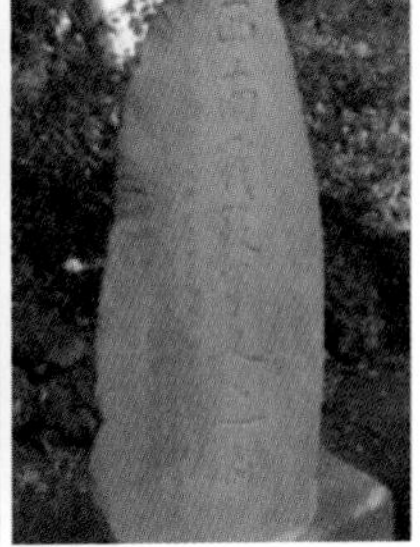

西南戦争碑（伊勢山、下永谷）

7. 横浜も拠点！自由民権運動

幕末に西洋思想が日本に入ると、「自由」「人権」といった概念が人々に広がり始めました。また旧幕臣が新政府への不満を持つ一方で、自分たちの考えを政治に反映するシステムとして議会制度への関心が高まり、1870年代後半から自由民権運動が始まりました。

全国に結社が組織されるとともに、活発に演説会や討論会、学習会が各地で開かれ、憲法草案が起草されるようになりました。政府はこれを厳しく弾圧しますが、民権運動側にも、自国の民権伸長のための対外強硬論などの矛盾や分裂がありました。しかし運動に限界があったとしても、「地域での自由民権運動の展開、政治のみならず、教育・文化・産業・社会にわたる裾野のひろがりと、そこでの民衆のかかわりの豊かさ」（遠山茂樹）が生まれたことは、日本社会に大きな意味があったといえます。

（1）自由民権運動の始まり

明治時代には、士族の選挙権について議論が起きました。反政府行動が心配されたからです。また尊王攘夷（さらに対外侵略論）の思想の延長線上に自由民権がある、とも考えられました。

このタイミングで明治政府内では征韓論争があり、下野した板垣退助や江藤新平らは74年に民撰議院設立建白書を提出し、愛国公党を結成しました。ここでは、国民は未熟で真の民撰議院は困難であると、政府の専制が肯定されていました。また、農民一揆や地租改正、徴兵制、学制（負担増を懸念）への反対運動の動きは皇室を脅かすと捉えられました。士族中心に結成された立志社（土佐／74年）、愛国社（大阪／75年）などは、民衆支配が前提でした。民権運動は、封建制存続を重視して始まったのです。

西南戦争を経て、運動は地租改正の進行で反政府の士族中心から、豪農層中心になりました。特に都市部では代言人（弁護士）や新聞記者たちが盛んに結社をつくり、学習会や演説会を開き民権運動の幅を拡げていきました。80年には愛国社が大阪で国会期成同盟を結成し、全国各地から国会開設の建白書が提出されましたが、政府は取締りを強化し、これを抑えました。

しかし、81年の北海道開拓使官有物払下げ事件（開拓使経由で官有物を政商に安価で払い下げた）で厳しく批判されて危機感を持った政府は90年

＊横浜村から横浜市へ	
1959年 開港	横浜町の誕生 （神奈川奉行所管轄） 横浜村、太田屋新田と戸部村、中村、大田村の一部が合併
1968年 （明治元年）	3月　横浜裁判所設置 4月　神奈川裁判所に改称 6月　神奈川府成立 9月　神奈川県に改称
1871年	神奈川県と六浦県に分離
1873年	区・番組制 横浜町は第1区1番組
1874年	大区・小区制 神奈川県を20の大区に分け、さらに小区に。横浜町は第1大区1小区に
1878年	7月　郡区町村制編成法 神奈川県下1区15郡に。第1大区は横浜区に
1889年	市町村制～横浜市の誕生

の国会開設を約束（国会開設の勅諭）、運動熱は一時弱まりました。また外国人商人の持つ商権への攘夷意識や、富国強兵のため海外侵略という国粋主義が国権論を後押しし、民権は国権に従属すべきとされました。民権論から国権論に軸足を移した福沢諭吉が「日本には政府ありて国民（ネーション）なし」、「一身独立して一国独立す」というのも、国権重視の文脈で読むべきだとも指摘されます（安川寿之輔）。

さて、商業地、横浜での自由民権運動はどのように展開したのでしょうか。自由民権運動の少し前から、横浜では、力をつけてきた貿易商人、体制が整ってきた役所、そして外国人商人との間でいくつかの事件が起き、それが運動の素地になっていきます。

(2) 瓦斯局事件と歩合金事件

高島嘉右衛門が創業したガス会社(70年)は経営悪化のため町会所、のち県の経営に移りました(75年)。しかし、区長が高島に多額の功労金を支払ったと新聞報道されると(77年)、人々は区長の独断に怒り、横浜裁判所に告訴しました(瓦斯局事件)。裁判は上等裁判所まで争われたため、原善三郎や小野光景らが仲裁に入り、高島は贈与金を返還して瓦斯局との関係を断ちました。

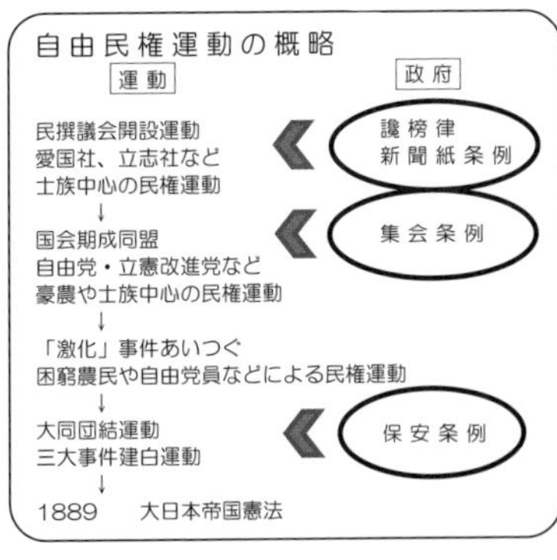

78年には歩合金事件が起きました。貿易商たちが瓦斯局事件もあって歩合金（外国商取引の役所への納入金）の使途に疑問を持ち、納入拒否や自主管理、区長公選を要求した出来事です。当時の新聞はこれを全国民権の萌芽と評価しました。瓦斯局訴訟を主導した戸塚千太郎、早矢仕有的、沼間守一らはこれをきっかけに政治結社「鷲鳴社」を結成（78年）しました。

(3)「顕猶社」の結成

こうした商人たちの動きから政談演説会が盛んとなり、80年、豪農、商人、代言人などを中心に横浜で「顕猶社」が結成されます。また日本で最初の日本語日刊新聞『横浜毎日新聞』（71年創刊）を母体とする『東京横浜毎日新聞』（79年／沼間守一経営）が

◆地租改正反対運動

神奈川県下で最も大規模な反対運動が、瀬谷村ほか6か村（当時鎌倉郡）で起きました。ここは畑作面積が多く、生産性が最も低い地域でしたが、74年、神奈川県はそれまでの3.8倍もの地租を課しました。そのため村民は県令や中央の地租改正事務局に歎願書を再三提出しましたが受け入れられず、79年、東京上等裁判所に県令を相手取って「地租改正処分不当之訴」を起こしました（県側が資金を無利息で貸与することで和解）。こうした時間をかけての組織的・理性的な行動が行われた証と、心労から倒れた2人の人物を偲んで瀬谷区の徳善寺に碑が建立されています。

78年、大住郡真土村（現平塚市）では農民が大地主を襲撃し7人を殺害した真土騒擾も起きています。

瀬谷・義民の碑（徳善寺）

全国の運動の機関紙的役割を果たします（のち立憲改進党の機関紙に）。自由民権運動の高揚は民間ジャーナリズムの高揚と重なります。80年には国会開設請願で、植木枝盛起草の請願書（8万7000人署名）が提出されますが、受理されませんでした。それでも同年、神奈川から「国会開設ノ儀ニ付建言」が元老院に提出されるなど運動は高揚し、翌年、全国の運動がピークを迎えます。この請願書は草案委員が案文を福沢諭吉に依頼しましたが、当時の福沢は国権拡張の主張が強く「署名簿」前文と隔たりがあったので委員たちが最後に補足を入れたといいます。政治学者の丸山真男も「福沢の福は、複雑の複」としており、福沢の行動は多面的に見るべきでしょう。

このころ、南多摩の民権家たちと交流があった金子馬之助（墓所・青葉区満願寺）は80年に川和・瑞雲寺で共愛社を、翌年、佐藤貞幹（のち自由党幹事／墓所・緑区観護寺）らが相東社、攻玉会を設立しています。

（4）連合生糸荷預所事件と共有物事件

81年には連合生糸荷預所事件が起きます。日本側に不利な取引慣行が続いていたため原善三郎ら横浜の貿易商が「商権の回復」をスローガンに連合生糸荷預所を設立し、不平等条約で特権を持つ外国商人に対抗したものです。原らの「荷預所組合」は生糸を独占集荷したため、外国商人は強く反発し、日本側でも横浜商人と産地荷主の利害調整が厳しくなり、取引は再開されました。これで直接に利益を得たのは生糸売込商など大商人でしたが、一方で人々の政治への関心や地域への意識を目覚めさせることになりました。

さらに横浜では共有物事件（89年）が起きます。73年以来、町村の事務、町会所やその他の共有物は官選の区・戸長に移管されていました。横浜の貿易商は、歩合金で購入した町会所の財産は貿易商たちの共有物であり、瓦斯局、商業学校、十全病院などは本町内の町民の共有、また、町会所の敷地、建物、瓦斯局貸付金などは本町ほか十三町に返す、という分有案を主張しました。それに対し、沖県知事は第1大区（のち横浜市）に据え置くとしたため訴訟に発展しました。この1件は94年、日銀総裁川田小一郎の仲裁で、共有物すべてを横浜市の財産とすることになりました。現在の市立横浜商業高校が一時期「本町他13町立」とい

◆パリでレコーディング！　川上音二郎（1864～1911）

博多生まれ。14歳で上京し、芝増上寺の小僧時代に福沢諭吉と出会い、慶応義塾で学んだといいます。玄洋社の発足（1881）に参加、22歳で自由党員となり「自由童子」を名乗るも言論統制で約170回も警察に拘引されたとか。大阪で落語家に弟子入りして「浮世亭○○（まるまる）」と名乗ります。社会風刺の「オッペケペ節」で一座を率いて、日清戦争などを題材にした戦争劇で人気を得ました。“権利幸福嫌いな人に、自由湯（=自由党）をば飲ませたい、オッペケペー”などと唄ったのです。選挙に立候補したり、妻の貞奴（女優第1号）と欧米巡業をした後、俳優養成所や劇場を立ち上げ近代演劇の発展に貢献しました。パリ公演はライブ録音されました。日本人初のレコーディングで、聞けば政治批評ラップとも言えます。近年CD化（『甦るオッペケペー』）され、三谷幸喜により舞台化もされています（「恐れを知らぬ川上音二郎一座」）。音二郎と貞奴の墓は鶴見・総持寺と博多にあります。

■川上音二郎・貞奴墓（総持寺）

う時代があるのはこの影響です。

（5）運動の方向性

横浜近辺の民権運動は第2段階から盛んになり、特に町田や八王子などの豪農層が運動の中心になりました（豪農層が多かった町田には市立自由民権資料館がある）。政府の厳しい圧力に組織的対応が必要と考えた愛国社系結社や地方豪農層たちは、81年に板垣退助を党首に自由党を結成しました。翌年には明治14年の政変で失脚した大隈重信を党首に立憲改進党も結成されました。こちらは都市部の商工業者や地方の資産家層が支持しました。一般に自由党を急進派、立憲改進党は穏健派とされますが、県下の農村部は自由党支持が強く、商人を基盤とする横浜は立憲改進党の有力拠点でした。横浜では、伏島近蔵に代表される地主派（自由党支持）と、原善三郎を筆頭とする商人派（立憲改進党支持）に分かれました。伊勢佐木町に建ち並んでいた芝居小屋は演説会にいい会場になり、大いに賑わいました。

（6）激化事件とその後

このころ「松方デフレ」に乗じて利益を得る者がいる一方、国民の負債や不満は膨張し、追いつめられた人々は、81年の秋田事件から86年の静岡事件まで、各地で「激化事件」を起こしました。84年の秩父事件は農民たちが組織的、かつ理性的に行動していたことで知られています。警察や役所、高利貸しを襲撃する一方、武装蜂起に際して、他には暴力を行使しない軍律を定めており、パリ・コミューン（71年）との類似性も指摘されます。しかし政府は軍隊を動員して、力づくでこれを鎮圧しました。

85年には、大井憲太郎らが朝鮮の内政改革を通して日本の民権運動を外部から促そうとした大阪事件が起きました。この事件は征韓論にも通ずる「上から目線」が感じられます。

（7）大同団結運動

86年、かつての自由党員が「大同団結」を呼びかけ、翌年「三大事件建白運動」（地租軽減、集会の自由、条約改正の要求）が全国に拡がりました。90年の第1回帝国議会選挙では、その成果で立憲自由党が結成され、立憲改進党とともに「民党」として多くの議席を獲得しました。

（8）自由民権運動の足跡

総持寺には「自由党追遠碑」（24年建立）と「大阪事件記念碑」（31年建立）があります。アジア主義者にしてみれば、大阪事件を「記念」することで自らの活動の正当性を裏付けたかったのかもしれません。

「横浜伊勢佐木町の賑ひ」（L）

大阪事件碑

自由党追遠碑

8. 大日本帝国憲法と横浜

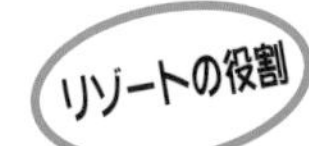

(1)リゾート地としての磯子・金沢

京浜急行富岡駅近くに日本画家・川合玉堂が1920年ころに建てた別邸があります(主屋は2013年焼失)。愛知県生まれの玉堂は橋本雅邦に師事して、岡倉天心や横山大観らの創立した日本美術院に参加、のち東京美術学校教授に就任した著名な画家です。

この富岡の地には公家出身で太政大臣の三条実美邸(現富岡東2丁目/1888年)や、「松方財政」でも有名な松方正義邸(現富岡東4丁目)、外務大臣などを務めた井上馨、大鳥圭介などの別邸がありました。この地に滞在していた伊藤博文を金玉均が訪問しようと3日間外で待ったものの、結局会ってもらえなかったという話もあります。

この地域はヘボンや外国人たちが海水浴場として使いはじめ、別荘地となりました。1880年代には海芳楼、金波楼といった料亭も建ちます。磯子や金沢がリゾート地化したのは、東京からの距離と、軍都横須賀の存在がありましたが、横須賀線の開通後は、葉山や鎌倉にその座を譲りました。

江戸幕府は1866年に、フランス人の手を借りて横須賀製鉄所を建設し、明治政府はこれに造船所機能を強化します。84年に横須賀鎮守府が設置されるとその直轄造船所となり、1903年には海軍工廠となります。海軍力中心の時代に、横須賀は佐世保や呉、舞鶴と役割を分担しながら近代日本の海軍拠点として発展しました。東京を中心とした軍都形成で磯子、富岡に横浜海軍航空隊(36年)、磯子区には民間の軍需産業として、大日本航空(38年)日本飛行機(35年)や石川島航空機(40年)などが進出しました。41年には第一海軍技術廠支廠(現横浜市大、金沢高校、総合車両)が設立され、軍事ラインが形成されていきました。そのため、戦時中はこの地域の地図を入手することは困難でした(入手できても軍事機密で白地図になっていました)。

(2)大日本帝国憲法と金沢の関係

1880年代の自由民権運動は、現在

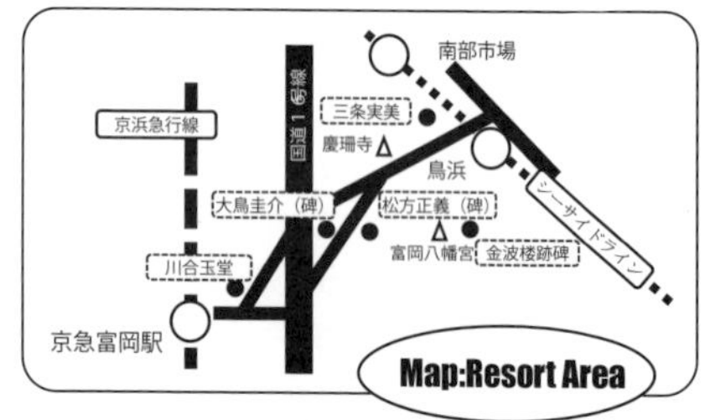

川合玉堂別邸（焼失前）

川合別邸から富岡の眺望

松方正義邸跡碑

伊藤博文別邸パンフ

の神奈川県北部や東京・町田周辺の豪農が多い地域でも拡がり、自由民権運動の高まりと、明治政府の近代化政策があって憲法を作ることになりました。82年、渡欧した伊藤博文は憲法取調局を設置して、議会が強いイギリスより君主主権型のプロイセンの憲法を参考にしました。伊藤は85年に初代内閣総理大臣に就任し、お雇い外国人らの助けも得て富岡の民家で、その後現在の金沢区洲崎町にあった東屋旅館で井上毅、伊東巳代治、金子堅太郎らと憲法草案の作成に入りました。

ある日、旅館に泥棒が入り、関係書類の入った行李が盗まれました。伊藤たちは、政府に反対する勢力のしわざかと青ざめましたが、翌日書類は近くの畑で発見されました。そこで伊藤は近くの自分の夏島別荘に場を移して憲法案を完成させたのでした。

伊藤は金沢の海を気に入り、98年野島にも茅葺き数寄屋造り風の別荘を建て、1907年には韓国皇太子も来ました。42年に日産に売却され保養所に、59年に横浜市所有となって改修され2009年から公開されています。

明治憲法の碑は2つあります。1つは洲崎町の「憲法草創之碑」（1935年建立／東屋旅館庭内から近くの現在地に移設。東屋の場所にも説明板がある）です。もう1つは横須賀市夏島町、伊藤の別荘跡地に26年に建立された「明治憲法草案起草の跡」碑です。基石は明治憲法の条文数を示す76個の御影石からなり、縦横22尺2寸1分1厘（約6.73m）の大きさは、憲法発布の1889（明治22）年2月 11日を表します。51年整備時の題字は日本国憲法の憲法担当大臣・金森徳次郎の揮毫です。

金森は戦前、著作『帝国憲法要説』が美濃部達吉の天皇機関説と共通点があるとされ、内閣法制局長官の辞任に追い込まれた人物です。戦後憲法担当大臣初代国会図書館長を務め、館内に掲げられた「真理がわれらを自由にする」という言葉を揮毫しました。

(3)新聞の始まりと横浜

横浜では外国人たちが母国や日本の情報、また貿易動向や相場、出入港日程を知るため、開港2年後の61年11

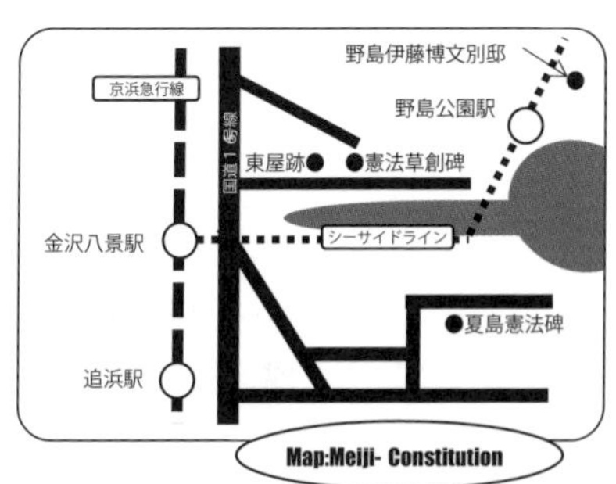

憲法草創之碑

明治憲法起草の地（東屋跡）

夏島の明治憲法碑

月、居留地78番でアルバート・W・ハンサードが週刊『ジャパン・ヘラルド』を発行しました(長崎に続き2番目)。ハンサードは63年に日刊紙『デイリー・ヘラルド・ジャパン』も刊行します。この頃から新聞の発行が一気に増えて、『ジャパン・ヘラルド』、『ジャパン・ガゼット』(ジョン・R・ブラック／67年)、『ジャパン・メイル』(ホレーショ・N・レイ／70年)が横浜の三大日刊英字紙とされます。いずれもイギリス人の手によるものでした。

江戸幕府は、蕃書調所(翻訳などを行う)に横浜居留地の英字紙や「風説書」(オランダ政府が提供した海外情勢)を翻訳させて新聞にしていました。しかし日本語新聞が発行されるようになるとその役割を終えます。

横浜の日本人商人も貿易のために新聞を必要としました。最初の日本語新聞は64年、ジョセフ・ヒコ(浜田彦蔵)が居留地141番で発刊した月刊の『海外新聞』でした。ヒコは播磨生まれ、13歳の時江戸へ向かう船が遭難しましたが、アメリカ商船に救われアメリカに滞在します。59年、22歳で横浜・アメリカ総領事館通訳として帰国します(のち貿易をするも攘夷に危険を感じて一度渡米し、62年に再来日)。この新聞には岸田吟香と本間潜蔵が協力しましたが、売れ行きは伸びず、わずか1年で廃刊となりました。

68年には『横浜新報もしほ草』がユージン・バン・リードによって発刊されます。リードはヒコとアメリカで知り合い、その帰国時にアメリカ領事館書記として来日しました。岸田も協力したこの新聞は70年まで発行されました。

明治新政府は出版物を許可制とする太政官布告を出し(68年)、江戸時代からの新聞を弾圧したため、ほとんどの新聞は廃刊に追い込まれました。ただし居留地の新聞で外国人経営のものはこれを免れることができました。

明治時代になって、新聞のニーズが高まったのは自由民権運動によってでした。70年に創刊された初の近代的な日刊紙『横浜毎日新聞』は、79年に東京へ拠点を移して『東京横浜毎日新聞』となり、「自由民権運動の機関紙」の役割を果たしました。資金協力者には原、茂木、増田嘉兵衛など横浜商人の名がみられます。

(4)「工芸都市」横浜

横浜は開港後、陶磁器貿易の集散地になりました。全国から多くの陶器や、絵付師が集まりました。薩摩の素地を横浜で絵付した「横浜薩摩」は京都、瀬戸な

新聞発祥の地碑

避病院碑

横浜検疫所旧細菌検査室

どでの同様な産品と合わせて「横浜焼き」と総称され、広く知られました。

明治政府はウィーン博覧会（1872年）向けに「東京絵付」という組織を作り、西洋人好みの”ジャポニズム“的工芸品（「大日本横浜」ブランド）は輸出に大きく貢献しました。89年には横浜陶器商同業組合も設立されています。

横浜の丘陵地は登り窯に適しているのか、明治時代には真葛焼、大正時代には東京・浅草から井上良斎が永田（南区）で、神奈川焼を始めました。現在も登り窯が保存・公開されています。

また千葉県芝山の芝山漆器が伝わり、多くの職人が元町などに集まりました。そのデザインの立体性に真葛焼との共通点を感じる人がいるかもしれません。

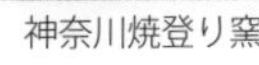
神奈川焼登り窯

蒔絵石川斧太郎墓（久保山）

＊野口英世も伝染病最前線の横浜に

横浜では海外からのコレラが数年間隔で流行し隔離病院が設置されました（1877年／現南区唐沢公園）

1895年、横須賀から検疫所が金沢区長浜に移転してきました。99年、北里伝染病研究所から野口英世（当時22歳）が海港検疫医官補として赴任、横浜港沖の船舶船員からペスト菌を発見しました。この成果で野口は約5か月の横浜勤務から、ペスト対策の国際防疫班として清に渡ります。1900年にはペンシルベニア大学医学部で助手、その後コペンハーゲンの血清学研究所やロックフェラー医学研究所で研究に打ち込みましたが、28年、ガーナで研究中に黄熱病で亡くなりました。野口が勤務した細菌検査室は関東大震災で倒壊しましたが、今も建物の遺構があります。震災後に再建された建物は現在横浜市に払い下げられて、展示室として公開されています。

◆ “World Famous Makuzu” ＝真葛焼

初代宮川香山は京都で製陶業の家に生まれ、1870年、薩摩藩関係者に陶器輸出のため招かれ、横浜へ移住しました。香山は代々続けてきた真葛焼を海外にアピールできるように独自性を磨きました。窯場は京急南太田駅の北側、庚台にありました。真葛焼は「マクズウエア」として海外で評価が高まり、76年のフィラデルフィア万博、78年パリ万博などで絶賛されました。

初代は陶芸界、美術界で地位を築き、1916年に没しました。2代目香山は初代の下で腕を磨いた養子・半之助で、茶器や青磁器を得意としました。40年、2代目の長男・葛之輔が跡を継ぎますが、45年5月の横浜大空襲で窯場は焼失、葛之輔はじめ8人家族のうち5人が焼死し、従業員も犠牲になりました。戦後、3代目の弟が再興を目指すも59年に亡くなり、真葛焼は途絶えました。戦争は横浜の誇る芸術を途絶えさせたのです。横浜美術館での展覧会（2001年）は、その魅力を知らしめる素晴らしいものでした。現在窯場跡には説明板があります。横浜駅近くのポートサイド地区には、山本博史氏が「宮川香山・真葛ミュージアム」を開館し、貴重な作品を展示しています。

港へ通じる日本大通りもにぎわう

店頭でのジャズが似合う街

クルーズ船を目の前で眺められるのも横浜ならでは

2章

明治後期から大正時代の横浜

～強国化と格差～

第2章～3章　明治後期から大正時代の横浜

1904	1907	1910	1914	1920	1926
日露戦争 第一次日韓協約 桂・タフト協定	第一次日露協約 日仏協約 南満州鉄道設立 不平等条約の改正	韓国併合 大逆事件 大正に改元	第一次世界大戦 対華21カ条の要求 シベリア出兵 戦後不況	国際連盟発足 関東大震災 震災恐慌	
明治時代芸術開花 反自然主義文学	朝鮮義兵運動活発化 社会主義運動	第一次護憲運動 女性解放運動 友愛会結成	第二次護憲運動 米騒動 大正デモクラシー	国際協調 幣原外交 大衆文化の開花	

私が通っていた小学校は1873年創立の由緒ある学校でした。近くに京浜間を結ぶ線路が何本も並走していて、友人とよく電車や貨物列車を見に行きました。当時の国鉄の最低運賃は子ども10円で、改札が無人化されていた鶴見線に乗ったり、桜木町駅の博物館で無邪気に遊んだりしていました。私が西洋建築に興味を持ったのは、1904年建設の威厳ある横浜正金銀行本店（現、県歴史博物館）の大きなドームを見て育ったからかもしれません。

1. 横浜の金融ネットワーク

（1）金融機関の発達

みなとみらい線・馬車道駅の構内壁面には銀行（旧第二銀行）旧本店の堅牢な金庫扉が嵌め込まれていて、この地域が貿易港・横浜の金融センターだったことを教えてくれます。国策銀行として設立された旧横浜正金銀行をはじめ、関東大震災前からの建物が並んでいます。

（2）国際的に有名な横浜正金銀行

外国貿易商が主導していた為替取引を、日本側で行うための特殊銀行として1879年に設立されました。

設立は日本銀行（82年設立）より早く、早矢仕有的や福沢諭吉、大隈重信らが関わり、社員にはその関係で横浜商法学校や慶応義塾の出身者が多くいました。出資金は政府が3分の1、残りを大谷嘉兵衛、茂木惣兵衛、田中平八、原善三郎などの横浜商人や、安田善次郎、川崎八右衛門などのちの財閥が負担しました。初代頭取は丸善の元社長で、第八国立銀行設立に関わった中村道太、支配人には小野光景が就任しました。

松方デフレの影響で早くも82～83年に経営がピンチに陥りましたが持ちこたえ、日本の資本主義の発展に貢献してきました。87年には横浜正金銀行条例が定められ、貿易銀行としての基盤が固まりました。

1904年、日露戦争の戦費調達のた

みなとみらい線馬車道駅コンコース

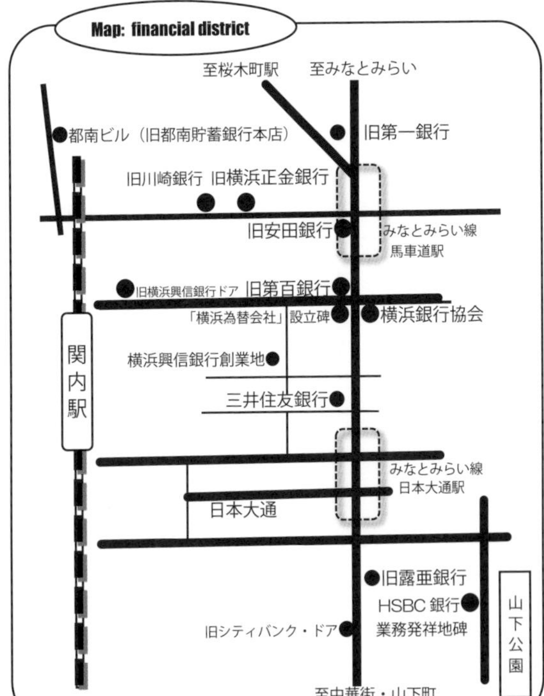

旧横浜正金銀行本店（現神奈川県立歴史博物館）

◆横浜中心部の銀行建築

現 在	建築年	建築時
県立歴史博物館	1904	横浜正金銀行
ラ・バンク・ド・ロア	1921ころ	露亜銀行～露仏資本合弁
損保ジャパン日本興亜横浜馬車道ビル	1922	川崎銀行横浜支店
都南ビル	1928	旧都南貯蓄銀行本店
東京芸大横浜キャンパス	1929	安田銀行横浜支店
横浜市都市創造センター	1929	第一銀行
三井住友銀行	1931	三井銀行横浜支店
D'グラフォート横浜クルージングタワー	1934	旧第百銀行横浜支店
横浜銀行協会ビル	1936	横浜銀行協会ビル

め高橋是清が渡英し、ロンドン支店で外債発行に力を尽くしました。軍事外債が計４回募集され、ロシアのアジア進出を抑えたいイギリスや、ウクライナでのユダヤ人虐殺（ポグロム）に反発したユダヤ人の購入が多く、戦費調達に成功しました。のち高橋は日銀副総裁在職のまま、横浜正金銀行の頭取を兼任するようになります。

横浜正金銀行の支店網は、世界各地に拡がり、大正期には世界3大為替銀行としての地位を確立しました。特にアジアの支店網は大日本帝国の版図拡大に合わせて展開し、①日清、日露戦争後に旧満州地域②第一次世界大戦時の東南アジア首都レベル③満州事変後、さらに満州地域④アジア太平洋戦争時に東南アジア各地に多数、と４つの時期に分類できます。日本のアジア各地への侵略が進むと「円による『東亜金融圏』形成の中軸的担い手」（高村直助）となり、円決済のための銀行となりました。英領マラヤでは多くの出張所が開設され、日本軍政下の強制寄付（「奉納金」）支払いのための融資や、寄付先機関になりました。戦後になって解散させられ、その業務は東京銀行（現三菱UFJ銀行）に引き継がれました。銀行本店の建物は04年に竣工（妻木頼黄設計）しましたが、19年後の関東大震災でドーム部分を焼失しました。

建物は67年から神奈川県立博物館、95年からは県立歴史博物館として使用され、横浜正金銀行の歴史も展示しています。同年、原爆ドームと一緒に近代建造物として初めて国の史跡に指定されました。

(3) 横浜銀行の源流

前身は第七十四国立銀行（1878年）で、初代頭取は伏島近蔵、2代目は茂木惣兵衛が就任しました。98年に国立銀行特別処分法で横浜七十四銀行となりました（大谷嘉右衛門が頭取）。1918年には茂木銀行と合併しましたが、大戦恐慌で危機を迎えます。一方、第二銀行頭取・原富太郎は横浜財界への影響を考え中村房次郎、若尾幾造などと20年、横浜興信銀行を設立しました。関東大震災、金融恐慌が続く中、28年、原は前後して興信に、第二、左右田、元町、横浜貿易の各銀行を吸収合併し、危機を乗り越えます。第二次世界大戦では戦争経済で貸出制限や国債消化など政府御用の金融機関化しました。大戦後の57年、横浜銀行に改称しました。

「横浜桟橋景」（L）

旧横浜正金銀行奉天支店・同上海支店（右から２番目）

2. 繁栄に力を尽くした「第二世代」の商人たち

明治の終わり頃から横浜商人の「第二世代」が現れます。「第一世代」を受け継ぎ、ビジネスを展開した商人たちです。彼らは欧米のように関内の店舗と別に野毛山や伊勢山に住み、庭園を一般に公開しました。開港以来、共通のくつろぎの場として公園が設置され、「public」の感覚が形成されていたからでしょうか。

第1次世界大戦の戦後不況のあと、アメリカ経済の回復もあって横浜の生糸相場も好景気を迎えました。「第2世代」の中には、商店をこの機会に総合商社化して事業多角化を進める者が出る一方、激しい経済の波に茂木合名会社などが倒産に追い込まれました。

❶原富太郎（1868～1939）
岐阜県羽島郡出身

富太郎は岐阜の名主・青木家に生まれ、東京専門学校（現早稲田大学）で学びました。跡見女学校で助教をしていた時に原善三郎の孫娘と出会い、婿入りしました。善三郎の没後に原商店を原合名会社にして人事を刷新、大胆な事業多角化を進めて欧米各地にも支店を展開しました。1914年の不況では帝国蚕糸会社を設立して生糸価格を維持し、20年の戦後不況では、茂木合名会社の破綻や地元銀行の経営難に対応し横浜興信銀行（現横浜銀行）を設立して頭取になるなど、横浜商人と協力しあい、影響を小さく収めました。

文化面でその功績を示すのが三溪園です。各地の歴史的建造物を移築して保存するとともに庭園を造り、一部を一般公開しました。社会福祉事業に関わった富太郎の、現在に続く最大の社会貢献といえるでしょう。また岡倉天心と親しかったことで、横山大観、下村観山、前田青邨を援助しました（本牧山頂公園には下村観山アトリエ跡の碑があります）。インドの代表的詩人（アジア初のノーベル文学賞受賞）タゴールは三溪園に滞在しました。

三渓園

三渓園鶴翔閣

下村観山アトリエ跡

タゴール・ハウス

タゴール・ハウスはインド・コルカタにあり、彼の生家です。展示にはタゴールが横浜を訪問した時の写真があります。

❷茂木惣兵衛(3代)(1893～1935)
群馬県高崎出身

1912年、初代茂木惣兵衛の子・保平と甥（2代）の急逝で高校を中退し、惣兵衛を継ぎました。鉱山、綿花輸入や船舶業など業務拡張で積極的に海外展開しましたが、大戦不況（20年）で事業は破綻しました。惣兵衛は資本主義のあり方に疑問を持ち、23年から33年までロンドン留学をします。多元的国家論を主張して労働組合を重視し、イギリス労働党の幹部だったハロルド・ラスキに師事します。惣兵衛は実業家も社会運動に関心が必要と、帰国後に東京政治経済研究所員となりましたが、42歳の若さで死去しました。

❸横浜商法学校(Ｙ校)と卒業生

横浜で貿易、商業が発達すると、人材育成のため、横浜商人第一世代の小野光景たちが横浜商法学校（現横浜市立横浜商業高校＝Y校）を設立しました。初代校長には、設立委員が丸善創業者の早矢仕有的と福沢諭吉に相談し、門下の美沢進（岡山県出身）が推薦されました。美沢はスマイルズの「セルフ・ヘルプ」を掲げて熱心に教育にあたり、関東大震災直後に亡くなるまで41年間校長を務めました。最初の校舎は1882年、現桜木町駅近く、弁天橋沿いに建てられ、1905年に現在地（南区南太田）に移転しました。卒業生には、横浜商人「第二世代」や、日本山岳会の小島烏水など横浜正金銀行に就職し、そこで海外勤務を経験する者も数多くいました。同校50年史では、農工務省の海外実業生として南アフリカへ渡り、アジア人排斥法への抵抗運動に加わり、弁護士時代のガンジーに支援されたという卒業生が紹介されています。スポーツが盛んなことから、同校の周年誌には野球やボート、テニスの選手名や試合スコアまで載っています。

1期生の渡辺文七（1871～1930／山梨県南都留出身）は開港記念横浜会館の建設を中村房次郎とともに発起し、生糸価格下落時には帝国蚕糸株式会社を設立しました。関東大震災後には復興会委員として横浜の復興に取り組みました。

大浜忠三郎(2代／1871～1925)は洋紙・織物を扱い、横浜生命保険株式会社や横浜電気鉄道株式会社の創立（21年に横浜市電）などに関わり、市会や衆議院の議員を歴任しました。

また中村房次郎（1870～1944）は、実業家の父・増田嘉兵衛が経営していた増田商店を兄の増蔵に継がせ、養子先から横浜商法学校に通っていた房次郎を中退させて、増田商店に入れました。房次郎は砂糖輸入と硫黄輸出を手始めに欧州に支店展開して業務拡大に成功、日本カーボン株式会社の設立や、横浜の工業都市化を見据えて横

美澤進墓(久保山)

美澤像（Y校）

初代Ｙ校の出土した基礎部分と跡地（現市庁舎）

浜高等工業学校（現横浜国立大学工学部）を創設します（校内には初代校長・鈴木達治顕彰碑「名教自然」〜学問は強制されずに自らの意志で学ぶべき、の碑があります）。1920年の戦後不況で会社は解散しましたが松尾鉱業は存続させ、そこで学校を作るなど、R・オーウェンの社会主義的な経営を実現します。横浜興信銀行の発起人、京浜電気鉄道や湘南電気鉄道の取締役を歴任し、横浜の都市化に貢献しました。また、地元出身の正義派の政治家島田三郎を助け、市会議員としても活躍しました。

❹その他

平沼専蔵（1838 〜 1913）は開港直後に飯能から来浜、海産物問屋に勤めたあと独立し、織物や生糸で業績をあげました。平沼貯蓄銀行を創立するも、不況で横浜興信銀行に合併されました。貴族院議員を務め、98年には貧困層のため私財で平沼小学校を創設し400人を受け入れました。野毛山の邸宅跡には立派な石垣が残ります。

岡野欣之助（1865 〜 1929）は保土ヶ谷の豪商の家系で、父の良哉は幕末に岡野新田を造成し、欣之助は県財界の有力者として県立高等女学校（現平沼高校）に土地を寄贈しました。保土ヶ谷の田園住宅地化構想を持ち、「常盤園」を開園（1914年）しました。ここには。ぶどう園や養鶏場があり、バイクレースの競技会も開かれて賑わいました。現在の常盤台公園と横浜国立大学です。1000本の苗木を寄贈して作った桜並木には「耕地整理竣工記念碑」（岩崎中前バス停）が建っています。

市電車庫跡地（麦田）

名教自然碑

平沼専蔵宅石積み

耕地整理竣工記念碑

◆相沢墓地（根岸共同墓地）

中区と南区が接するこの地には明治以前から墓がありましたが、1877年に墓地として造成され、いくつかの寺の共葬墓地になりました。89年に市営墓地となります。ここには横浜経済に関係する伏島家、若尾家、平沼家、茂木家、石川家、大河原家、中山家などの墓所があり、またY校関係者では来栖家、朝田家、大浜家など創立関係者や、左右田家、中村家、渡辺家など卒業生の墓所があります。幕末から明治期に活躍した横浜商人の「第二世代」の立派な墓所が多いようです。墓所の訪問にはマナーを守ることが必須になります。

3. 日清戦争と横浜

(1) 福沢諭吉の「脱亜論」の影響は？

1873年、徴兵制が制定されると西日本中心に、「働き手が減る」と血税一揆が起きました。しかし日本は自国の利益のために暴力的な手段を用いて他国を支配する、帝国主義的路線に進みました。85年３月、福沢諭吉は「脱亜論」を自らが発行する『時事新報』の社説に掲載します。福沢は当初、朝鮮の「近代化」のため、金玉均など開明派の活動を援助していましたが、84年の甲申政変も失敗し、その失望が「脱亜論」につながります。

福沢や後藤象二郎は、金を横浜のグランド・ホテルや三井別荘「共象園」(西区宮崎町）で匿いましたが、94年、上海で金は暗殺されました。

近年「脱亜論」の影響力は大きくなかった、という説を聞きます。しかし、福沢は、立候補制ではなかった帝国議会選挙で、「当選しても辞退する」と新聞広告を出したり、日清戦争時に「報国会」を組織して全国第2位の寄付額を集めていました。『時事新報』の福沢の言論には、「朝鮮人民のために其国の滅亡を賀す」(社説／85年8月)、「チャンチャンの軍艦を打沈め其陸兵を皆殺しにすることは造作ない」(記事／94年8月）など、品位を欠いたアジア蔑視的記述がみられます。「脱亜論」には複雑な背景がありますが、言論人としてアジア蔑視観を拡げたことは否めません。最高額紙幣が福沢の肖像である現状や、彼を「典型的な市民的自由主義」者とする丸山真男らの見解は、アジアからの視点を含めて再確認が必要でしょう。

(2) 日清戦争が起きたのはなぜ？

日清戦争は、朝鮮をめぐる清と日本の勢力争いでした。朝鮮は宗主国だった清への親清派と、「近代化」を進めたい親日派に分裂する一方、経済問題と政治腐敗から国民生活は悪化しました。民衆教団（宗教結社）の東学は94年2月、リーダー全琫準を中心に悪政の打破と日本の高圧的態度（防穀令事件など）に対して、農民たちを中心に蜂起しました。これが東学農民戦争です。

朝鮮政府は清に出兵を依頼し、日本も天津条約（85年）を口実に軍隊を派遣したため、全は日本の侵略を恐れて政府と6月に「全州和約」を結び、蜂起は終わりました。地方役人や政府軍との戦いに勝った地域では、自治組織による政治改革を進めたといいます。しかし朝鮮側の撤退要求を日清両軍とも受け入れませんでした。

「脱亜論」

(前略)今日の謀を爲すに、我國は隣國の開明を待て共に亞細亞を興すの猶豫ある可らず、寧ろその伍を脱して西洋の文明國と進退を共にし、其支那朝鮮に接するの法も隣國なるが故にとて特別の會釋に及ばず、正に西洋人が之に接するの風に從て處分す可きのみ。惡友を親しむ者は共に惡友を免かる可らず。我は心に於て亞細亞東方の惡友を謝絶するものなり。　『時事新報』社説1885年3月16日

福澤像（慶応義塾大）

福沢が出した新聞広告

「老生儀は差支有之衆議院議員の職に就くこと出来不申。就ては芝区を始め各選挙区にて賤名へ投票は無益の義に付此段為念致広告置候也」

『時事新報』1890年6月29日～7月1日付

(3) 日清戦争が始まる。横浜は？

戦争前、東海道線は87年に横浜〜国府津間が開通し、2年後に神戸まで全通しました。それまで東京からの列車は横浜停車場（現在の桜木町駅）で機関車を反対側に付け替えて西へ向かっていましたが、戦争関連品の輸送需要が高まり、横浜停車場を通らない短絡線が作られました（高島町に新しく横浜停車場を作り、旧横浜停車場は桜木町停車場になる／ 1915年）。

日本は朝鮮政府に清国との関係を絶つなどの内政改革を要求し、94年7月23日、景福宮（王宮）を軍事占領します。この王宮占領事件が日清戦争での日本軍最初の武力行使です。

日清両軍は2日後の豊島沖海戦から大規模に戦闘を展開、8月1日になって日本は清に宣戦布告しました。先立つ6月に山陽鉄道が広島まで急ぎ開通し、9月には戦時の最高統帥機関である大本営が広島に設置されます。全国から来た兵士は宇品港から出発していきました。第7回帝国議会は広島で召集され、天皇は7か月滞在しました。民党も戦争を支持し政府に協力します。

欧米列強を目指し軍備増強した日本海軍は、旧式装備の清国艦隊を破り、陸軍は旅順と威海衛の軍港を占領しました。95年4月、清国の講和の求めに応じて伊藤博文と李鴻章が交渉して下関条約を締結、清国の朝鮮への宗主権放棄、日本へ遼東半島と台湾・澎湖諸島を譲渡、2億両（テール）の賠償金などが取り決められました。

日清戦争での日本軍の犠牲者の9割は戦病死者（戦死1417人、戦病死1万1894人）でした。徴兵令（73年）の導入で職業軍人と異なり兵士の質が様々になり、勤務条件や栄養状態も悪く軍に慣れない兵卒や軍夫に戦病死者が多かったといいます（小松裕）。

日露戦争からは戦闘での犠牲者が急増し、各地には戦死者名が刻まれた慰霊碑が建ち始めます。それが後の15年戦争では数が急増し、名前を刻むことは少なくなりました。神奈川区幸ケ谷公園の「表忠碑」にそれを見ることができます（日清戦争３人、日露戦争21人、「支那事変」120人、第2次大戦1357人）。寺社などにあるこうした無言の碑から何を読み取るか、現代の課題と受け止め、考えたいものです。

徴兵令には多くの兵役免除項目があり、入隊したのは農家の二男三男ら「農家の余夫」と呼ばれた人たちで、日清戦争碑は農村部に多いようです。

当時、日清戦争への反戦論は少なく田中正造や内村鑑三も肯定的にとらえ、のちに反省をしたようです。数少ない反戦派としてキリスト教クエーカー教徒たちによる日本平和会『平和』では、

Map:Yokohama-Railway
横浜鉄道(1908)
3代目横浜駅（1928〜現在）
(平沼駅/1901〜15)
東神奈川駅
京浜電気鉄道(1905)
神奈川駅
仲木戸駅
2代目横浜駅（1915〜28）
海神奈川駅
初代横浜駅（現桜木町駅/1872〜1915）
横浜電気鉄道(1904〜/21年市営化)

征清戦死英霊紀念碑　　表忠碑説明板

北村透谷が主筆となり反戦思想を展開しました。透谷は自由民権運動に関わり、県議会の臨時書記やグランドホテルのボーイをして、山手ゲーテ座に姿を現すなど、横浜に関わりがありましたが開戦前に命を絶ってしまいました（ゲーテ座は1870年に居留地に建ち、のち山手へ移って震災まで存続しました。長谷川伸、坪内逍遙、滝廉太郎、芥川龍之介も来場しました）。

一方、開明派から国権派となっていった福沢諭吉は、前述のように国民から寄付を集めて政府に軍艦を贈呈するというキャンペーンを行いました。

下関条約により、日本は遼東半島の一部や台湾を獲得しました。前者は三国干渉で「還付」されました（清から代償金を得ている）が、台湾では植民地支配を始めました。４月の講和条約締結を前に、まず支隊を派遣し澎湖諸島を平定しました。5月に台湾側は台湾民主国としてアジアで最初に共和制を宣言しましたが、日本は認めず、地元の強い抵抗が1902年まで続き、多数の犠牲者が出ました。横浜では台湾で襲撃された「征台陸軍付鉄道一等工夫」碑（新善光寺／96年）など関連の碑があります（右表）。

日清戦争では日本馬の能力が問題に

横浜の日清戦争関係碑
（日清戦争当時のみ）

■都筑区
八幡神社（川和町）
・「征清紀念碑」
・「征清従軍之碑」
・「忠魂碑」（1899）
・「征清陣亡軍人之碑」（1901）
■神奈川区
一宮神社（入江一丁目）
・「明治廿七八年征清之役　凱旋紀念碑」
■西区
願成寺（西戸部町3丁目）
・日清戦争犠牲者碑（2基）
一つには「台湾澎湖諸島病没」（1894）
■中区
多聞院（本牧元町）
・日清出征者墓
■保土ヶ谷区
八幡神社（瀬戸ヶ谷町）
・「明治二十七八年戦捷祀念」
■磯子区
根岸八幡神社（西町）
・「明治廿七八年役之戦死者碑」
横浜市立根岸小学校校庭
・楠（台湾から「戦勝記念」）
■南区
新善光寺（三春台）
・「征清戦死　英霊紀念碑」
・「帝国軍艦扶来征清之役忠死紀念碑」
・日清戦争個人碑（欠損あり）～8基
「日本赤十字社救護員大久保義助碑」
（澎湖島占領時病没など1896）
・「慰霊碑」（「基隆溺死」）
・「征台陸軍付鉄道一等工夫粕谷富蔵碑」
（「台湾暴徒兇刀斃」）
■瀬谷区
神明社（本郷1丁目）
・「征清凱旋」鳥居

長谷川伸誕生地

「征清凱旋」鳥居

根岸小校庭のクスノキ

なったことから、軍馬育成の関心が高まり、競馬への関心も高まりました。根岸の競馬場では第1回横浜ダービーが1900年から始まりました。

また「戦勝記念」で台湾の楠の苗木が持ち帰られ、横浜では、まだ戦争中の1895年1月、根岸小学校に植えられました。楠からは樟脳が採れて医薬品や無煙火薬の原料になったので、戦争体制への象徴だったのでしょうか。根岸小学校の楠は、現在2本が校庭の真ん中に立ち、当時から「くす太郎」「くす次郎」と呼ばれています。

(4) 日本の台湾支配

日本の初めての植民地支配は「マイルドだった」とか、「インフラが整備された」という声を聞きます。しかし、それは都合のいい部分だけを取り上げた脱コンテクスト的な視点です。いま台湾は「親日的」で、若者たち中心に親近性は高いですが、その背景には台湾の親米路線があって「親日」がある、とも指摘されます（洪致文「第二次世界大戦中の台湾への空襲」)。日台関係では八田与一（1886～1942）のダム建設が知られています。八田は東京帝大で土木学を学び、台湾総督府内務局土木課で台南や高雄の水道事業や、嘉南大圳での水利事業に取り組みました。彼の墓と銅像はダムを見渡す場所にあります。2011年に資料館が改装されるなど、日台友好の象徴とされています。しかし、この事業は製糖会社の搾取を増やし、地元民の抵抗が大きかったとも指摘されます。これは、「1990年代以後、嘉南大圳の語りはダムの設計及び工事の監督を担った総督府技師・八田与一の物語の中に封じられ、歴史学の議論とは乖離した美談が流布している」「帝国は植民地を近代化すべきだという思想があった。しかし、それは内地の利益の前提に立っていることを忘れてはならない」（清水美里「日本植民地期台湾における「水の支配」と抵抗ー嘉南大圳を事例としてー」）と、帝国支配に対して、抵抗か受容かだけではないとの分析があります。また高砂族からの賠償請求やタパニー事件の抗日碑（台南・玉井)、最近の台湾映画（「海角七号」、「セデック・バレ」、「KANO 1931海の向こうの甲子園」）から、現地の意識を考えたいものです。

日本の台湾統治とその後

1895　台湾民主国鎮圧
1896　台湾総督府条例
1898　土地調査事業
　　　民政局長官の台湾統治
1903　戸籍調査令
1915　タパニー事件
　　　（大規模抗日武装蜂起）
1919　台湾教育令
1930　霧社事件
　　　（先住民による日本人殺害）
1936　武官総督にもどる
1945　日本の敗戦　2.28事件

■台南・八田与一像と墓

4. 日露戦争と横浜

(1) 日清戦争が終わると

横浜在住の中国人は日清戦争で急減します。商売の基盤を築いたのに、日本と母国との戦争で帰国を余儀なくされました。しかし戦後、中国では日本から学ぼうという風潮が拡がり、留学生数が急増します。大学側も速成科などを作って受け皿になり、東京の神田神保町周辺は「チャイナタウン」化したといいます。留学生たちは留学生会を組織してのちに孫文、黄興など中国革命の要人を支えました。

横浜在住の中国人は、日清戦争、15年戦争、大陸と台湾の対立と、国際情勢の荒波をもろに受けながら生き抜いてきたといえます。

(2) 閔妃(明成皇后)虐殺事件

日清戦争後、朝鮮で「反日」の動きが高まり、王妃・閔妃は親ロシア政策を取ったので日本側は勢力回復をねらい1895年10月、王妃を虐殺しました。これは、景福宮内で閔妃が外交官である朝鮮公使(三浦梧楼)を含む日本人たちに殺害された事件です。日本政府の関与に諸説ありますが、襲撃の実行部隊は陸軍600人に、「壮士」とされた民間人47人が加わり、うち21人が熊本国権党関係者でした。

事件は世界に報道され、朝鮮国内では義兵闘争が起きました。国王の高宗は親ロシア政策を続け、朝鮮での日本の地位はさらに低下しました。王宮内で外交官や軍による国王妃殺害事件はあまりに衝撃的です。

横浜には実行犯グループの安達謙蔵建立の八聖殿や、当時の京城領事館一等領事・内田定槌の住居(「外交官の家」)があります。内田は襲撃を事前に知らされず「歴史上古今未曽有の凶悪を行うに至りたるは、我帝国の為め実に残念至極なる次第に御座候」と報告しました(中塚明)。横浜には大鳥圭介や伊藤博文の別荘もあり、この事件を改めて考える場所といえます。

(3) 居留地廃止と内地雑居

不平等条約に苦しみ、改正交渉を重ねてきた明治政府は、1894年に陸奥宗光が日英通商航海条約(領事裁判権の撤廃)を、1911年には小村寿太郎が日米新通商航海条約(関税自主権回復)の締結に成功しました。条件にはキリスト教禁止の解除も含まれていました。約5400人が住んでいた居留地は廃止され内地雑居となる一方で、中

内田定槌が住んだ「外交官の家」

ソウル・景福宮

Around Yokohama　ペリー上陸記念碑の意味

＊横須賀市久里浜には、ペリー上陸48周年の1901（明治34）年に建てられた立派な碑があります。碑文の揮毫は伊藤博文、記念植樹を金子堅太郎（日米友好協会会長）とアメリカ海軍少将ロジャースが行いました。これは日露戦争を念頭に、アメリカとの関係強化が意識されていたようです。大きな戦争の可能性の前に、日本側も国際上の戦略を練っていたといえます。翌年には日英同盟が締結され、国内は主戦論が強くなります。

国人の待遇については、職業制限がありました。居留地は山下町と山手町とされました（神戸は例外で早くから混住していました）。

明治政府は、日朝修好条規で朝鮮と不平等条約を結ぶなど、自らが苦しんだ条約内容をなぜ他国に課したのでしょうか。

(4) 日露戦争は必然だったのか

19世紀半ば、ヨーロッパ列強がアヘン戦争を契機に清を半植民地化していきます。アメリカは1890年に「フロンティア消滅宣言」を発し、ハワイやグアム、フィリピンの獲得、そして中国への進出など、帝国主義競争に参入します。清では1900年に義和団事件（“扶清滅洋”を掲げた）、北進事変（清国政府が列強へ宣戦）が起きましたが、八か国連合軍が圧倒的な強さで、清国軍を破りました。連合軍の最大勢力だったのは日本軍で、警戒したロシアは事変後も満州から軍隊を撤退しませんでした。01年にはシベリア鉄道を不凍港・ウラジオストクまで開通させアジア進出の拠点とし、韓国へも勢力を伸ばしたために、日露間の緊張は高まっていきました。

ただし、ここから一気に日露戦争へ進んだのではありません。ロシアの満州支配と日本の朝鮮支配を認めあい開戦を回避する日露協商論と、英国の思惑も入りロシアのアジア進出を警戒する強硬派主導の日英同盟論に国論は二分しました。当初非戦論を主張したのが『萬朝報』の黒岩涙香たちでした。しかしやがて意見が対立し、内村鑑三や社会主義者の堺利彦や幸徳秋水らは同紙を飛び出し、堺や幸徳は『平民新聞』を創刊（03年）、非戦の主張を貫きました。幸徳は「戦争は常に政治家、資本家の為に戦はるるのみ」と主張し、安部磯雄は軍事大国より小国主義の道を主張しました。現在、鶴見の総持寺には黒岩と堺の墓があります（黒岩は「レ・ミゼラブル」を『萬朝報』紙上に翻訳）。

小松裕は日露戦争への反対を以下のように分類しています。①階級的視点

堺利彦墓（総持寺）

日露碑（天徳寺）

黒岩涙香墓（総持寺）

に立つ非戦論（平民社など）②キリスト教的人道主義やトルストイ主義に立つ非戦論（内村鑑三など）③いのちの観点に基づく非戦論（田中正造）④肉親愛に基づく厭戦論（与謝野晶子）⑤その他（宮武外骨など）

第一次桂太郎内閣は1902年に日英同盟を締結し、東京帝国大学教授ら7人が強硬意見を唱えるなど、対ロシア主戦論は高まっていきました。また戦争が近づくと戦費調達の一策として、高橋是清を横浜正金銀行ロンドン支店へ送りこみ、国債を発行しました。日英同盟や、同胞を虐殺されたユダヤ人の協力で戦費調達は成功しました。

03年、アルゼンチンがチリとの和平協定を結んだことで、イタリアで建造中の軍艦2隻を売却します。日本政府はこれを購入し、04年1月に横浜へ回航させました。警戒したロシア軍艦はこれを追尾し、イギリス艦が護衛してきました。この2隻の歓迎会が連日開かれ、横浜公園での会は大盛況でした。

のち民本主義や小日本主義を唱えた茅原崋山は、このころ『萬朝報』に「日清戦争は、帝国が世界文明国の伍伴に就くの入学試験たりき、日露戦争は豈その卒業試験なるなからんや」と論じました。

(5) 日露戦争と横浜

1904年2月8日、日本は韓国の仁川沖と旅順港のロシア艦隊を奇襲攻撃、日露戦争が始まりました。宣戦布告は2月10日になってからでした。この戦争は総動員型、大量殺戮型戦争の端緒であり、陸軍は約100万人の大軍を送り出し、多くの犠牲者を出して旅順要塞を占領しました。東郷平八郎率いる連合艦隊は05年5月、日本海海戦でバルチック艦隊をほぼ全滅させました。

しかし戦争が長引くと、日本は多くの犠牲者と戦費不足による増税が重なって国力は著しく消耗し、またロシア側も「血の日曜日」に代表される第1次ロシア革命が起こり、両国ともに戦争継続は困難になりました。日本はセオドア・ローズベルト米大統領（「棍棒外交」でも有名）に斡旋を依頼し、8月から1カ月に及ぶ交渉の結果、ポーツマス講和条約を締結しました。

これはアメリカの東アジア政策とも合致しており、日本は樺太南部の割譲、遼東半島の租借権、韓国の保護権などを獲得しました。前後して第2次日英同盟でイギリスのインド支配を、桂タフト協定でアメリカのフィリピン支配を相互に認めることで、日本の朝鮮支配を確実なものにしていきました。

日露戦没碑（中和田公園）

同じ形が多い日露戦没紀念碑（港北区）

日露戦争に使われた「三笠」

日露戦争の戦費は約18億円で、これは03年の国民総所得額に匹敵しました。このうち約7億円を外国債、残りを増税や国債で調達しました。

この戦争に横浜市からは約6000人が従軍しました。また横浜奨兵義会などの軍事的な援護団体が形成されて、総力戦体制を支えました。

一方、韓国に対しては04年8月に日韓議定書、第1次（財政外交顧問や外交協議の権利）、2次（外交権／05年11月）、3次（軍事や警察など内政権／07年7月）日韓協約を結び、韓国政府の権限を奪っていきます。

日露戦争の開戦理由について、ロシアが日本を侵略しようとして戦争になった「自衛戦争」という説を聞くことがあります。戦争はいろいろな要因が重なって起きるわけですが、ロシアが日本の領土を制圧する必然性が薄いことから「自衛戦争」説は疑問です。

ロシアとの対立は相互の意思疎通の失敗で、本質的な対立といえないこと、日本は英仏露などと多角的同盟を模索していたこと、また04年１月にロシア政府が最終決定した日露協商案には朝鮮における日本の「利益の優越」や「顧問権と援助権」、「満州において日本の獲得した総ての権利及優越権」が尊重されていたからとされます（千葉功など）。実際、戦争後の07年に日露協約が結ばれました。

この頃、盛大で組織的な出征行事が始まり、横浜では旧幕府の彰義隊の生き残りという土井堯春の見送りが有名になりました。大量殺戮戦争の幕開けともなったこの戦争では、日本側だけでも約11万8000人が戦死し、各地の寺院では、立派な碑や墓石が建てられました。日清戦争に続く対外戦争で犠牲者が多く出たため、人々の不安・不満を和らげようと、神社に建てる石碑が受け入れられ、犠牲者たちは「軍神」化されたのでしょう。横浜にも数多くあり、伊勢山皇太神宮にあるＹ校出征者への「表忠碑」が最大です。

市内最大のＹ校卒業生碑

日露「戦捷紀念」狛犬（中区吾妻神社）

日露戦争の世界史的意義について山田朗は、①新しい戦争の型の提示（大規模化、巨艦主義）②世界戦争への対立構造の形成（英vs露仏vs独という三極化から英仏露vs独へ）③植民地独立運動・抵抗運動へ精神的な支えが提供された、としています。③については、日露戦争が当初アジアの民主運動に希望を与えながら、その後大きな失望に変わったことに留意が必要です。

講和条約の内容は、巨額な軍事費のための増税で苦しい生活をしていた国民の怒りを誘発させました。東京では日比谷焼打ち事件が起きました。当時はデモなどが簡単にできる時代ではありませんでしたが、各地で焼打ち事件は起き、横浜では芝居小屋が多い羽衣町（中区）に集まった人々による焼打ち事件が起きました。

（6）韓国併合（1910年）

朝鮮半島支配はこの年にいきなり始まったのではありません。日清戦争、閔妃虐殺などを経て、前述のように04年から三次にわたる日韓協約で韓国の権利を奪っていました。

伊藤博文は05年から韓国統監府の初代統監となり、09年ハルビン駅で安重根に暗殺されました。10年に韓国併合条約が締結されると、横浜公園では祝賀会が開かれました。

この年、天皇暗殺計画を進めたとして幸徳秋水や社会主義者26人が逮捕（処刑24人）された大逆事件が起きます。研究の成果で、現在は冤罪とされていますが、反戦や社会主義思想、労働者の国際連帯を重視する無政府主義（アナーキズム）が狙われました。

＊戦後生まれの日露戦争慰霊碑？

第2次大戦後、日露碑は連合国軍から隠すために埋められ、その時に破損したものがあります。1950年代後半に掘り起こされて整備されたり、新しく建立されています。これは靖国法案（靖国神社国営化）の推進と関係するようで、新設の碑文の揮毫者は靖国神社宮司が多く担当しています。

◆横浜の未就学児、貧民への教育機関

明治中期から資本主義経済の進行で格差が拡大し、1890年代に横浜では未就学児が30%を越えました。共立学園を出た二宮わかはメソジスト教会の貧児施設の教壇に立ち、その後女性施設、訓盲院、幼稚園や学校を、また日露戦争遺児のため相沢託児所（現･高風保育園）を設立しました。平沼専蔵の平沼小学校、木村坦乎の鄰徳小学校、渡邉たまの孤児院や横浜女子商業補習学校、関東学院のセツルメント（南区庚台、のち神奈川区浦島町）などの施設も造られました。

階級で異なる石碑（南区常照寺）

渡邊多満碑（山手町）

5. アジアの革命家が集まる

横浜というと西洋人が行き交うイメージが強いようです。確かに「お雇い外国人」や、宣教師や貿易商が多くの足跡を残しました。しかしアジアの人々もこの横浜で様々な役割を担っていました。

まず頭に浮かぶのは華僑の人々です。彼らは買弁（西洋人との間に入る商人）や通訳として来日しました。イギリス人とともに印僑（インド人）も来日して商売を始めました。こうした状況をベースに、横浜には1890年代から中国革命やインド、フィリピンやベトナムなどアジア各地の独立運動関係者が滞在して、活動していました。

中国人やインド人が働く横浜では、東洋系の顔立ちのアジアの革命家・活動家たちは目立ちにくく、動きやすい場所で、同様の都市としては、シンガポール、香港、上海などがありました。

日露戦争を有利に終えた日本には、一時的にアジアの盟主としての期待が高まり、西洋帝国主義に対抗するリーダーの役割が期待されました。アジア系人口が多く、首都東京に近い港町・横浜の存在意義は大きくなっていました。横浜はアジアの反帝国主義の重要拠点であったといえます。しかし、日本は欧米重視の政策を採り、結果的にアジアの人々を失望させたのです。

（1）孫文が来た！中国革命の拠点

日本人では、熊本から宮崎弥蔵が横浜へ来て中国商館で働いて革命勢力の知己を得ましたが1896年に早世、弟の民蔵や滔天が遺志を継ぎました。彼らは欧米のアジア進出に対し、中国の革命が近代化を促し、日本の独立維持にもつながると考えていました。

辛亥革命で有名な孫文は、横浜に何度も滞在しましたが当初は無名で、むしろ、光緒帝のもとで変法戊戌運動を進めながら、西太后のクーデターで日本に亡命（98年）した康有為、梁啓超の方が横浜で支持されていました。孫文が立ち上げた中西学校も、１年ほどで梁たちが主導して大同学校に形が変わりました。しかし孫文は粘り強く梁たちと接点を持つなどして、革命運動を進めていきました。

ポンセ宅を訪問した孫文（シンガポール晩晴園展示）

孫文と横濱華僑展

黄君克強之碑（総持寺）

1905年、東京で興中会（孫文）、光復会（章炳麟）、華興会（黄興）などにより中国革命同盟会が結成されます。しかし、日本政府は07年に日露協約や日仏協約を締結するなど「脱亜入欧」を選びました。アジアからの声を切り捨てる政策を明確にしたのです。

横浜には中国革命に関するモニュメントは少ないです。関帝廟の隣にある中華学院学校敷地内には孫文の胸像があります（普段は見学不可）。孫文が滞在していた場所の1つといわれる華都飯店の２階は「中山紀念堂」となっています（見学不可）。また11年に石川県から本山を移転した総持寺は、中国革命とさまざまな縁があり（後述）、境内には「革命三尊」の一人、黄興を讃える「克強之碑」（18年建立）があります（犬養毅揮毫）。

12年、中華民国を建国した孫文ですが、約1カ月後には北方軍閥の袁世凱に政権を奪われます。13年、第二革命に失敗した孫文が密航してきた時は、外航船から小舟に乗り換え富岡に上陸し、鎌倉に匿われました。慶珊寺に「孫文先生上陸之地」碑があります。

（2）横浜とインドの深い結びつき

横浜には、インド人が開港当初からイギリス人と来日し、のちに宝石や絹取扱いの商人としてコミュニティを築いてきました。

1912年にベンガルでイギリス総督に爆弾を投げたビハリ・ボースが日本へ亡命しました。政府は日英同盟に基づいてボースを逮捕しようとします。彼は最終退去通告を受けるも、船便の関係で上海にしか行けず、そこではイギリス官憲が待ち受けていました。そこで頭山満らが対応を協議した結果、ボースの身柄を引き受け、匿まったのが、当時、本郷から新宿に中村屋を出店した相馬愛蔵でした。妻の黒光はフェリス和英女学校に通学した時期があります。当時、横浜のインド人商人は、ボースが現れたこともあり、警察に厳しく監視されたことが外務省記録に残っています。

（3）横浜と東游（ドンズー）運動

ベトナムからは東游（ドンズー）運動で知られるファン・ボイ・チャウが横浜へやってきました。チャウの『ベトナム亡国史』には、1905年、神戸から夜行列車で横浜に到着したチャウが重い荷物に困っていると、警官が滞在先へ送ってくれたとあります。

チャウはフランス支配に抵抗するため、日本政府の支援を得ようとしました。横浜へ来たのはまず梁啓超からア

孫文像（横浜中華学院）

Around Yokohama アジアの志士たちの足跡

中野区・蓮光寺にはチャンドラー・ボース像（インド）、港区日比谷公園にはリサール像（フィリピン）があります。鎌倉・極楽寺の義烈荘あとには「東洋平和発祥之地」もあるそうです（私有地）。静岡県磐田には、ファン・ヴォイ・チャウ（ヴェトナム）が恩人を訪問したことを記念する石碑があります。その説明板には、チャウやクォン・デの写真もあります。

ドバイスを受けるためでした。しかし梁は、「横浜の山の手の、太平洋に臨んだ小さな酒楼」で、日本は欧米列強の方を向き援助は期待できない、むしろベトナムから多くの学生を呼んで人材を養い、抵抗すべきと助言しました。

そこでチャウは東游運動を始めました。亡命政府樹立も考え密かに王族クォン・デ侯を呼び寄せ、さらに横浜、のち東京の小石川に約100人の学生を集住させ、学校に行かせました。チャウはフランス支配に対し、スペンサーの社会進化論「淘汰と進化」を掲げますが、それは帝国主義の基本思想であり、自己矛盾の危険性もありました。

(4) 横浜とフィリピン革命

同じころ、フィリピンはスペインからの独立戦争を共に戦ったアメリカに裏切られ、植民地化されました。アギナルドの命によりホセ・リサールが東京に、マリアノ・ポンセとホセ・リチャウコが横浜に来て独立運動への援助を模索しました。99年3月には島田三郎が発起人の一人となり、ポンセ歓迎会も開かれました。孫文は、香港で宮崎兄弟の仲介でアギナルドと会談し、「フィリピン革命の成功は中国革命の成功につながり、逆もありうる」と、相互援助を約したからです。孫文がフィリピン革命運動を横浜に呼び込んだといえます。

(5) アジアの人が結成、亜州和親会

日本の初期社会主義者は反帝国主義運動のため、アジアからの活動家(中国、朝鮮、インド、フィリピン、ベトナム)と07年、東京・青山で「亜州和親会」を組織、幸徳秋水や大杉栄も関わりました。同じころ社会主義者たちが朝鮮の自治と独立を求めた「有志の決議」も出されます。この年は、日本が日露協約や日仏協約で帝国主義の動きを強めた年でした。

日本の膨張主義が進むと、アジアの活動家は警告を発します。24年に孫文は神戸で「大アジア主義」講演、タ

陳少白宅跡(孫文滞在/山下町119番)

中山紀念堂(非公開)

孫文上陸地碑(慶珊寺)

◆蘇曼殊

1884年横浜生まれの蘇曼殊は、5歳で中国へ行きましたが97年に横浜に戻り、大同学校で学びました。のち中国への列強進出に怒り、早稲田大学から成城学校で武術を学ぼうと転校します。上海の『国民日報』で革命宣伝活動に従事後、インドネシアの華僑学校で教えました。1908〜18年には小説・翻訳・詩作を発表して大きな影響を与えました。蘇は、梁啓超と孫文の2人から影響を受けました。横浜の華僑たちが祖国の復活を望んで、革命派と変法派両方から多くを学んだ象徴的な存在といえます。

■横浜中華学院で孫文像と並ぶ蘇の記念碑

ゴールは京都で「東洋の文化と宗教」講演、26年にベトナムのクォン・デは長崎の全アジア民族大会で講演を行いましたが、流れはやまず、日本は中国侵略へ傾いていきます。

＊ユダヤ人、アルメニア人、ロシア人のディアスポラ

05年、ウクライナのポグロム（ユダヤ人虐殺）でのユダヤ人孤児保護を、ユダヤ人協会ニューヨーク支部と横浜ユダヤ人協会が支援しました。ユダヤ人を援助したジョゼフ・シムキンは外国人墓地に眠っています。

横浜へは15年から21年にオスマン帝国による虐殺から世界各地に逃れたアルメニア人、17年のロシア革命時に帝政ロシアの軍人、資産家やタタール人が、また30年代には杉原千畝のビザで逃れてきたユダヤ人がシベリア鉄道でウラジオストックから敦賀経由で横浜に来ました。

◆シドモア桜と高峰譲吉

アメリカ人紀行作家エリザ・シドモアは、外交官の兄を訪ねて1885年に来日、同年の三陸地震の被害を記しました。東京・向島の桜を気に入り、ワシントンへの植樹を考えます。同じ頃、科学者・高峰譲吉はアメリカでタカジアスターゼ抽出、アドレナリン結晶化に成功し三共商店を創業します。日本人移民対策やニューヨークのジャパン・ソサエティ創設に尽力しました。

1909年、シドモアや高峰の働きかけで植樹された桜は害虫が付き、焼却されました。12年、苗木3000本が東京市から贈られ、その保護を横浜植木が担当し、日本郵船が横浜港から無償輸送しました。今もニューヨークのさくらパークとワシントンのポトマック河畔で開花しています。

シドモアはアメリカの排日移民法に怒り、スイスで生涯を終えました。翌年の外国人墓地での納骨式には新渡戸稲造や有吉横浜市長、アメリカ代理大使などが参列しました。91年にはワシントンから里帰りした桜が墓の傍らに、2006年には元町・中華街駅近くに説明板と共に植えられました。本牧にもあると聞きます。

大アジア主義演説地（現兵庫県庁）

敦賀ムゼウム（杉原千畝の展示）

元町・シドモア桜

5. アジアの革命家が集まる

◆横浜の日露戦争関連碑

■港北区			
西方寺	新羽町	●	「日露戦役紀念碑」（1908 ）
若雷神社	新吉田町	△	「戦没者慰霊碑」（1980 ）
浄流寺	新吉田町	△	「英霊」（1978 ）
鳥山八幡宮	鳥山町	●	「日清日露戦役陣亡軍人碑」(1910)
本法寺	小机町	●	日露墓碑６基
諏訪神社	箕輪町	●	「明治三十七八年戦役記念」狛犬
■緑区			
金毘羅・八阪神社	長津田町	●	「日露戦役紀念碑」（1907 ）
		●	「忠魂碑・殉國之士」（西南～日露）
杉山神社	鴨居４丁目	●	「日露戦役従軍紀念碑」
		△	「慰霊碑」(1978)
長泉寺	中山町	▲	「忠魂碑」　日清～（1932 ）
宝塔院	白山２丁目	△	「慰霊碑」（1988 ）
■青葉区			
専有地	新石川	●	「慰霊碑」（1920 ）
		△	「忠誠士碑」（1953 ）
宗英寺	鉄町	△	「慰霊塔」（1973 ）
■都筑区			
淡島社	折本町	●	「日露戦役従軍紀念碑」（1907 ）
		△	「慰霊碑」（1980 ）
清林寺	大棚町	●	「日露戦役紀念碑」
		△	「平和の鐘」
八幡神社	川和町	●	「日露戦役紀念碑」
杉山神社	池辺町	●	「日露戦役従軍紀念碑」(1907)
		△	「慰霊碑」（1977 ）
杉山神社	佐江戸	●	「日露戦役従軍紀念碑」
		△	「忠魂碑」（1960 ）
杉山神社	千草台	●	「忠魂碑」（1919 ）
■鶴見区			
熊野神社	市場東中町	●	「日露戦役出征」（1908 ）
杉山神社	岸谷１丁目	△	「日露戦役紀念之碑」（1975 ）
東福寺	鶴見１丁目	●	日露碑（1909 ）
花月園跡	鶴見１丁目	●	「明治卅七八年戦役紀念碑」（1906./ 不明）
白幡神社	東寺尾2丁目	△	戦没者慰霊碑（1966 ）
良忠寺	矢向４丁目	△	「慰霊塔」（1985 ）
最願寺	矢向4 丁目	●	「忠魂碑」日清～（1906 ）
正行寺	駒岡3 丁目	△	「戦没者弔魂標」（1968 ）
■神奈川区			
一宮神社	入江１丁目	●	「日露戦役紀念碑」
		●	「日露戦役忠魂碑附満州事變」
		●	「日露戦役　旅順口占領紀念」
		●	「明二捨七八明三捨七八戦役紀念碑」
笠稈稲荷	東神奈川2丁目	●	「日露戦役紀念碑」
幸ヶ谷公園	幸ヶ谷	●	「表忠碑」（1910 ）
神明社	三枚町		「忠魂碑」（1986 ）
三ッ沢公園	三ッ沢西町	△	横浜市戦没者慰霊塔（1953 ）
■西区			
浅間神社	浅間町1丁目	●	「義勇奉公」(1907)
東福寺	赤門町２丁目	●	日露戦争出征者碑６基
		●	「報国碑」（1906）
伊勢山皇大神宮	宮崎町	●	「横浜商業卒業生出征者表忠碑」
			「彰忠碑」日清・日露（1908 ）
久保山墓地	東久保町	●	日露墓多数
■中区			
多聞院	本牧元町	●	日清・日露碑６基
天徳院	和田山	●	日露碑８基
吾妻神社	本牧原	●	「戦捷祈念」狛犬
東福院	本牧荒井	●	日露碑６基
根岸共同墓地（相沢墓地）	大芝台	●	日露墓多数
■保土ヶ谷区			
児童遊園地向い	狩場町	●	「明治三十七八年戦役陣亡軍人之碑」（1906 ）
杉山神社	星川１丁目	●	「招魂碑」（1906 ）
蔵王神社	坂本町	●	「日露戦役徴発応募馬頭観世音」
八幡神社	上菅田町	△	「明治三十七八年戦役従軍紀念碑」（1909 ）
杉山社	上星川町	●	「彰忠碑」（1911 ）
■旭区			
本村神明社	本村町	△	「慰霊塔」（1959 ）
今宿神明社	今宿西町	△	「慰霊碑」（1969 ）
■南区			
新善光寺	三春台	●	日露碑 12 基
東光寺	三春台	●	中野縁禰之碑（旅順）
円覚寺	伏見町	●	日露碑数基
		△	「慰霊塔」（2007 ）
常照寺	南太田１丁目	●	日露碑１２基
弘誓院	睦町２丁目	●	「日露役清国盛京省水師営」
日枝神社	山王町5丁目	●	狛犬「戦捷祈念」
		●	「日露戦役石工従軍戦没者追悼碑」(1907)
中村八幡宮	八幡町	●	割れた石碑が忠魂碑
春日神社	永田東2丁目	●	「忠魂碑」（1912 ）
町内会地	井土ヶ谷下町	△	「戦没者慰霊碑」（1967 ）
■港南区			
神明社	下永谷2丁目	△	「忠魂碑」日露之役大東亜戦…」(1952)
天照大神宮	港南５丁目	△	「慰霊碑」
■磯子区			
日枝神社	磯子４丁目	●	「日露戦役忠魂碑」（1906 ）
杉田妙法寺	杉田５丁目	●	「征露軍陸海殉難戦死横没之忠霊」（1904 ）
杉田八幡宮	杉田５丁目	●	「日清日露戦役忠魂碑」(1916)
岡村天満宮	岡村2 丁目	▲	「忠魂碑」（1935 ）
		●	「日露戦捷紀念」（鳥居・狛犬）(1906)
峰白山神社	峯町	●	「忠魂碑」（1921 ）
■泉区			
柳明神社	上飯田町	●	「日露戦役従軍之碑」（1906 ）
岡津公園	永明寺隣	●	「忠魂碑」（1912 ）
中和田公園	和泉町	●	「忠魂碑」(1949再建)紀念林碑
中田寺	中田町	△	「慰霊塔」（1973 ）日露碑５基
■戸塚区			
大正中横	原宿町	▲	「忠魂碑」（1928 ）
谷矢部池公園	矢部町	▲	「忠魂碑」（1927 ）←区役所裏
王子神社	柏尾町	△	「忠魂碑」(1987)
福泉寺	俣野町	△	「殉国者精霊碑」(1990)
白旗神社	品濃町	△	「慰霊碑」(1979)
五霊神社	小雀町	△	「従軍追悼碑」(1977)
熊野神社	川上町	△	「慰霊碑」(1968)
■瀬谷区			
長天寺	相沢4 丁目	●	「明治三十七八年戦役忠魂碑」(1906)
瀬谷神明社	本郷1 丁目	●	「忠魂碑」（1913 ）
		△	「忠魂碑」（1976 ）
■栄区			
JA 豊田支所隣	長沼町	▲	「忠魂碑」（昭和初期､1952再建）
本郷台公園	中野町	●	「忠魂碑」（1906 ）
		△	「慰霊碑」（1955 ）
御霊社	田谷町	●	「明治参拾七八年戦役凱旋記念碑」(1907)
■金沢区			
鎮守稲荷神社	野島町	●	「日露交戦出征軍人廿七人以無事凱旋紀念之碑」（1906 ）
称名寺	金沢町	▲	「忠魂碑」（1936 ）

●1925年までに建碑
▲それ以後～第二次大戦までに建碑
△戦後の建碑
（＊建碑時期については推定含む）

◆横浜の関東大震災関連モニュメント・痕跡など

■港北区		
東林寺	篠原町	朝鮮人犠牲者納骨堂
蓮勝寺	菊名５丁目	「朝鮮人納骨塔」、墓地改修碑
		「韓国人納骨塔」、墓地改修碑
■都筑区		
杉山神社	佐江戸町	「震災復興之碑」
山田神社	南山田町	社号標、一之鳥居
■青葉区		
住吉神社	奈良町	「十一時五八分大震災倒壊」
■鶴見区		
総持寺	鶴見2丁目	「遭難死亡者供養塔」（東芝）
東漸寺	潮田町３丁目	「故大川常吉氏之碑」
建功寺	馬場１丁目	「大震災・火災横死者供養之碑」
愛宕神社	下末吉５丁目	説明板「…震災倒壊…」
■神奈川区		
大安寺	入江１丁目	説明板（大震災で本堂焼失）
相応寺	七島町	鐘楼
白幡八幡	白幡仲町	「白幡地方改良記念碑」
金蔵院	東神奈川1丁目	「大震火災横死者供養塔」（旧）
		「大震火災横死者供養塔」（新）、説明板
本覚寺	台町	「大正十二年…横濱都市計劃」
観音寺	三ツ沢東町	犠牲者供養 S3 観音教会→観音院→観音寺
三ツ沢共同墓地	三ツ沢上町	村尾履吉墓
		「敬慕碑」
（個人宅）	斎藤分町	「大震災遭難死者追悼記念供養塔」
■保土ヶ谷区		
橘樹神社	天王町１丁目	「建震災復興記念」
東光寺	上星川２丁目	「関東大震受難者之墓」
北向地蔵堂	岩井町	「再建記念碑」
大仙院	霞台	「故木村先生頌徳碑」
■旭区		
神明社	今宿西町	「大震災記念」、倒壊鳥居
■西区		
パークハイツ横浜	平沼１丁目	「横浜ゴム発祥の地」
東福寺	赤門町２丁目	「為横浜印刷業者震災惨死群霊追福」
久保山墓地	元久保町 （震災犠牲者墓あり）	「横濱市大震火災横死者合葬之墓」
		「関東大震災朝鮮人慰霊碑」
		「横浜割烹調理師吉野社員 震災横死者記念塔」（倒壊）
		「大震災横死者供養塔」愛心会
		「萬霊之墓」末吉橋急坂など
大聖院	元久保町	「大震火災殉難者追悼碑」
浅間神社	浅間町１丁目	震災で倒壊した鳥居
願成寺	西戸部町３丁目	「大震災風水害横死者供養塔」
		地蔵尊（藤棚と岩亀横丁のもの）
浅間車庫前公園	浅間町４丁目	「木村担平先生終駕之地」
久成寺	藤棚町１丁目	「関東大震災横死者…慰霊塔」
旧横浜駅	高島町	崩壊した駅舎遺構
成田山	宮崎町	五大尊並八大童子「大震災ノ厄ニ…」
羽沢稲荷	西戸部町１丁目	「馬頭観音塔」
■中区		
県歴史博物館	南仲通５丁目	元横浜正金銀行。震災でドーム焼失
旧川崎銀行	弁天通５丁目	興亜横浜馬車道ビル。外壁が当時のもの
野毛おでん	吉田町	震災、空襲を受けたという説明板
旧市役所	港町１丁目	２代目市庁舎基礎遺構
横浜公園	横浜公園	復興記念碑
開港記念会館	本町１丁目	震災で内部焼失、塔レンガ修復跡
県庁前遺構	北仲通１丁目	元・開通合名会社壁面
赤レンガ倉庫	新港１丁目	１号館の半分損失
旧税関事務所	新港１丁目	震災で崩壊した建物の遺構
開港資料館	日本大通	英国領事館員犠牲者プレート
		玉楠の木
横浜地裁	日本大通	「慰霊碑」
横浜海岸教会	日本大通	発祥地碑台座
象の鼻	海岸通１丁目	防波堤遺構
居留地 48 番館	山下町	旧モリソン商会の１階部分（保存）
山下公園	山下町	崩壊建物のガレキで造成
インド水塔	山下町	山下公園内。インド人から市へ
戸田平和記念館	山下町	建物の前面部分だけ残存
カナダ大使館跡	山下町	説明板（マリンタワー前）
元町公園	元町１丁目	西洋邸宅遺構（８０番館）
増徳院	元町１丁目	「大震災横死者慰霊碑」（不明）
百段公園	元町２丁目	説明版写真
元町百段館	元町２丁目	百段階段の昔の説明と写真
谷戸坂	山手町	「大震災追悼碑」
山手トンネル	山手町	復興局銘板
元町プール	山手町	復興碑
フランス山	山手町	フランス領事館跡、メダリオン
山手外国人墓地	山手町	入口に慰霊碑
		震災犠牲者墓（カイパーなど）
大丸谷坂	石川町１丁目	大丸谷震災地蔵尊
妙香寺	妙香寺台	「九六館内横死之墓」
天徳寺	和田山	「震災横死者供養塔」
		「震災横死者供養塔」（1929 ）
琴平神社	和田山	琴平神社由来説明板
多聞院	本牧元町	「震災横死者供養塔」
築井戸稲荷	豆口台	「大震火災殃死者各霊位」地蔵
根岸外国人墓地	仲尾台	「ERECTED IN ・・・(英文)」
		犠牲者墓（数十基）
地蔵王廟	大芝台 （王廟内割れた碑、墓群、看板崩壊）	「横浜震災後華僑山荘紀念碑」
		「本山后土之神」１５の碑、墓
		「大震災遭難者之墓」
		「九一震災遭難者之墓」
		「聘珍樓大震災殉難者慰霊碑」
蓮光寺	大芝台	大震災殉死者（共友会）
子育地蔵尊	伊勢佐木町７丁目	金台寺の震災犠牲子ども慰霊地蔵
西有寺	大平町	「大正大震災遭難横死者供養塔」
円大院	大平町	「大震災横死者追悼記念碑」
大円寺	大平町	「大震災遭難横死者之碑」
		「大正震災長者五遭難横死者追悼碑」
三溪園	本牧三之谷	松風閣崩壊跡
■南区		
回向院	清水ヶ丘	「大震火災横死者諸精霊塔」（不明）
大光院	三春台	「大正震災横死者追悼碑」
光明寺	三春台	「震火災横死者追善供養塔」
		「追遠碑　激震猛火横死者精霊」
		「両縁供養塔」、「天野家供養塔」、菩薩像
大鷲神社	真金町１丁目	「三社復興／廓諸職」
		「震災紀念」
日枝神社	山王５丁目	「献樹碑」
蓮沼坂	八幡町	「大震災横死者供養塔」
玉泉寺	中村町１丁目	「関東大震災焼死者供養」
宝生寺	堀ノ内１丁目	「大正大震災横死者之碑」
		「震災横死者供養塔」
		「大震災横死者追悼の碑」
		「関東大震災で亡くなった有情を供養するためにこの碑を建てる」
		「関東大震災韓国人慰霊碑」
大原隧道	南太田～清水丘	復興事業、水道管が併設
旧日切地蔵	井土ヶ谷上町	「大震災横死者追悼之碑」
吉祥寺	大岡１丁目	「大震災火災横死者諸精霊之碑」
■港南区		
真光寺	上大岡東３丁目	「刺繍業　震災横死者之碑」
■磯子区		
白瀧不動尊	根岸町３丁目	「大震災紀念碑」
海照寺	坂下町	万霊法善塔～震災・戦災無縁仏
金蔵院	磯子４丁目	「大震災横死者碑」
		五重石塔～震災供養塔
宝積寺	馬場町	「大震災追悼碑」
		「震災供養精霊」（5 歳の子を悼んで）
森神社	森２丁目	「復興紀念」
		「鳥居建立建碑の序」
■戸塚区		
戸塚駅西口	戸塚町	「豊塚堰」碑
■金沢区		
龍華寺	町屋町	「震災横死漂流者供養塔」、地蔵尊
安立寺	町屋町	震災・戦災など無縁仏
■泉区		
中田寺	中田北２丁目	「香川法隆上人頌徳碑」

3 章

大正時代の横浜

～工業都市化と格差拡大～

第4章　昭和前期の横浜

1926	1931	1937	1941
治安維持法 金融恐慌 世界大恐慌 中国強硬政策 国粋運動の高揚	満州事変 満州国建国 ファシズム 5.15 事件、2.26 事件 思想・宗教へ弾圧強化	日中全面戦争 日独伊三国軍事同盟 国家総動員法 ノモンハン事件 国家総動員法	アジア太平洋戦争 東南アジア占領 ミッドウェー海戦 学徒動員空襲、沖縄戦 原爆投下
「普通選挙」 不戦条約 海軍軍縮条約	農村の生活深刻化 無産政党の活動 プロレタリア文学	斎藤隆夫「反軍演説」 生活綴方運動 アジア日貨ボイコット	アジア各地で抗日運動 大西洋憲章 国際連合結成

1945

1. 京浜工業地帯の形成

(1) 産業の発達

私が通っていた小学校は1970年代に「公害指定校」になりました。私たちの遊びは、臨海部を走る貨物線の側溝でザリガニを捕り、埠頭でクラゲを釣ることでした。当たり前の存在だった工業地帯が、40年前には海水浴場だったと今思うと、この地域、社会の激変ぶりを改めて感じます。学校からは埋め立て功労者の浅野総一郎像がよく見えました。

大日本帝国は、日清・日露戦争を戦い、その戦間期に軽工業（第1次)、重工業（第2次）の産業革命を進め、資本主義経済を確立させていきます。

しかし諸産業が発展する一方で、世界経済の波を受けるようになり、また日露戦争の軍事費負担で1907年には早くも不況に見舞われました。日本は3次にわたる日韓協約で韓国の外交権、軍事権などを奪ったのち、10年に韓国併合条約を結びます。また第1次世界大戦（14 ～ 18年）に参戦し、世界の「五大強国」に成り上がりました。対華21カ条の要求（15年）やシベリア出兵（18 ～ 23年）もその流れの上にありました。

浅野総一郎は欧米視察から帰国すると、工場を集約し輸送手段などインフラを整備した工業地帯造成を進めようとします。品川湾（1899年)、川崎・鶴見（1904年)、東京湾築港（10年）の事業を政府に申請しますが許可が下りません。そこで渋沢栄一、安田善次

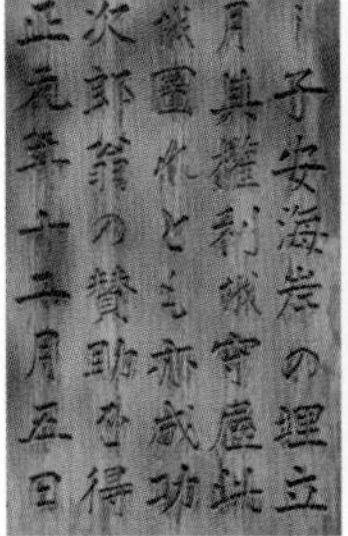

守屋此助顕彰碑

第一次大戦の殉難船員碑（総持寺）

横浜正金銀行の支店展開	
シンガポール支店	1916年
マニラ支店（フィリピン）	1918年
ラングーン支店（ビルマ）	1918年
バタビア支店（インドネシア）	1919年
サイゴン支店（ベトナム）	1920年

郎や、横浜商人「第一世代」の渡辺福三郎、大谷嘉兵衛、安部幸兵衛らの協力を得て12年に鶴見埋立組合を結成、ようやく事業免許の獲得に成功しました。翌年から始めた埋め立て工事は、遠浅の地形を利用して進み、28年に完成します。浅野はそこに日本鋼管や浅野セメントなどを進出させて事業に成功、浅野財閥を形成します。自ら創立した浅野学園（新子安）には彼の像が京浜工業地帯を見下ろしています。浅野の姓や、家紋である扇は駅名にもなっています（JR鶴見線浅野駅、扇町駅）。新子安駅の海側には、やはり埋立功労者の１人、守屋此助の顕彰碑（安田善次郎による）があります。

14年、第1次大戦の勃発は、日本経済を活発にします。東南アジアを植民地支配する欧州諸国の戦争で、日本企業が東南アジア市場に進出したからです。造船業界を中心に「成金」が登場します。会社史からはこの時期、多くの企業が工場を新設、増設したことがわかります。そうした日本企業の進出をアジアから証明するのが、横浜正金銀行の支店展開です。1916～20年に、東南アジアの首都クラスの都市に支店が開設されました。

また日本は日英同盟を名目に敵国ドイツの船舶を攻撃したため、逆に日本の船舶も攻撃を受けました。鶴見・総持寺には犠牲になった船や船員の追悼碑が建っています。

同じ頃、横浜は絹の輸出港・神戸や、茶の輸出港・清水の台頭で、ビジネスの形も変わり始め、商業都市から工業都市の転換をはかります。横浜市域は拡大され（01年、11年）、当初面積の6.8倍になり、また第1次世界大戦での好況で多くの労働力も流入しました。11年、横浜市会は大規模工場誘致のため市税免除を決定し、子安・生麦沖合、本牧・根岸沖合などの埋め立て地や内陸部が工場地区に指定されました。

京浜工業地帯は日本の経済成長、工業化の大きなエンジンとなったと同時に、資本主義経済の光と影を鶴見・川崎の地に映し出したともいえます。

こうして日本経済は活況を呈しましたが、激しい自由競争の結果、一部企業の独占・寡占が進みました。諸矛盾が拡大して貧富差や貧困が拡がり、差別も激しくなりました。それが労働運動、女性運動、部落解放運動などの大正デモクラシー運動を生み出しました。

「自由」には、自分の意思で生きるという人権を守る「自由」と、独占資本主義に向かう経済の「自由」の両方があり、そのままでは経済的自由が人権的自由を侵害します。「自由主義」と「民主主義」は似ているようで、同じではありません。また格差拡大は実質的に自由権を空洞化させます。ドイツでは19年、世界初の社会権を盛り込んだワイマール憲法が制定されました。資本主義経済の発達で、自由権だけでは人間らしい生活ができないため作られた社会権（生存権、教育を受ける権利、労働権）は「20世紀型人権」と呼ばれます。

Around Yokohama

川崎臨海部の埋立工事で、海底の土砂を掘削するドリルの刃先に使用されたカッターヘッド。（川崎産業ミュージアム／武蔵小杉）

かつては江戸幕府へ魚介類を献上する「御菜八ケ浦」の1つだった子安（新宿浦）では、07年に埋め立て補償問題、21年には企業の悪臭問題で市長に陳情するなど、公害やそれを改善させる動きが早くから始まっていました。

(2) 工業地帯のインフラ

この時期、東京から横浜へのもう一つのアクセスとして、京浜電気鉄道が川崎から神奈川へ延伸（05年）、八王子からは横浜港へ生糸を運ぶ横浜鉄道が八王子～海神奈川に開業（08年、17年国鉄が買収）しました。さらに鉄道駅と市内各地をつなぐ横浜電気鉄道会社（04年）が、ネットワークを拡げていきました（21年市営化）。

「横浜市工場地之分譲」(L)

＊工員の足！海岸電軌と鶴見臨港鉄道

1925年に京浜電気鉄道の総持寺駅から工業地帯を通り川崎大師まで、海岸電軌という路面電車が開通しました。30年には並行して鶴見臨港鉄道（現ＪＲ鶴見線）が開通します。埋め立て地には地名がなく、企業名や開発者を駅名に使用しています。前述の浅野氏関係のほか、安田善次郎に由来した「安善」駅はなかなか大胆な駅名です。

海岸電軌は、輸送力のちがいから鶴見臨港鉄道に客足を奪われ37年に廃止されました（総持寺駅は現在本山前桜公園）。戦局の悪化に伴い、企業整理・輸送管理統一化の一環で、43年７月に鶴見臨港鉄道は国有化され、駅間の短い駅は廃止されました（総持寺前には「本山駅」のホームが残っています）。

◆鶴見線の駅名の由来

鶴見小野～代々の大地主、小野重行にちなむ。
浅　　野～京浜工業地帯一帯の埋め立て事業を行った浅野総一郎の姓が駅名に。
安　　善～埋め立て功労者・出資者の安田善次郎にちなむ。
武蔵白石～埋め立て功労者で、日本鋼管社長・白石元治郎にちなむ。
昭　　和～昭和肥料・昭和電工などの工場が近くにあることから。
扇　　町～浅野家の家紋が「扇」である。
新芝浦・海芝浦～東芝の工場があるから。
大　　川～埋め立て功労者で王子製紙経営者・大川平三郎にちなむ。

☆海岸電軌と鶴見臨港鉄道（現JR鶴見線）

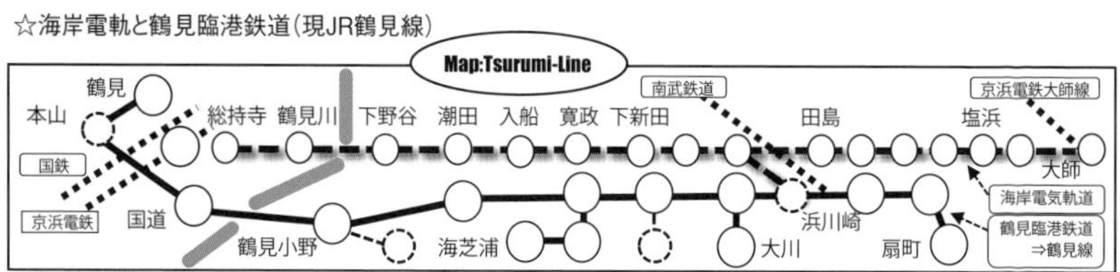

2. 横浜港に残る産業遺跡

(1) 東神奈川エリア

JR東神奈川駅の南、現在のコットン・ハーバー地区は、1917年から日本鋼管浅野船渠（ドック）があり、三菱ドックを補完していました。高度成長時に造船ラッシュで引き受け手のない南極観測船「宗谷」の改造工事（56年）を施工したのが浅野ドックでした（NHK「プロフェッショナル」で紹介）。95年に閉鎖され、跡地には「日本鋼管浅野ドック跡」碑があります。

(2) みなとみらいエリア

JR桜木町駅の海側にはかつて三菱ドック（三菱重工横浜造船所）がありました。横浜は貿易で繁栄しながら港湾設備が未整備でした。明治政府はパーマーに築港計画を依頼します。しかしドックや倉庫の整備は予算の関係で地元資本に委ねられたため、渋沢栄一や横浜商人たちが1891年、有限責任横浜船渠会社を設立してドックを完成させました（1号ドックは98年、2号ドックは97年に竣工）。壁面には神奈川県真鶴の小松石を使っています。氷川丸もここで建造されました。

1935年、三菱重工業と合併して三菱重工横浜造船所となり造船、船舶修理や鉄橋製作、環境事業に関わり、83年横浜市「みなとみらい21」計画に協力し金沢・本牧地区に移転しました。

1号ドックは82年まで使われたあと、日本丸メモリアル・パークとして整備されました。2号ドックはパーマーらの設計で、国内最古の民営石造ドックです。73年まで使われ、今はドックヤード・ガーデンとしてジャズの演奏会場にも使われ、国の重要文化財に指定（1997年）されました。周囲にはドックで使用された排水ポンプ（1896年イギリス製）やエアー・コンプレッサー（1918年アメリカ製）があります。また少年期にドックで働いた横浜生まれの小説家・劇作家、長谷川伸（1884～1963）の生誕100年記念碑、84年のみなとみらい地区起工式で安全祈願のため海中に沈めた後、引き揚げられた「みなとみらい21埋立事業礎石」があります。

南区相沢墓地には、1884年、停泊修理中の和歌之浦丸が沈没し11人が死亡したときの「招魂碑」が建っています。

浅野ドックと日本鋼管浅野ドック跡碑

和歌之浦丸「招魂碑」

横浜造船所跡碑

ドックヤード・ガーデン

エアー・コンプレッサー

(3) 汽車道〜新港地区エリア

1号ドックの主役は、やはり帆船・日本丸（1930年建造）の雄姿です。

日本丸は練習帆船で、1984年まで地球を45.4周する距離（183万km）を航海してきました。アジア太平洋戦争時には緊急物資を輸送しながら、訓練を行いました。終戦後は、戦地から2万人以上の引揚者輸送や遺骨収集を担い、朝鮮戦争(50年〜)では海王丸とともに釜山から米軍人、韓国避難民の輸送も行いました。しばらくはエンジンだけでの運航でしたが、52年に帆船として復活、パラオなどで遺骨収集の業務に使用されたのち、再び練習帆船となりました。引退後は激しい招致合戦の末、海洋に出航できる横浜に保存先が決定しました。三菱みなとみらい技術館の入口横には、「横浜造船所跡」のモニュメントがこの地の歴史を伝えています。ランドマークタワーを始め美術館やマンションが建ち並ぶみなとみらいは現在、全国でも屈指の集客力を誇っています。

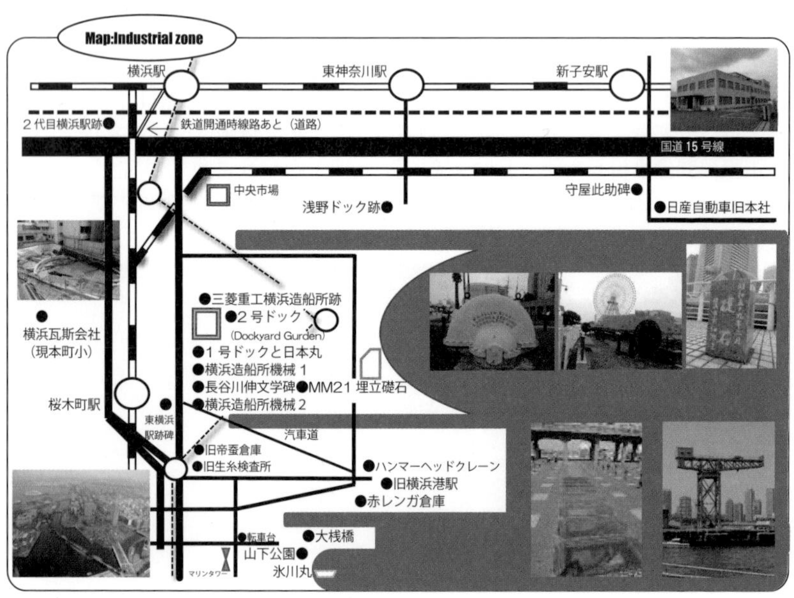

◆汽車道の歴史ある鉄橋

港1号橋梁：アメリカ製1907年製造、鈑桁橋+鋼プラット・トラス橋
港2号橋梁：アメリカ製1907年製造、鋼トラス橋
港3号橋梁：旧夕張川橋梁（1906年）と江戸川橋梁（1907年）を生糸検査所引込線に転用（1928年）鈑桁橋

みなとみらいから新港地区へ伸びている遊歩道、「汽車道」はかつて貨物線（1911年敷設）でした。使用されている橋梁もまた歴史があります。大型客船が出入港する時には東京駅から赤レンガ倉庫の横まで直通列車が来ていました。「ポートトレイン」と呼ばれたこの列車は、20年7月から走り始めました。28年から使用されていた横浜港駅ホームの一部が保存されています。戦後の57年8月、氷川丸の出港時から使用が再開されました。汽車道は「土木学会デザイン賞2001」最優秀賞を受賞しました。

旧横浜港駅プラットホーム

1号ドックに浮かぶ帆船日本丸

3. 工業化と横浜

工業の発達は、日本の産業構成や人口構成を大きく変えました。大量の労働力が必要になり、多くの労働者が都市部に移動してきました。

(1) 朝鮮半島からの人々

日本は日清・日露戦争を通して朝鮮半島への支配力を強め、1910年の韓国併合の頃からは労働力不足もあり、来日する人々が増えてきました。当初は「自ら」の意思でしたが、その意思がどのように形成されたかを、朝鮮半島の状況から考えることが必要です。のち15年戦争により労働力不足が顕著になると、39年には、「朝鮮人労働者募集要項」が通達されました。形は「募集」ですが予定数に達しないと、官憲によって応募が強制されたといいます。

当初は、朝鮮人労働者の斡旋を、企業が朝鮮総督府に申請する形でしたが、44年９月の「国民徴用令」の適用で、法的に「強制連行」が制度化されたといえます。約70万人の来日した人々は危険で過酷な炭坑・鉱山・土建業、そして工場に配置されました。また、恐慌では朝鮮人がまず解雇されるなど、都合よく景気の調整弁とされました。彼らが差別と偏見を受けてきた歴史を心に刻みたいものです。

(2) 沖縄からの人々

中国と東南アジアの中継貿易で繁栄していた琉球王国は1609年から島津藩の支配を受け、明治に「琉球処分」(1879年) で沖縄県となりました。貿易拠点だった沖縄は、近代的産業基盤がなく、また中央集権化で「周縁」化され、経済的に不利になりました。

そこで、99年から中南米・東南アジアなどへの移民や、京浜・中京・阪神などの工業地帯への出稼ぎが始まりました。京浜工業地帯へは1918年、東京で労働者斡旋業を営んでいた沖縄出身の宮城洗三が同郷人500人と移住し、19年には沖縄の女性たちが川崎の富士瓦斯紡績に500～600人採用されました。24年には川崎で沖縄県人会が結成され、32年には鶴見に沖縄会館ができました。敗戦後の45年11月には鶴見沖縄県人連盟が結成されましたが、差別や偏見との闘いなどで大きな苦労がありました。

(3) 工業地帯の娯楽

京浜工業地帯の発達で人口が急増すると、社会的インフラとして娯楽も必要になります。その1つが、浅野総一郎の弟・良三の立ち上げた大正活映という映画会社でした。1918年に山下町31番地に設立された東洋フィルム社が前身で、20年に良三が山下町の事務所や元町公園の場所にあったスタジオ・機材を引き継ぎました。

活映は文芸（脚本）顧問として谷崎潤一郎を招きました。谷崎は東洋フィルムで監督をしていたトーマス栗原と「アマチュア倶楽部」を結成し、山手や本牧に住み、近隣のロシア人たちと親交を結びました。元町公園には「大正活映撮影所跡」碑が立っています。

鶴見区には14年、新橋の料亭「花月楼」を営む平岡廣高により花月園が開業しました。阪急・小林一三による宝塚ファミリーランドのオープン

（11年）に次ぐものでした。当時の都市遊園地は、電鉄系の住宅開発とセットでしたが、花月園は平岡がパリでの見聞を活かした子どものための遊園地でした。動物園、少女歌劇、スケートリンクなどのアトラクションがあり、園内にホテルが５つある「大正のディズニーランド」でした。全国児童絵画展も始められました。ダンスホールは谷崎が小説の舞台にしたり、外交官の接待に使われました。当初2万5000坪の敷地は7万坪に拡張され、１日3000～5000人の入場者がありました。しかし不況や、類似施設（東急多摩川園など）の開設で33年、閉園しました。戦時中には高射砲陣地になりました。戦後再開されるも46年には閉園、50年から競輪場となり2010年まで使用されていました。現在は京浜急行の駅名に名を残しています。

◆横浜の本当の開港記念日は？

横浜は6月2日が開港記念日です。最初に日本と修好通商条約を結んだのはアメリカで、旧暦7月4日（独立記念日）の予定でしたが、その後交渉したロシアとは7月1日が開港日となり、最恵国待遇によって他国も7月1日（旧暦6月2日）になりました。「記念日」は翌年６月１～２日の洲干弁財天での、1周年記念祭礼がきっかけです（斎藤多喜夫）。その後、1909年の開港50周年で正式に位置付けられ、7月1日となりました。森鴎外作詞、南能衛作曲の横浜市歌も作られました。ところが28年に市議会で論議が起き、6月2日に変更されたのです。これは前年実施の震災復興・大横浜建設記念式を6月2日に行なったことに伏線があります。式典には秩父宮が出席し、29年4月の昭和天皇出席の市民奉迎式典（横浜公園）とあわせて、「牽強付会的な、復古調さがにじむ気運」（内海孝）が強まりました。7月1日は梅雨でイベントの中止が多かったともいわれますが6月2日の開港記念日にはそうした昭和1ケタの時代が反映されているのかもしれません。

「鶴見花月園」（L）

「花月」石灯篭（平岡寄贈）

大正活映撮影所跡碑

4. 移民出発地としての横浜

資本主義経済の進展と帝国主義は経済格差をもたらし、生きるため居住地を離れざるをえなくなる、それが近代の移民です。18世紀までは契約期間のある労働移民中心でしたが、19世紀は「自由」移民が多くなり、また農業への従事から工場労働へと変質し、「移民の世紀」とも呼ばれます。

日本の海外移民は1868年にまずグアムへ、次にハワイへ行きました。ハワイではサトウキビ労働者の需要が高まり、横浜でハワイ王国総領事として準備をしたヴァン・リードは、京浜地区で集めた職人や農民を出発させました（リードはのち横浜で新聞「もしほ草」を創刊）。84年にオーストラリア北部へ、85年には約３万人がハワイへ官約移民として渡航しました。埼玉出身の斉藤忠太郎は、横浜で沼間守一と顕猶社を組織するなど自由民権運動で活躍しましたが、92年に堀谷左治郎と東京移民会社を興して移民を送り出しました。

横浜は出発手続きの場でもあり、海岸通り周辺には上州屋、熊本屋、広島屋、讃岐屋、福井屋など出発待ちの移民旅館が二十数館立ち並んでいました。その後、移民が増えアメリカでは「移民排斥法」が成立します（24年）。

日本からは第2次大戦前に約66万人、大戦後には約26万人が海外移民となりました。ハワイのアロハシャツは日本から持参した木綿の和服をうち直したものですし、ロコモコ丼も作業が忙しい移民が考えたものです。第2次大戦ではアメリカから欧州戦線へ派兵された日系人部隊が活躍しますが、それは現地での生活に溶け込むための苦難でもありました。

プロレスラー、のち国会議員のアントニオ猪木（43年鶴見生まれ）も14歳の時、ブラジル移民として横浜を旅立ちました。

大桟橋の床板は移民先ブラジルの国花・イペの木

「横浜真景一覧図絵」（左上付近に移民宿が集中）(L)

海外移住資料館（中区新港2丁目）

JICA横浜には2003年に海外移住資料館が開設され、移民の出発地としての横浜と、移民先の出来事や苦労などが詳しく展示されています。明治期から海外で代々たくましく生活を続けている移民から多くのことを学ぶことができます。

5. 国政と横浜、そして大正デモクラシー

(1)「正義派」島田三郎の選挙

開港記念会館の壇上では多くの政治家が演説をしました。横浜の新政治集団を率いた島田三郎（1852～1923）もその1人です。島田は貿易商人島田豊寛の養子で、豊寛の『横浜毎日新聞社』に入社、自由民権結社の嚶鳴社にも属しました。政府内に職を得ますが、明治14年の政変で退職します。欧米視察で貧困格差を目にして、第1回帝国議会選挙から立憲改進党系で立候補し、以後14回連続当選しました。

明治20年代以来、横浜の政界は大貿易商中心の商人派と、地主派が対立していましたが、関係改善が始まりました。1903年3月の衆院選では神奈川1区（2人区）で伊藤博文と大隈重信が提携し、元外相の加藤高明を擁立します。また横浜財界は政府との関係強化のため奥田義人を推薦しますが、それには島田（商人派）か平沼専蔵（地主派）の立候補を取り下げる必要がありましたが島田は拒否します。これを幸徳秋水やキリスト教女性団体、足尾鉱毒被害民、『萬朝報』などが支持し、来栖壮兵衛が選挙事務長に就きました。結果は島田1106票、奥田430票、加藤418票でした。この選挙で横浜の有力者支配層（「金権派」）に対抗する小規模商人層（「正義派」）が登場し、「元老」対「民衆」、「富者」対「貧者」の対立にもなりました（宮地正人）。当時、有権者は富裕層のみですが、大正デモクラシー運動の先駆として、「有権者でない人が世論をつくり出していく。それが政治に反映してくることを初めて経験した」（遠山茂樹）出来事でした。

島田はのち辛亥革命への支援や、大正政変、ジーメンス事件（海軍の贈収賄事件）追及で活躍しました。一方で対露同志会（強硬派）との関係、日本の帝国主義への積極的支持からは、アジアへの姿勢に限界も感じられます。

(2) 横浜での大正デモクラシー

日清・日露戦争の間に産業革命を進めた日本経済には格差や差別が現れました。労働者の多い横浜や川崎では労働運動などが盛んになってきました。大正デモクラシーでは第1次護憲運動がおこり吉野作造、石橋湛山が普通選挙や議会政治の重要性を説きました。生活の洋式化が促され、25年からラジオ放送が始まると、ニュースや娯楽番組は中流層へ急速に浸透し、国

横浜開港記念館

島田三郎旧居跡（東京都千代田区）

Around Yokohama

■ 茨城県古河市「田中正造翁遺徳之賛碑」

同時代を生きた福沢諭吉との対比でも語られる田中正造は、その活動から墓所が8カ所にあります。

正造の思想と行動から学べることは現代にも通じています。

民のマインド・コントロールを進めるツールにもなりました。32年、受信者100万人到達記念に全国で「ラジオ塔」(聴取施設)が建てられ、野毛山公園に現存します。

「文化的」生活が進む一方、格差は拡大します。人々の必死の動きは水平社設立や新婦人運動、社会主義運動という形で現れます。それを草の根から支えたのは、綴り方教育など、自由教育の拡がりでした。横浜高等工業学校(現横浜国大)初代校長・鈴木達治は教育勅語を重視しつつ、三無主義(無試験、無採点、無賞罰)という大正自由主義教育を提唱しました。

また横浜には大正デモクラシーを考える場として労働の場である横浜港や、日本最初のメーデーがあった横浜公園があります。1906年に横浜曙会の村木源次郎らがメーデー記念演説を行いました。

世界では国際連盟結成前年の19年、国際労働機関(ILO)が組織され「労働運動のエポックメーキングの年」とされます。日本では第1回会議への派遣問題が起きます。友愛会は労働者代表に鈴木文治を推薦しましたが、政府は資本家を推薦して押し切ります。労働者たちは横浜港から乗船した代表に「葬式デモ」で抗議しました。20年には港湾労働者の大規模ストライキで賃上げを獲得し、「横浜港労働組合」や「横浜仲仕同盟会」が設立されました。5月1日、若葉町から横浜公園へデモ行進し発会式を兼ねて「労働祭」が開かれました。翌日、上野公園で「第1回メーデー」が開催されましたが、それに先駆けた日本初のメーデー集会となりました。要求は賃上げや労働時間のみならず、休憩所の設置、(男子)普選要求もありました。

＊横浜海岸教会の成りたち

海岸教会は1868年、ヘボンやブラウンらの小会堂から始まり、横浜での自由民権や社会主義活動の拠点となりました(89年には植木枝盛が演説)。

礼拝は第2次大戦中のキリスト教弾圧下でも行われ、教会の鐘は金属供出しませんでした。

教会では荒畑寒村が活動していました。荒畑は南区永楽町で出生し横須賀海軍工廠で労働運動に参加、『平民新聞』の非戦論に共鳴し17歳で横浜平民結社(のち曙会)を組織し、教会を拠点に社会主義運動を行いました。

東北地方へ伝道行商をしたり(田中正造と出会う)、堺利彦らと検挙されています(そのため大逆事件での検挙を免れた)。のち関西中心で活動し、第2次大戦後に日本社会党結成に参加、衆議院議員を務めました。

野毛山のラジオ塔

横浜海岸教会

「横浜船渠労働争議」(L)

6. 横浜に根づいたインドの人たち 実は昔から深い関係が

横浜はインドと早くから関係があります。1859年の開港時に、インドを植民地化したイギリス人と来日、63年には横浜にインド系銀行も開業します。下関戦争の時は居留地警備でバルチスタン兵（現パキスタン）約150人が、イギリス陸軍として4カ月駐留しました。

明治時代にはインド人が会社を横浜で設立、80年代には日印貿易が本格化します。神戸は食器・陶器、大阪は雑貨品、横浜は絹織物の輸出地でした。93年には日本郵船とインドの綿花商タタ商会が提携し、ボンベイ航路を開設しました。同年、ヒンドゥー僧スワミ・ヴィーヴェーカーナンダがシカゴの宗教会議への途次、横浜に滞在しました。

大正時代には日本でインド系会社が約20数社設立され、ほとんどが横浜でした。この頃、独立運動をしていたインド国民会議派のラス・ビハリー・ボースがイギリス人総督襲撃事件を起こして、1914年に来日しました。新宿・中村屋を経営する相馬愛蔵・黒光夫妻に匿われたことがメニューのインドカリーやカレーパンにつながりました。追われの身が解かれると横浜港に同志を迎えに来ることもありました。

横浜生まれの岡倉天心は、アジア初のノーベル文学賞を受けた詩人タゴールと交流を深めました。タゴールは5度来日し、三渓園に2カ月半滞在したこともあります。24年、タゴールは慶大などで講演し、日本に敬意を持ちつつ膨張主義を批判しました。同年の孫文の大アジア主義演説との類似性に、当時の日本が象徴されています。

佐賀出身の江原邦彦は上海・東亜同文学院を経て大倉洋紙に就職し、大倉家の婿養子になりました。ボースを介してタゴールの知己を得ました。そして現在の港北区に大倉精神文化研究所を設立しました。（東横線大倉山駅の由来）。同研究所の図書館には「タゴール文庫」があります。

19年には横浜で比無度協会が設立される（22年、横浜インド商協会に）など、インド商人は横浜に欠かせない存在でしたが、日本政府はイギリスとの関係から彼らに尾行をつけていました。関東大震災では、在浜インド人28人が犠牲になりました。インド人たちは自分たちのテニスコートを日本人にも開放して炊き出しを行いました。震災で

スワミ・ヴィヴェーカーナンダ

ビハリー・ボースたち（新宿中村屋）

中島岳志『中村屋のボース』

チャンドラ・ボース像（杉並区蓮光寺）

多くは同じ港町である神戸へ移住しましたが、横浜にはインド人の存在が必要だと横浜市や商人は考え、彼らの住宅や店舗を再建し、呼び寄せたのです。その甲斐あって、多くのインド人商人が横浜でのビジネスに復帰しました。

39年、彼らは横浜のインド商援助への感謝や同胞への慰霊の意味をこめて山下公園にインド水塔を寄贈しました。現在でも毎年9月1日には横浜在住インド人、大使館関係者、横浜市関係者が列席してこの場で追悼式典が開催されています。震災から16年後の寄贈には、在浜インド人約160人の3割が国民会議派だったことを考慮すると、この頃高まった日本の「排英運動」と歩調を合わせた可能性があります。40年の新聞には、イギリス人の帰国が増え始めているが、インド人は「英国人との商業取引関係等から民族的反感も押え、政治的意識も表面に現さず穏やかな態度をとって来た」（朝日新聞）と記されていました。

第2次大戦で、日本はインド人を利用するようになります。藤原機関（F機関）はバンコクのインド人反英組織にインド国民軍を結成させ、その後岩畔機関がシンガポールのインド人捕虜を加えたインド国民軍を編成しました。植民地支配に苦しむインドの人々は、日本への協力で独立のチャンスをうかがったのですが、日本軍にはインド攻略のための手段に過ぎませんでした。

震災後と同様、大戦後には横浜を離れたインド商人のため西田通商・西田義雄氏が県の協力も得て、山下公園近くに18棟の建物を提供したことで、再びインド人商人は横浜に戻ってきました。現在も当時の建物が一部残り、インド人名が冠されたビルもあります。

横浜には日本唯一の英連邦戦死者墓地が保土ヶ谷区狩場町にあります。ここは第2次大戦時に主に捕虜となり亡くなった英連邦関係者が葬られている墓地で、その一角にはインド・パキスタン地区があり、主に拿捕された南京丸のインド人乗組員が葬られています。

1965年に横浜市はボンベイ市（現ムンバイ）と、日本で初めてインドとの姉妹都市提携を締結しました。この友好都市関係20周年には象２頭（金沢動物園）、30周年記念にはインドガビアル（野毛山動物園）が贈られました。2003年からは「ディワリ・イン・ヨコハマ」（新年の祭り）が横浜で開催されています。グローバル化の進展からビジネスの関係も強化され、09年には（社）横浜インドセンターが発足、翌年には緑区霧が丘にインド系インターナショナル・スクールが開校しました。ムンバイとの姉妹都市50周年の15年には横浜市が会議事務所を開設しました。横浜とインドの関係はこれからさらに深まっていくでしょう。

インド水塔でのセレモニー（9月１日）

↖旧横浜印度商協会（佐野元春CD）
←横浜印度商協会プレート

旧インド人エリア（山下町）

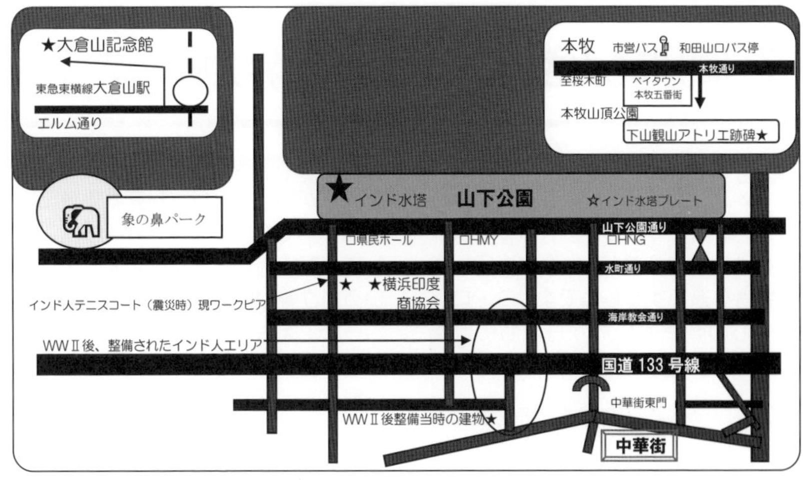

◆チャンドル・アドバニ氏インタビュー

私は1924年、植民地インドのシンディ（シンド）州（現パキスタン）で11人兄弟の4番目として生まれました。

父親は1917年、貿易会社の経営のために来日、横浜比無度協会を設立しましたが、インド独立運動に参加するため帰国しました。幼い頃から父に日本人の考え方やマナー、そして横浜の話を聞かされていました。シンディ州はムスリムが増え、貿易をする人も多かったので53年、横浜へ来ました。日本は敗戦直後で貿易が認められず、外国人が必要でした。大阪でも働きましたが、スピードの速さが合わず、横浜で貿易会社のマネージャーとして6年間働きました。59年にはNephew's International Inc.を設立して、日本の絹をインドへ輸出しました。大桟橋から船が発着していたので、港の近くに住んでいます。横浜市とムンバイ市との姉妹都市提携も手伝いました。

日本人はとても真面目で、倒れても立ち直れる力が強い竹に似ています。ただ最近の外交が心配なのと、物事をはっきり言わないところが気になりますが、それにはプラスの面もあります。インド南部と日本の共通点の1つに「行ってきます」「行ってらっしゃい」という言葉があります。これはどちらも商売を大事にしているからですね。

7. 横浜にも大きな傷――第一次世界大戦

山手外国人墓地の門の左手にはモニュメントがあり、「ガリポリ」「パレスチナ」などの地名が刻まれています。これは横浜から第1次大戦に出征した犠牲者を追悼するものです。ヨーロッパ中心の戦争でしたが日本も実は関わっています。

ヨーロッパでは、ドイツ帝国が建国（1871年）され、オーストリア、イタリアと三国同盟が締結されました（82年）。ビスマルク体制で、フランスを孤立させつつ、ヨーロッパ情勢は小康状態となりましたが、ビスマルクがウィルヘルム2世と対立して退陣すると、ドイツはフランス、イギリス植民地の権益を奪おうとします。フランスは露仏同盟（94年）を締結、イギリスはロシア対策で日英同盟（1902年）を、またドイツを警戒しフランスとの対立関係を解消して英仏協商（04年）を、その後英露協商（07年）を締結して三国協商を形成しました。

これらの国々は、協力体制を変えながら自国の利益を追求していました。例えば日清戦争後の三国干渉（95年）で独仏が協力したり、日露戦争後には日露協約も結ばれます（07年）。こうして三国協商と三国同盟＝大ドイツという対立軸が明確になってきました。

一方、オーストリア＝ハンガリー帝国は、弱体化するオスマン帝国から海に繋がるボスニア・ヘルツェゴビナの地域を併合しました。しかし隣国のセルビアが反発し、同じスラブ民族のロシアもこれに同調したために戦争の危険性が高まっていました。

14年6月、ボスニアの首都・サラエボを訪問中のオーストリア皇太子夫妻をセルビア人青年が暗殺すると、オーストリア=ハンガリー帝国はセルビアへ宣戦布告、同盟国のドイツもロシア、フランス、イギリスに宣戦布告して、第1次世界大戦が勃発しました。

日本は同盟を結んだイギリスから、敵国ドイツが植民地にした青島（中国）や南洋諸島で船舶への牽制を依頼されましたが、それ以上に存在感を示そうと地中海のマルタ島周辺での艦船

外国人墓地の第一次大戦碑

外国人墓地門

警護に参加しました。その結果、日本の船舶がドイツから攻撃を受けて沈没することもありました。この時の「欧州戦乱殉難会員之碑」（18年）、「殉難船員之碑」（19年）が鶴見区・総持寺にあります。

山手外国人墓地のモニュメントには、前述のように第1次大戦で横浜から出征して死亡したイギリス人62人、フランス15人、アメリカ7人の名前、所属、階級、死因、死亡日、死亡場所が刻まれています。激戦地で知られるガリポリ半島（現トルコ）や北フランスのソンムの戦いなどの犠牲者が刻まれています。

「ルシタニア」とあるのは、ドイツ海軍潜水艦「U-20」に攻撃されて沈没、1198人の犠牲者が出たルシタニア号事件（15年）のことで、孤立主義を取っていたアメリカの参戦に大きな影響を与えたといわれます。しかしそれ以上に、多くの兵器をイギリス、フランスへ提供していたアメリカが、両国の敗北による武器代金の回収不能を恐れたためといわれています。

この時からアメリカは、軍需産業を軸足に置いた国家になったといえます。T型フォードの発売は08年でしたが、自動車産業と並んで軍需産業の存在も大きくなっていました。

横浜では18年11月に戦勝パレードが行われ、外国人墓地では戦没者慰霊のため記念門（現在の門）が造られました。22年の除幕式には、摂政時代の昭和天皇が訪英した返礼として来日したイギリス皇太子（エドワード8世）が列席しました。入口のモニュメントは、第1次世界大戦が横浜の外国人社会に大きな衝撃と悲しみを与えたことを伝えています。

＊米騒動と横浜

第1次世界大戦末期の1918年7月、富山県魚津町から米騒動が始まりました。大戦景気の日本経済は、シベリア出兵に伴う軍隊の米買い付けを見込んで米価が高騰し、また戦争での労働力不足で内地米の生産量が減少し、米騒動は全国500カ所以上に拡がりました。

以前から格差拡大が社会問題化しており、横浜では19年8月15～18日に横浜公園や伊勢佐木町に群衆が集まり、暴動となりました。シベリア出兵の碑は磯子区日枝神社に「西比利亜軍出征記念碑」「西比利亜軍凱旋記念碑」（20年）があります。

鶴見・総持寺の船員追悼碑

シベリア出兵碑（磯子区日枝神社）

「日独戦役」碑（神奈川区一宮神社）

＊戦争で生まれ、飲み込まれたビール

以前「横浜といえばキリンビール」という広告を見かけました。それは1869年、山手でノルウェー系米国人コープランドが「スプリング・バレー・ブルワリー」を創ったのが日本のビール製造の起源だからです。経営が代わった「ヨコハマ・ビア・ブルワリー」がキリンビールの始まりで、鶴見区生麦のビア・ビレッジには「スプリング・バレー」というビールがあります。

14年に第1次世界大戦が始まると、欧州支配下の東南アジア市場に日本企業が進出し工場の新設、増設を競って行いました。ビール業界は大戦を機に、既存４社の出荷量が伸び、16年には前年比37％増となりました。大戦は「ビール界の飛躍的発展」（『麒麟麦酒株式会社五十年史』）を促したのです。また、アメリカの禁酒法成立（19年）前に設備処分の動きがあり18年、日英醸造（鶴見）はこれを安価で購入しました。同社はカナダのカスケード・ビール社と提携し中国方面の販売権を継承しましたが、関東大震災でビール需要も減少し、28年には寿屋（現サントリー）に買収されます。そこで販売された「オラガ・ビール」は業界の協定に入らず低価格、かつ当時「おらが大将」と呼ばれた田中義一首相の口ぐせにちなんだネーミングが受け、3％のシェアがありました。

戦時体制が強まると、寿屋ビール部門はビール共販会社所有になり、43年に工場（元宮2丁目）は閉鎖、倉庫として使われました。壁面には空襲の弾痕もありましたが、2008年に取り壊されました。

＊生活協同組合の始まり

資本主義経済は一方で格差を拡大させます。空想的社会主義と呼ばれたオーウェンの影響から1844年、イギリスのロッチデール公正開拓者組合が結成されます。これが生活協同組合の源流です。

79年、東京などでの消費組合は長続きしませんでしたが、格差が拡大すると高野房太郎（長崎出身。Y校卒、横浜講学会）は98年、鉄工組合を対象に中区翁町に共働店を設立しました（のち東京へ）。1900年に産業組合法が制定されると、共働店は急速に増えました。現在の生協はそうした成り立ちや、食の安全が資本主義経済のあり方と関わるという考え方から、平和・人権活動にも力を入れています。賀川豊彦が「生協の父」といわれています。

＊日用品市場

1918年の米騒動時、横浜市は急きょ10カ所に「白米廉売所」を設けて、混乱を防ぎました。その後「日用品小売市場」を開設、震災後に最大27カ所になりました（現在は民間のみ）。

旧日英醸造（取り壊し）

「オラガ・ビール」ラベル

浜マーケット（磯子区）

8. 関東大震災と横浜

(1) 関東大震災の発生

1923（大正12）年９月１日、相模湾北西沖を震源として起きた関東大地震（M7.9）は、東京や神奈川、千葉を中心に建物倒壊・火災・津波で多くの被害と犠牲者を出しました。犠牲者は計10万5385人で、そのうち神奈川県は3万2838人、横浜市は人口約44万人のうち2万6623人が、東京府では人口約225万人のうち7万387人でした（諸井孝文・武村雅之）。地震発生時刻は午前11時58分、昼食の準備時間帯で火災が拡大しました。横浜では埋め立て地の地盤の弱さや、レンガ造りの西洋建築が耐震構造ではないことから、罹災率は90%（東京は約60%）でした。市街地では約10万世帯のうち20%が倒壊しました。

横浜は全市域がほぼ壊滅状態となり、外部との交通路は分断されて孤立し、救援の手はすぐには届きませんでした。県警幹部は徒歩で東京の内務省へ報告に向かいました。都市部でもアクセスがなければ現状把握は困難です。

市民は火災から逃れようと川に飛び込んだり、丘を登りましたが、酸欠で息絶えていきました。また朝鮮人暴動の流言が拡がり、虐殺された遺体が路上に並び、武器を持つ自警団が人々を脅かしました。2日深夜に最初の救援隊が着き、3日には県全体に戒厳令が出ましたが、混乱は収まりませんでした。Ｍ７以上の余震は1日だけでも6回を数えるほどの震災だったのです。

横浜の惨状を最初に伝えたのは、大桟橋に停泊していた「これや丸」の通信技師でした。12時30分に銚子無線電信局、21時20分には潮岬無線電信局への発信に成功しました。また電信を受けた磐城無線電信局長がサンフランシスコへ送信し、全世界に発信されました。気の早い新聞は「首都沈没」、横浜「壊滅」などと速報しました。また「不逞鮮人凶暴」（北海タイムス）などの誤報も流されました（現在、この誤った記事を使ってネット上で「当時朝鮮人が悪行をした」という情報があり、要注意です）。そして１カ月以上も報道管制がしかれました。

『横浜貿易新報』を初め新聞各紙は発行不可能になったため、横浜市は９

一部焼失した赤レンガ１号倉庫

「横浜大地図附大正十二年大震災火災区域」（L）

月11日付からタブロイド版で『横浜市日報』を毎日無料配布するという努力を続けました。

(2) 関東大震災の被害

震災での横浜市の被害者は、前述のように2万6623人とされますが、横浜市内の地区別犠牲者を見ると、今井清一による「警察署別震災罹災人口」では中心部だけでなく南区も多く、それは追悼碑の多い場所と重なります。

横浜正金銀行本店では、避難民約200人を入れて扉を閉めたものの、明かり取りから火が入りドームを焼失しました。建物に入れなかった約140人は外側で焼死しました。隣に立つ川崎銀行横浜支店は火災を耐え、近年の再建工事で表面だけ復元されています。横浜公園に集まった約６万人は難を逃れました。火の手が迫って来たとき、水道管が破裂して公園が水浸しになったのです。大木が多いことも幸いして人々は熱気に耐え、命拾いしました。東京の両国駅北にある被服廠で約４万人の避難民が焼死したのとは対照的でした。

神奈川県の横浜在留外国人罹災調査では、死者1789人・不明1109人（中国1541人、ロシア87人、イギリス44人、アメリカ39人、インド28人、フランス11人など）で、市内にあった26の領事館も倒壊、焼失しました。

横浜駅方面に注ぐ帷子川中流域も揺れが激しく、富士瓦斯紡績保土ヶ谷工場では防火壁の倒壊で454人の工員が、高島町の東京電気横浜支店では68人が死亡しました。掃部山の井伊直弼像は25度向きを変えたといいます。

この惨状にどのような救援活動が行われたのでしょうか。飲料水確保のため、まず港内船舶から給水が行われました。また横浜は切通しで湧水が多く、それが多くの命を救いました。初動は

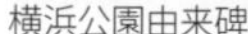

横浜公園由来碑

中華義山震災犠牲者碑

霊泉の由来（南区打越）

	震災前人口	死者	行方不明者	負傷者	全壊家屋	全焼家屋
加賀町署	26,621	7,060	706	10,380		5,573
伊勢佐木署	74,655	12,153	2,100	20,449	997	14,590
戸部署	105,125	1,007	301	2,567	1,939	15,226
寿署	114,504	2.072		3,612	2,773	17,873
山手本町署	56,887	631		1,040	4,110	3,820
神奈川署	54,722	207	76	3,105	1,296	1,119
横浜水上署	6,240	309		900	沈没 500	800
合　計	438,755	23,440	3,183	42,053	11,615	58,981

表 ：今井清一『横浜の関東大震災』から著者作成

困難を極めながら、近隣から徐々に軍隊が到着しました。新山下の海岸から艀（はしけ）で被災者を軍艦に乗せる避難も行われました。

9月5日には大阪府主導で震災救護関西府県連合が結成され、共同で資材調達・輸送が行なわれました。南区の中村町衛生試験所跡には仮病院と、「関西バラック村」と呼ばれた1000人収容の応急住宅が建てられました。多くの職人を動員して木材をすべて大阪で加工し、横浜では組み立てるだけにしました。6日にはチャーター船で大工たち、13日に資材が送られ、暴風雨のなか17日に到着しました。26日には完成し、仮病院は10月1日から開院するという素早さでした。3カ月間で3万人を診察したといいます。移民問題で対日感情が悪化していたアメリカでも、救援活動のための寄付が集められ、14日にはアメリカ救援団が寄贈した野戦用テントで病院が作られました。

幕末以来、発展してきた横浜は関東大震災で壊滅的な被害を受け、のちの横浜大空襲とともに都市横浜に大きな試練を与えました。この震災では、地震被害や復興も重要ですが、警察や自警団などによる朝鮮人虐殺事件を知ることがことが欠かせません。それはこの出来事が当時の日本の社会構造を反映した事件であるからです。私たちはこの出来事から、日本社会での人命軽視や差別意識を認識し、同じことを繰り返さないよう学び続けるべきですね。

Around Yokohama

東京の震災記念館と横浜の震災記念館

JR総武線両国駅の北側に、東京都慰霊堂が建っています。伊東忠太設計のこの建物は、見る角度によって神道風、あるいは仏教風に見えるのですが、実際は無宗教の施設になっています。同じ敷地内に建つのがやはり伊東設計の震災記念館です。焼け焦げたトタン板、溶けた自動車など、屋内外に大震災の遺物が数多く展示されており、被害をリアルに感じることができます。かつては横浜にも野毛に震災記念館が造られました。

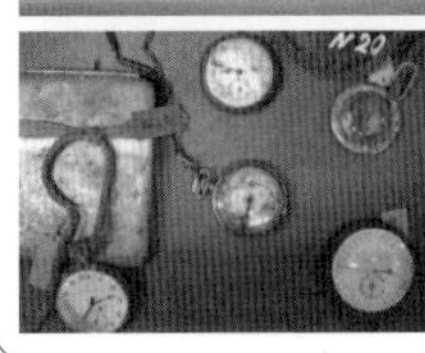

大震災横死者碑（元町・現存せず）

「関西村滋賀通り」（L）

9. 朝鮮人たちの虐殺

（1）虐殺の始まり

関東大震災では6000人以上、横浜だけでも約2000人近くの朝鮮人が殺害されたといいます。「朝鮮人が放火した」「井戸へ毒を入れた」「集団で来襲してきた」という流言は、どのような経過で急速に拡がったのでしょうか。

横浜での流言は、早くも地震のあった１日夜に起きました。午後7時頃、避難民の多い山手本町署に「中村町や根岸町相沢町方面から朝鮮人200人が襲来、放火や井戸に毒を入れた」など流言が伝わりました。翌2日10時頃には伊勢佐木町署管内に拡がります。中心部から保土ヶ谷、神奈川方面へ移動する避難民の中には朝鮮人労働者がいて、彼らに危害が加えられ始めました。当初、警察は流言をデマとして、朝鮮人への暴行を抑えようとしましたが、逆に民衆は反抗的態度をとる場合もありました。なぜでしょうか。同日20時頃には多くの避難民が集まった横浜公園にも流言が伝わり、警察も出動しました。こうして流言は市内各所から、拡大していきました。

東京では、流言は２日午前中より伝わり始め、軍や警察もこれを信じ厳重取り締まりを命じました。午後には内務省警保局長が「朝鮮人が爆弾を所持し放火…厳密な取り締まりを…」と各地方長官に発信しています。公的機関からの朝鮮人に関する流言を信じ込んだ軍隊、自警団は朝鮮人を迫害し、虐殺に走ります。自警団は消防組・在郷軍人分会・青年団などを中心に組織され、日本刀・竹槍・猟銃などを集めて武装し、通行人に尋問して、朝鮮人のようだと虐殺していったといいます。

２日午後になって戒厳令が出されました。軍部は流言が事実かを確認していませんでしたが、戒厳令は警官や軍人の危機感を高め、また民衆の暴走につながります。埼玉県本庄警察署（４日）や群馬県藤岡警察署（５日）では、民衆が警察に保護された朝鮮人に対し、制止も聞かず集団虐殺を行いました。

また３日まで、軍や警察が朝鮮人殺傷をしていたことが、東京都公文書館所蔵「関東戒厳司令部詳報」の「震災警備ノ為兵器ヲ使用セル一覧表」で確認されています（内閣府中央防災会議「災害教訓の継承に関する専門調査会報告書」第2編／2008年）。

3日の三浦郡長の各町村長宛通知「不逞鮮人に関する注意の件」は状況を悪化させました。多くの人々が脅され、流言蜚語もやまず、凶器を持ち歩く者も多かったようです。6日に他から軍隊や食糧が到着して落ち着いてきましたが、港ではまだガスタンクが炎上を続けていました。

当局は鎮静化の一方、虐殺への風あ

Around Yokohama
旧本庄警察署（現歴史民俗資料館）

たりを恐れてか、混乱を社会主義者による扇動とし、また自警団員を大規模に検挙します。さらに朝鮮人に「不逞」な動きがある、と朴烈や金子文子（横浜出身。幼少時に朝鮮半島で生活）など不逞社のメンバーに皇室反逆計画の疑いで死刑判決を出し、責任逃れに走ります。

震災では中国人も犠牲になりました。横浜での中国人虐殺は、東神奈川での証言（保阪正康）があります。東京では社会主義者が警察に殺害されました（亀戸事件）。しかし真相は隠蔽され、国家レベルの報告書は作成されず、研究者によって追究されているのみです。

（2）流言拡大の時代背景

なぜ「朝鮮人が井戸に毒を投げ込んだ」といった流言が拡がったのでしょうか。背景には、第1次世界大戦後の民族自決の動きから、日本の植民地支配に抵抗した1919年の3.1独立運動（朝鮮）、5.4運動（中国）があります。前者の発端は、東京での2.8独立運動でした（御茶の水ＹＭＣＡに記念碑・資料室あり）。またロシア革命に乗じたシベリア出兵（17～21年）では、軍の食糧調達に便乗した米価つり上げで米騒動が起きました。日本は不足する米を朝鮮半島での増産に求めたので、朝鮮の小作農民は困窮化し、日本に出稼ぎに来ざるをえなくなりました。彼らの賃金は安かったために、大戦後不況（20年）の頃から職を奪われた日本人から反感が出ました。現在の移民排斥問題との共通点です。同時期、安い賃金で働いている、と日本人移民に対してアメリカで「排日移民法」が成立しました（24年）。日本に移動せざるをえなかった朝鮮人、アメリカに移動せざるをえなかった日本人がともに反感を受けた歴史は、立場の弱い人々が移動した場所で同じように差別・排斥される構造を教えてくれます。

また震災前から原敬内閣は大正デモクラシーの高まりに対し、「自警」名目で地域有力者と在郷軍人会、青年団などを結合させた組織化を始めていました。神奈川県下では22年頃から流入人口が多い地域を手始めに、こうした管理化が進んでいました。

震災前の23年2月には、西区高島町で日本人労働者と中国人労働者との乱闘事件が起きました。コークス会社での中国人の使役に日本人が抗議したのに、会社側が無視したのが発端でした。会社側は中国人労働者を制限すると、海外の日本人移民に影響すると考えたようです。立場の弱い同士が対立せざるをえない構図がここでも現れます。また、日本人には朝鮮半島での植

関東大震災韓国人慰霊碑（宝生寺）

Around Yokohama

亀戸事件碑、2.8 独立宣言碑

民地支配が過酷であるという自覚から、「報復された」という思考回路が働いたとも考えさせられます。

(3) 流言発生の実際

流言の発生は「デマ」だけではなく、政府側の意図的なものという説もあります。9月1日、摂政・裕仁(のち昭和天皇)は翌日の内閣総理大臣親任式後に箱根訪問の予定があり、内務省や警察は朝鮮人運動家の「保護検束」を指示していました。内務大臣水野錬太郎・警視総監赤池濃は、朝鮮総督府で3.1独立運動の弾圧を担当していました。今井清一は「官憲作為説」を、確実な資料はないが水野と赤池が朝鮮人暴動の流言を戒厳令に利用したと指摘し、また流言の急激な拡大は、「政府中枢から警察、軍隊、地域のリーダーに至るまでこの流言を真実と信じ込み、政府の機構を通じて伝達し、行動したからであり、このことは、多くの研究者の一致した見方」としています。政府が事件後に調査・報告をしなかったことがいまも諸説が存在する理由といえます。

今井は朝鮮人虐殺の最大の原因を「警察警戒原因説」としています。警官が「朝鮮人が略奪に来るかもしれないから注意せよ」(と避難民に気合いを入れた)と言い回っていたと記録にあり、横浜はこれに当たるとしています。

今井はこのほか「略奪原因説」(徒党を組んだ避難民の食糧略奪が、朝鮮人の仕業と誤って伝わった)や、「不逞日本人説」(神奈川警備隊司令官・奥平俊蔵の自伝に、朝鮮人などのせいにして騒擾を起こし、略奪したりする日本人が多いとある)をあげています。

(4) 虐殺の記録

朝鮮人虐殺のデータ(神奈川県内)には、金承学が在日留学生グループと調査した1162～2000人という数字があります。金は、上海の大韓民国臨時政府機関紙『独立新聞』社主でした。東京帝大教授だった吉野作造も、朝鮮人学生と独自に調査をしました。06年、吉野は「御雇外国人」として中国へ行き、袁世凱長男の家庭教師となり、対華21カ条の要求(15年)時、日本人顧問導入を主張していましたが、なぜ調査に取り組んだのでしょうか。5.4独立運動や留学生との交流があったからでしょうか。震災翌年、吉野は大学を辞して朝日新聞社で言論活動に取り組みますが、枢密院批判の講演が問題視され退社しました。政治の圧力を受けながら、調査で虐殺と向き合う姿勢が見えてきます(データは公表できなかったが2.8独立宣言資料室に記録あり)。吉野は『中央公論』で「世界の舞台に顔向けの出来ぬ程の大恥辱ではないか」と述べ、朝鮮統治の失敗で朝鮮人が不満を持っていると国民が自覚していたから流言が信じられた、と分析しました。

＊神奈川県内の朝鮮人虐殺の調査(金承学)

川崎4人、鶴見町7人、浅野造船所前広場48人、神奈川署内3人、御殿町40人(吉野40余人)、新子安町10人、子安～神奈川駅150人(吉野159人)、神奈川鉄橋(青木橋) 500人(吉野500余人)、保土ヶ谷町31人、井土ヶ谷町30人、戸部30人、浅間町40人、久保町40人(吉野30余人)、水道山・掃部山30人、根岸町35人、土方橋～八幡橋103人、中村町2人、山手町埋地1人、山手本町警察署立野交番前2人、若尾別荘付近10人(吉野10余人)、戸山、鴨山(鷲山?) 30人、本牧32人(吉野なし)、金沢村12人、茅ヶ崎町(停車場前2人)　合計1162人(吉野1129人余)

10. 震災の痕跡を歩く

(1) 犠牲者はどうなったか？

震災後、何日も放置されていた朝鮮人の遺体は、1910年代から横浜に住んでいた李誠七が大八車を引いて、埋葬・慰霊を地道に行いました。1周忌の追悼会は引き受け場所がない中、神奈川県大震災法要会が聞きつけ、宝生寺（南区）で同会主催の法要に先立ち実施され、知事や市長の追悼文朗読もありました。あまりの惨状にせめて法要を、と気持ちが動いたのでしょうか。

朝鮮は植民地のため自国民扱いされ、犠牲者数の調査や対処が外交問題になりませんでした。日本人による本格的な研究は、横浜の研究者・斉藤秀夫「関東大震災と朝鮮人騒ぎ」『歴史評論』1958年11月号が最初でした。

中国は調査団を派遣し、事実を調べて日本政府に抗議しました。調査では殺害された中国人は84人で、地域的に朝鮮人虐殺地と重なっていました（伊藤泉美）。しかし日本側がこれを隠したため、中国での救援募金運動は停滞しました。

(2) 多く残る大震災の傷跡

横浜では現在も関東大震災の遺構が残っています（p.84 表参照）。観光で歩くコース上にも痕跡が多くあります。近代の横浜の歴史を語る上で、「ヘイト」を許さず、大地震の可能性がある中で減災の観点からも、大震災の遺構を歩く今日的意味は大きくなっています。

❶横浜北部（鶴見、港北、神奈川区など）

鶴見地区は中心部と比べて、家屋倒壊は多くありませんでした。しかし、工業地帯には多くの朝鮮人が労働者として住んでいて、流言が拡がり朝鮮人に危害が加えられ始めました。こうした混乱の中で彼らを守ったのが、当時の鶴見警察署長・大川常吉です。大川は日本人に襲われそうになった朝鮮人を署内に保護し、地元の有力者と話し合って、彼らの命を守りました（後述）。大川常吉の墓のある東漸寺（潮田町3丁目）には、1953年建立の「故大川常吉氏之碑」があります。

神奈川区では三ツ沢中町の空き地に殺された朝鮮人の遺体が積み上げられたあと、三ツ沢共同墓地の行旅死亡人を葬る大きな穴に入れられました。この様子を見た、近くに住む村尾履吉（予備役の海軍大佐）が、宝生寺での1周忌法要会のあと小さな木塔を建てました。そして李誠七たち朝鮮人と三ツ沢共同墓地にある陽光院で追悼会を行ないました。村尾はその後神奈川県内鮮協会評議員として「内鮮融和」運

住吉神社（青葉区）

敬慕碑（三ッ沢墓地）

菊名・蓮勝寺の関連碑

動に加わりました。33年には共同墓地内に２坪の墓地を買い取り、納骨塔を建てました。「弔魂」と刻まれた碑には「無名ノ士民」へ「尺寸ノ土地」に「貧者ノ一燈」という謙虚な文面で、「鮮民内地ノ文化ニ憧レテ日ニ月ニ滋渡来ス偶客死シタル」という文面があります。この文の前には、「天皇の慈悲で」という意味内容が9文字分あったそうです。文言だけ読めば、村尾がこの頃内鮮融和の活動をしてきた表れとも読み取れます。あるいは木塔を建てて追悼会を開いた村尾が、この時はこのように表現せざるをえなかったのでしょうか。この９文字は47年の移設時に削られました。

46年に亡くなった村尾への恩返しとして、墓地には李誠七らにより彼の墓が建てられました。村尾は、自分の遺骨を５年間自宅に置いた後、朝鮮人共同墓地に葬るように言い遺しましたが、李は村尾に敬意を表して朝鮮人墓地を移して、彼の墓を建てました。７回忌には村尾への「敬慕碑」も建てられました。碑には県知事や市長の「参同」があったと刻まれています（97年、養女の墓と一緒に新装された）。

村尾の墓ができて、三ツ沢の朝鮮人の墓は47年、港北区の蓮勝寺（菊名５丁目）と東林寺（篠原町）に移葬されました。蓮勝寺には「納骨塔」「弔魂碑」が移され、「改葬記念碑」（47年）、「韓国人墓地改修記念碑」（89年）が建っています。「改葬記念碑」の裏面には「村尾君の温情と李君の義挙」とあります。（後藤周）。

村尾の7回忌「敬慕碑」は52年5月、大川署長の碑は53年3月に、どちらも在日韓国・朝鮮人によって建てられた感謝の碑ですが、同じころ横浜では「学校事件」（横浜の中華学校で大陸系の生徒が排除された／52年）もありました。碑の建立の背景に冷戦構造があった可能性も考えられます。

当時の小学生の作文

「(2日昼) 中村橋の所へ行くと大勢居るから行って見ると朝鮮人がぶたれて居た。こんどは川の中へ投げ込んだ。すると泳いだ日本人がどんどん追いかけて来て両岸から一人ずつ飛込んでとび口でつっとしたら、とうとう死んでしまった。」

後藤周「震災作文に学ぶ」全朝連HP

❷横浜中心部（西区、中区など）

中区・西区地域では、幕末の造成地に耐震を意識していないレンガ造り建造物が多かったため倒壊し、火災で大きな被害が出ました。

西区には、久保山墓地の入口に横浜

「横浜の罹難民の状況」（L）

横浜市合葬墓・無縁仏塚（久保山墓地）

市が造った「横濱市大震火災横死者合葬之墓」と、無縁仏塚があります。石碑の裏には犠牲者のうち3300人以上を身元が分からないままに火葬にしたと刻まれています。すぐ横には個人が建てた朝鮮人慰霊碑があります。裏には「昭和49年九月一日　少年の日に目撃した一市民」と刻まれています。建立したのは、幼少時に久保山へ避難途中に虐殺された朝鮮人の遺体を見た方です。この時の強烈な記憶から市に慰霊碑建立を求め、74年には自ら慰霊碑の建立を決意し、市有地への設置が認められました。このほか久保山墓地内にはいくつか碑と墓があります。

高島町にあった2代目横浜駅（東急東横線旧高島町駅の場所）は、震災で廃止されましたが、2002年にマンション工事で遺構が発見され、その一部を見ることができます。願成寺（西戸部町）には慰霊碑や焼け残った地蔵があるほか、市営バス浅間町車庫横には鄰徳尋常学校の倒壊で亡くなった学校創設者「木村担乎先生終焉之地」碑があります（大仙寺には「故木村先生頌徳碑」も）。鄰徳学校は、貧困で就学できない子供たちのため帷子小学校教頭・木村担乎が職を辞して、退職金を投じて作った学校です。この時期、資本主義の発達による諸矛盾の影響を受けた子供たちを救済しようと、学校がいくつか作られました。木村は不幸にして震災でその志を断ち切られてしまいました。近所の浅間神社には震災時に落ちた鳥居の上部部分が参道横に置いてあります。

中区本町通り沿いの遺構を見てみましょう。現在の神奈川県立歴史博物館（弁天５丁目）は当時、横浜正金銀行本店でしたが立派なドームを焼失しました（復元は67年）。横浜地方裁判所は北仲通にあって、建物の倒壊で94人の犠牲者が出ました。震災後移転した現在の地裁の前に碑が立っています。

また通称「ジャックの塔」と呼ばれる開港記念横浜会館も内部が焼失しま

少年の日に目撃した一市民碑

２代目横浜駅跡

願成寺地蔵尊

木村担乎先生碑

浅間神社の壊れた鳥居

横浜地裁慰霊碑

開通合名会社遺構

したが、補修、再建されました。塔の部分を見ると色の異なるレンガの部分が見分けられます。これが修復した部分です。近くには2015年に発見された関通合名会社の建物外壁が保存されています。

新港埠頭の赤レンガ倉庫は2棟ありますが、建物の長さが異なるのは、1号倉庫の3分の1が焼失・崩壊したからです。隣にあった税関事務所は崩壊しましたが、倉庫改修時に土台部分が発見されて、花壇になっています。

中区では多くの西洋建築が崩壊したため、処理に困ったガレキは山下町海先に集められ、山下公園が造成されました（1930年）。公園内には“The Earthquake Fountain”と刻まれた「インド水塔」があります。水塔にはインド人からの感謝が記されていますが、インド人も炊き出しをするなど、日本人を助けました。横浜は経済的にもインド人を必要としており、地元企業や神奈川県、横浜市が彼らの店舗や住居整備を行いました。

山下公園前の海岸通りには震災でも前面が焼け残った現・戸田平和記念館、マリンタワー下には、震災時にあったカナダ大使館が倒壊したことを伝える説明板があります。

中華街も震災で壊滅的な被害を受けました。2005年、媽祖廟建設現場で震災時のレンガ、陶器類が発見されました。そこで鐘楼・太鼓楼の袴部分に約1000枚のレンガを活用しています。隣の山下町公園は震災まで清国領事館があった場所でした。

港の見える丘公園への坂を登って山手地区へ向かうと被災したフランス領事館のメダリオン、風車の土台、谷戸坂の追悼碑があります。

外国人墓地には門の右側に追悼碑があるほか、フェリス女学院で犠牲になったカイパーのお墓があります。その先、山手通り沿いにあるエリスマン邸の隣には、崩壊した80番館の遺構が残されています。

旧税関事務所遺構

「本町通り（横浜正金銀行周辺）」（R）横浜市史資料室所蔵資料

現戸田平和記念館

10．震災の痕跡を歩く

元町から山手へ百段階段を上ると浅間神社がありましたが、震災で崩れてしまいました。当時の写真が元町では元町百番館ビルに、山手側では百段公園で見ることができます。

石川町駅近くの大丸坂には地蔵尊が、本牧の妙香寺、天徳寺や根岸共同墓地、根岸外国人墓地（山手駅）には外国商社での犠牲者と思われる人々の碑があります。山手の尾根道を西へ行った地蔵王廟（中国人墓地／大芝台）にも震災の痕跡や犠牲者の碑、墓があります。

三渓園内ではタゴールが滞在していた松風園の崩壊遺構が発掘されました。

❸横浜周辺部

横浜市内で震災関連の慰霊碑が中区に次いで多いのは南区です（市外では横須賀や湘南地区に多い）。この地域には横浜港での労働者が多く住み、中村川から船で港へ出ていました。生活状況が厳しく、密集した家屋の倒壊・火災による犠牲者が多かったと思われ、中村町から上る蓮池坂に碑があります。

現在の相鉄線天王町駅近くにはビジネスパークのビルが建ち、工場風のデザインが施されています。かつてこの地では珪砂（けいさ）が取れたので1980年代までガラス工場などが稼働していました。この地にあった富士瓦斯紡績保土ヶ谷工場では、454人という犠牲者が出ました。跡地の北西にある東光寺墓地には、犠牲者の墓が工場のあった場所を見おろすようにして立っています。主に東北地方出身の女工たちが葬られており、遺骨の引き取り手がなかったので東光寺の住職が引き受けたそうです。沖縄出身の人が働いていた川崎の富士紡績も犠牲者が多く、出稼ぎの人たちが犠牲になってしまう構造がみえてきます。

一方で地盤が強固そうな戸塚区でも震源に近いため、地域の半数以上の家屋が全壊しました。特に戸塚・川上・本郷・中和田では７割以上が被災し、養蚕業、地域の名産物であった養豚飼育にも大きな打撃となりました。

金沢区の龍華寺には「震災横死漂流者供養塔」があります。震災後に海岸に漂着した遺体が多かったことから建立されたものです。神奈川区子安にも朝鮮人の「白骨」が暴風の影響で多数

山手 80 番館跡

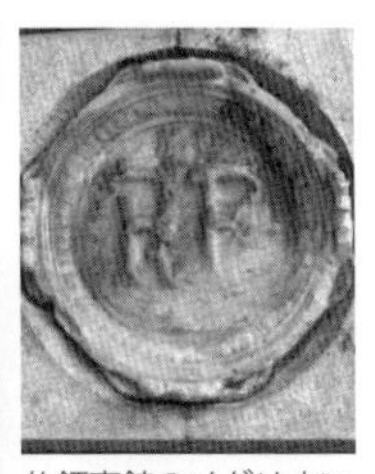

仏領事館のメダリオン

谷戸坂碑

昔の百段階段

大丸谷坂地蔵尊

打ち上げられた、と当時の新聞は報じています（「やまと新聞」1924年2月10日付）。

公式記録がない中でも震災の様子、証言、また朝鮮人虐殺の記録はあります。横浜では2004年、児童の作文（「南吉田第二尋常小震災記念綴方帖」）が発見され、分析の成果で、生々しい状況を知ることができます。

震災被害の多い場所は、今後の地震の被害地と重なる可能性があります。100年近く経った大震災ですが、過去を振り返り、そこから学ぶことは現代的課題です。

Around Yokohama
中国人留学生の震災招魂碑
（東京都文京区麟祥院）
横浜での犠牲者が多い。

根岸外国人墓地碑

九六館横死者墓

蓮沼坂追悼碑（左手前の白い車の前）

三渓園松風園跡

富士紡績追悼碑（東光寺）

漂流者碑（金沢区龍華寺）

11. 朝鮮人を守った人たち

関東大震災で軍や警察も関与した朝鮮人虐殺が行われる中、彼らを守った日本人もいました。前述した鶴見警察署長・大川常吉は、群衆に取り囲まれた朝鮮人を警察署に保護し、それでも署を取り囲む人々を追い払い、横浜港から船に乗せて300人余を救いました。大川は鬼気迫る民衆を前に、どのように朝鮮人を守ったのでしょうか。

> 「神奈川県警察史」によれば…2日の夕方、4人の男たちが井戸を見つけて喉を潤わせていたところ、警戒中の自警団が「朝鮮人が瓶の中の毒薬を井戸に入れた」と騒ぎだした。そして男たちを鶴見署へ連行した。警察は取調べ後、自警団に「この男たちは中国人だ。瓶は毒薬ではない」と大川署長は説明したが、自警団の者たちは聞き入れず「瓶の中味は毒だ」と言い張った。そこで、大川署長は、「それならば、私がこの瓶の水を諸君の前で飲んで見せよう」と言って瓶の水を飲んでみせた。だがその後も、事態は収まらず、警察に助けを求めて来る朝鮮人、自警団や一般の人たちに連行されて来る朝鮮人たちを、署長はひとまず総持寺の境内に収容して保護した。9月3日になると、自警団は武器を持ち総持寺に押しかけたので朝鮮人を警察署に移した。ところが千人あまりの群衆が警察を包囲、暴徒化の様相を呈した。署長は、いきりたつ群衆を前に、「諸君らがそれまで言うならば、朝鮮人を殺すまえにまずこの大川を殺せ」と一喝、群衆の前に大手を広げて立ちはだかった。体を張って訴える大川署長の態度に、群衆もようやく引き下がった、という。
> （佐々木勝男『近代神奈川の史話31選』）

地元の名望家、佐久間権蔵は鶴見に生まれ、味噌醸造業を営みながら県会議員を務めました。『佐久間権蔵日記』は9月３日、鶴見と潮田その他の朝鮮人約200余人が「いずれも親方ある集団にて至極温良のもの」であるが東京や横浜で「不逞鮮人」という流言があるので、大川署長に会い、「工場にいる朝鮮人は温良であるが、一内地人すなわち町の人と衝突するやもしれず…この際は東京方面に送り出したい」と記されています。憲政会代議士・小野重行も警察で当分保護すべきと進言します。日記欄外に「果たして鮮人がこのような悪事をするのか的確な証なし」と記しています。ほかにも町議や地元有力者が警察署にやってきます。大川は県の意見も聞きましたが、「朝鮮人を退去させるのは不賛成」と言われ、しばらく警察署２階に保護します。今井清一は「鶴見で朝鮮人が無事保護されたのは大川署長の熱誠が大きくものをいっているが、同時に地域のリーダーたちが民衆と署長との間で緩衝的な役割を果たして民衆の暴発を防いだことも見逃せない」と指摘しています。ただし、その後朝鮮人たちは軍の雑役にかり出されました。

> 故大川常吉氏之碑
> 関東大震災当時流言蜚語により激昂した一部暴民が鶴見に住む朝鮮人を虐殺しようとする危機に際し当時鶴見警察署長故大川常吉氏は死を賭して其の非を強く戒め、三百余名の生命を救護したことは誠に美徳である故私達は茲に故人の冥福を祈り、その徳を永久に讃揚する
> 一九五三年三月二十一日
> 在日朝鮮統一民主戦線鶴見委員会

横浜駅近くにある神奈川学園中学・高校のホームページには、初代校長・佐藤善治郎の体験が紹介されています。

> 大震災直後に本校に避難した人々の中にも、少なからず朝鮮人がいた。無警察状態の中で本校周辺にも自警団が組織され、佐藤校長に引き渡しを要求してきた。この時、校長は彼らを寄宿舎の押し入れにかくまい、最後までかばい通した。自伝において大震災を回想した箇所で、彼が「死生の巷に出入りしたことが幾度かあった」とさりげなく書いているのは、このことを指す。彼自身、「朝鮮人を出せ」と日本刀で脅迫されたのである。この時命が助かった人々から、以後も長い間毎年9月1日になると、感謝の贈り物が届けられた。
> （2010年6月13日《100年の足跡》
> 関東大震災と創立者佐藤善治郎先生）

こうした話は、横浜市内だけでもいくつか伝えられています。例えば中村町木賃宿の主人、井土ヶ谷の染物屋、潮田町の土木請負業が朝鮮人を守ったと記録にあります。保土ヶ谷区字峯小坂の大工小屋、港北区篠原町の東林寺の竹やぶにかくまわれた人もいます。

また川崎署や戸部署の警察官で朝鮮人を守った者もいるといいます。（西坂勝人）。朝鮮人が守られた地域は、普段から彼らと付き合いがある場所が多いようです。流言蜚語があっても、草の根レベルの信頼が存在していたといえます。自分たちが作りだした差別や「線引き」（ラベリング）を信じる人と、日頃の関係で自ら判断した人との違いが表れているのでしょう。1970年代以降の経済のグローバル化は人々の「コミュニティ」を分断すると指摘されており、移民排斥や虐殺の動きと共通します。内閣府中央防災会議の「災害教訓の継承に関する専門調査会報告書」第2編（2008）ではこう指摘されています。

> 2日午後以降に発生した広範な朝鮮人迫害の背景としては、当時、日本が朝鮮を支配し、その植民地支配に対する抵抗運動に直面して恐怖感を抱いていたことがあり、無理解と民族的な差別意識もあったと考えられる。歴史研究、あるいは民族の共存、共生のためには、これらの要因について個別的な検討を深め、また、反省することが必要である。一方で、防災上の教訓としては、植民地支配との関係という特殊性にとらわれない見方も重要である。時代や地域が変わっても、言語、習慣、信条等の相違により異質性が感じられる人間集団はいかなる社会にも常に存在しており、そのような集団が標的となり得るという一般的な課題としての認識である。

虐殺の議論には、上掲の報告書に、「官憲、被災者や周辺住民による殺傷行為が多数発生した。武器を持った多数者が非武装の少数者に暴行を加えたあげくに殺害するという虐殺という表現が妥当する例が多かった」とありますが、近年、関東大震災の朝鮮人虐殺をめぐり、歴史研究に基づかない、二重の人権侵害が起きています。

大川署長顕彰碑（鶴見区東漸寺）

小野重行碑（鶴見小野）

佐藤善治郎像（神奈川学園）

12. 復興に立ち上がった横浜

(1) 横浜と震災復興

横浜では9月30日に「横浜市復興会」(原富太郎会長)が結成され、「大横浜計画」が策定されます(ただし、その後戦争へ向かう経済の中で縮小された)。震災前まで横浜では町人派と地主派が対立していましたが、復興にあたり一致して朝鮮総督府政務総監だった有吉忠一を市長に推しました。1927年6月2日には「大横浜建設記念祝賀式」が開港記念横浜会館で開かれ、有吉市長を中心に、市域拡張・大防波堤造成・工業地帯建設の三大事業が推進されるようになります。

また貿易活性化のため、外国人向けホテルが必要となり、横浜市が建設し、民間に賃貸する形でホテル・ニューグランドが27年12月に開業しました。名称は市民公募で、震災前にあった「グランド・ホテル」の印象が強かったのでしょうか。

29年4月23日には横浜公園で復興式典が開催され、以後しばらく開港記念日の6月2日に加えて、4月23日も横浜市の休日となりました。

関東大震災前から神戸も生糸の輸出港になり、震災時の11%から30年代には30%を超えました。絹織物に至っては1割から6割超となり、横浜を上回りました。横浜市は生糸関連輸出の激減と、米貨公債が円安のため債務が膨らみ、経済的な苦境に陥りました。

政府は、横浜が大反対した東京港開港と引き換えに、横浜市が抱えていた米貨公債の為替差損を立て替えたことで、市の経済状況はやや好転しました。

その後、日本の戦時体制化により重化学工業が発展し、横浜市は財政難から脱することになります。

南区南太田には、丘を南北に貫いて清水ケ丘と結ぶトンネルが通っています。28年に復興と水道本管敷設のために、水道施設として造られた大原隧道(全長254.5m)です。両側の出入口は、フランス積みで積まれたレンガと、花こう岩によるアーチで造られていて、2000年に保土ケ谷区岩井町の東隧道とともに、「横浜市歴史的建造物」に指定されました。また、震災で失われた多くの橋梁には、復興のシンボル的役割として再建した橋柱に様々な意匠をこらしました。

28年、浅野総一郎により鶴見埋立150万坪が15年の歳月を要して完成すると、用地拡大を求めていた大企業が東京から続々と移転して急速に臨海

花園橋橋脚(港中)

谷戸橋橋脚

大原トンネル

工業地帯が形成され、京浜工業地帯は日本最大の重化学工業地帯として発展します。32年には県営末広町埋立地（13万5000坪）、36年には市営大黒町埋立地（62万坪）などが竣工し、工業化はさらに進みました。港湾から原材料を工場へ直接運ぶ鉄道の引込線が張りめぐらされました。市内に下請けの中小工場による工業地帯が戸塚、新山下、金沢・富岡、横浜線沿線に形成されました。これは東京との近接性、海岸線の長さ、港湾設備などの条件があったからでした。

6大都市の人口増加率は30年代前半には横浜は最下位でしたが、後半にはトップとなります。横浜市はもともと明治末に工業都市化の方針を決めていました。そこに震災、「都市計画法」の適用、京浜工業地帯の整備・発展が重なりました。「大横浜」形成の段階です。

この頃から都市「横浜」の重心は伊勢佐木町から少しづつ横浜駅に移り始めます。各地からの鉄道乗り入れが本格的し、またアスファルト舗装が増えたことで、28年4月に開業した市営バスなどの自動車交通も展開されました。公園面積も約4倍に増えました。

しかし、そうした繁栄の恩恵は労働者には届きませんでした。むしろ労働条件は悪化し、待遇改善要求がおこります。また工場の煤煙や有毒ガスなどによる大気汚染、廃棄物による河川の汚染といった環境悪化と公害がひどくなっていきました。

人口集中も進み、東京のベッドタウン化が進みます。27年に50万人超だった人口は、市域拡張とともに43年には102万8000人と倍増しています。こうして横浜港は、商業港から商工業港へとシフトしていきます。

京急本社ビルのデハ236（1934年製造）

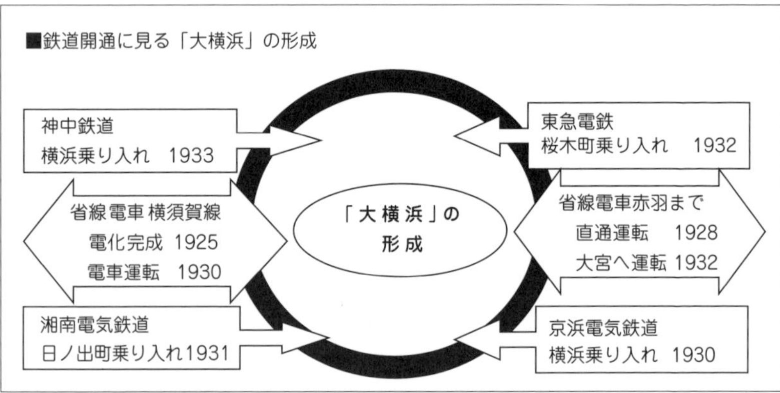

13. 総持寺から見える日本の近代史

総持寺は道元開祖の曹洞宗寺院として1331年、瑩山紹瑾により能登半島に建立されました。永平寺とともに曹洞宗の総本山です。しかし1898年の大火で伽藍を失い、1911年に鶴見に移転してきました。墓所には近代史に関わる人たちが眠っています。自由民権や第一次大戦、中国革命に関する石碑も建っています。

＊中国革命と総持寺ネットワーク？

総持寺には孫文たちに関わるネットワークが存在しました。曹洞宗総本山の天童寺が上海の南、浙江省にあることや、曹洞宗第8代管長で総持寺第4世・石川素堂が福岡・玄洋社（初期アジア主義者の頭山満主宰）の一員である武田範之（はんし）と交流があったことも一因と推測されます。武田は久留米藩士の養子になり関東自由党などと接点を持ちます。のち内田良平の黒竜会に加わって渡韓し、「日韓合邦運動」を促進しました。石川と武田の詳細な関係は不明ですが、こうしたつながりが中国革命の碑がある理由なのでしょうか。石川は社会事業として非行児童の更生にも関わりました（感化施設「薫育院」)。総持寺には「黄興君克強之碑」（18年)、「日本同志援助中国革命追念碑」（41年）があり、宝蔵館「嫡々庵」には孫文の書が所蔵されてます。孫文と革命を進めた陳其美が上海で暗殺されると追悼会が総持寺でも行われ、寺尾亨、頭山満が出席しました。また、上海の東亜同文書院の卒業生がよく出入りしていたといわれ(『鶴見線物語』)、初代院長根津一や同院出身者の水野梅暁の墓も総持寺にあることを考えると、東京に多く居住していた中国人の留学生や革命家たちによる総持寺ネットワークが形成されていたと考えられます。

＊東亜同文書院

列強が中国侵略を進める中、漢口楽善堂（1886年／岸田吟香、荒尾精)、日新貿易研究所（90年/荒尾精、根津一）設立の延長線上で、日中連携の人材養成のため、日清戦争後に東亜同文会（98年結成、近衛篤麿会長）が上海で設立（1901年）した学校です。国費で運営され、多くの学生は府県派遣生ながら、思想の幅が広い学校だったそうです。総持寺や黒竜会から派遣された学生もいました。昭和になって国策の影響を受けながらも、中国との友好提携を重視しようとしていました。36年には大学に昇格しますが、45年、敗戦とともに閉校しました（教員と学生が46年、愛知大学を設立しています)。

浅野家墓所

水野梅暁・根津一墓

日中同志援助中国革命追念碑

(1) 建築

総持寺内の建造物には、伊東忠太設計のものがあります。伊東はアジア・中東・欧州を旅して独特の建築スタイルを築きました。伊東の設計でよく知られているのは築地本願寺ですが、京都にも多数あり、神社建築（朝鮮神社など）も手がけました。

(2) 墓所

ここで紹介するのは寺院敷地内の個人墓なので、訪問にはマナーや充分な配慮が必要になります。

❶ 政治家

内海　忠勝 1843 ～ 1905	武士、官僚、政治家。神奈川県知事、内務大臣、選挙干渉
清浦　奎吾 1850 ～ 1942	東亜同文会副会長、「鰻香内閣」、超然内閣（23代首相）
栗野　慎一郎 1851 ～ 1937	外交官、条約改正交渉、駐仏大使ハーバード大卒
大島　久満次 1865 ～ 1918	台湾総督府民政長官、神奈川県知事、衆院議員
小久保　喜七 1865 ～ 1939	自由党～加波山・大阪事件、立憲政友会
芦田　均 1887 ～ 1959	外交官、立憲政友会、47代首相（民主党）
広川　弘禅 1902 ～ 1967	日本自由党結成、農相、広川派形成
安達　峯一郎 1869 ～ 1934	外交官、国際連盟総会議長、常設国際司法裁判所判事
重野　謙次郎 1854 ～ 1930	自由民権運動、自由党～憲政党～立憲政友会

❷ 産業経済・実業

小野　光景 1845 ～ 1919	実業家。Y校設立発起人、横浜正金銀行頭取
浅野　総一郎 1848 ～ 1930	実業家。浅野財閥、京浜間埋立て
益田　孝 1848 ～ 1938	実業家。三井物産設立
白石　元治郎 1867 ～ 1945	実業家。日本鋼管、東洋汽船社長
山下　太郎 1889 ～ 1967	実業家。「満州太郎」「アラビア太郎」
米山　梅吉 1868 ～ 1946	銀行家。ロータリークラブ創設、三井銀行
青木　正太郎 1854 ～ 1932	自由民権家。「講学会」実業家。江ノ電など創業

❸ スポーツ、芸術・芸能関係

日比野雷風 1862 ～ 1925	神刀流開祖、剣道家、剣舞
水原　茂 1909 ～ 1982	プロ野球、巨人・東映・中日など等監督
前田山 1914 ～ 1971	39代横綱、高見山育成
川上音二郎 1864 ～ 1911	演劇、「オッペケペー」、自由民権運動の壮士
川上　貞奴 1872 ～ 1946	日本初の女優、実業家、音二郎妻
前田　青邨 1885 ～ 1977	日本画家、東京芸大学長、法隆寺壁画修復
石原裕次郎 1935 ～ 1987	俳優、日活スター、石原プロダクション

❹ 文学・思想・ジャーナリズム・学問など

根津　一 1860 ～ 1927	南京同文書院設立、東亜同文書院初代院長
黒岩　涙香 1862 ～ 1920	「萬朝報」社主、作家
二宮熊次郎 1865 ～ 1916	ジャーナリスト、「朝野新聞」「京華日報」発行
伊東　忠太 1867 ～ 1954	建築家、建築史家、築地本願寺、浅野家墓所など設計
堺　利彦 1870 ～ 1933	「萬朝報」「平民新聞」、共産党初代委員長
久留島武彦 1874 ～ 1960	「横浜新報」ジャーナリスト、児童文化「お伽倶楽部」
水野　梅暁 1877 ～ 1949	東亜同文書院、日中仏教の仲立ち
長谷川時雨 1879 ～ 1941	最初の「女流」劇作家、「日本美人伝」
清沢　洌 1890 ～ 1945	ジャーナリスト、『暗黒日記』
三木　善八 1884 ～ 1928	「報知新聞」社主

❺ 教育者

五十嵐長之丞 1875 ～ 1936	神奈川県女子師範学校校長、県高等女学校長
岩元　禎 1869 ～ 1941	ドイツ哲学者、一高教授、漱石「それから」モデル説
戸板　関子 1869 ～ 1929	戸板裁縫女学校創設
佐藤善治郎 1870 ～ 1957	神奈川学園創立、『鎌倉大観』等
石野　瑛 1889 ～ 1962	歴史家「武相考古学会」、武相中学校長

＊第1次大戦時に、ドイツに沈没させられた船については、横浜市内のほかの寺にも碑がある。
・常陸丸：光明寺（久保山）
・筑波丸：称名寺
・平野丸：久保山墓地（個人墓）

「建築巨人」伊東忠太

山形県米沢出身の建築家で東京帝大名誉教授。西洋建築を教えながら中国、インド、トルコに留学、法隆寺や首里城を再評価しました。"architecture" の訳を「造家」から「建築」にしたり、築地本願寺、東京都慰霊堂、一橋大学兼松講堂、祇園閣などを設計。建物に「珍獣」像を配することでも知られています。

写真は総持寺にある伊東の設計建造物。

(3) 石碑

見通し坂の碑	西郷従道が鉄道開通視察で「汽車を見返す坂」
自由党追遠碑	板垣退助設立の自由民権運動組織（1924年）
大阪事件記念碑	自由民権運動で朝鮮から民主化を企図し発覚（1931年）
ラッド博士之碑	米心理学会創設。伊藤博文顧問、朝鮮でも補佐
欧州戦乱殉難会員之碑 殉難船員之碑 徳洋丸殉職船碑	第一次大戦でドイツに撃沈された船での犠牲者 それぞれ1918年、19年、21年に建立
大日本軌道株式会社 社長雨宮敬次郎君之碑	明治の実業家で甲州財閥の中心人物。土地開墾事業 など 甲武鉄道、大日本軌道や江ノ電など多くの鉄道会社も経営
志存済物	雨宮敬次郎三周忌に友人らが建立。高さ9m（1913年）
黄君克強之碑	孫文の右腕として活躍した黄興の顕彰碑（1918年）
日本同志援助中国革命追念碑	汪兆銘命題、裏側全面に碑文（1941年）
桜木観音像	桜木町高架の電車火災犠牲者の観音（1951年）
鶴見事故慰霊碑	新子安一鶴見駅 間の滝坂踏切での脱線事故慰霊（1963年）

総持寺には黒岩涙香と堺利彦の墓もあります。黒岩の『萬朝報』は当初、日露戦争反対の論陣を張りましたが、黒岩が主戦論に転換したため、社員の堺や幸徳秋水らは退社して『平民新聞』を発行しました。

このほか外交官でのちに国際連盟総会議長、常設国際司法裁判所判事として活躍した安達峯一郎も眠っています。

＊総持寺の墓や石碑の資料は蓮沼美栄氏の調査・資料に負います。

安達峯一郎墓

ラッド博士之碑

万国橋からみなとみらいの空は広く見える

いつもイベントに彩られているシーフロント

マリンタワーをバック
にティータイム

4章

昭和前期の横浜

～不況・ファシズムから戦争～

1. 総力戦体制から戦争への流れ

わが家の家業は江戸時代からつづく船大工で、父は神奈川区子安浜で小さな造船所を営んでいました。父の長兄は中国戦線へ行き、最後はフィリピン戦線で消息を絶ったそうです。祖母宅の仏壇には、軍服を着た遺影がありました。「戦争」という言葉に怖さを感じはじめた小学生のころ、夏休みは「ラジオ体操」に行きました。これは1928年から、兵士として基礎体力を作り、医療費を節約する目的で始まりました。また、一家の「主人」に万一のことがあった時にと「徴兵保険」（1898年）が普及しました。

19世紀からの帝国主義は、世界規模で前線（戦場）のみならず、教育や生産現場も戦争に組み込む総動員体制を築きました。一部の財閥に利益が集中する独占資本主義化が進行し、国全体が軍事国家となる戦争型社会のシステムが構築されていきました。

日本では日露戦争以来、神社が土地コミュニティ化されて戦勝祈念狛犬が造られるなど、戦時体制が日常化しました。在郷軍人会、青年団、国防婦人会や、戦争協力のための「隣組」が制度化されます。国威発揚のため、40年のオリンックの東京誘致に成功し、その年を「神武天皇」即位から紀元「2600」年としました（初期の天皇は神話とされる）。今も神社の国旗掲揚台などにそれが残っています。「零戦」の語源でもあります。

勇ましい兵士の出征風景の陰で、参拝すれば戦場から生きて帰れると言い伝えられた場所もありました。中区本牧緑ヶ丘・観音院の説明板には、「三王さまについては、地域の古老のお話に、先の大戦出征にお詣りした者は皆無事帰郷ができた」とあります。国のために命を奉じるべしとした「教育勅語」の下でも、無事に帰郷できたことを喜ぶ気持ちが伝わります。

今も残る「皇紀二千六百年」

寺院では墓石の側面に「戦歴」が刻まれ、身近な地元から戦争を考えることができます。この「戦歴」は遺族が心情を刻みたかったのか、また国威発揚として奨励されたのでしょうか。

日本政府は対華21カ条の要求（15年）やシベリア出兵（17年）で対外強硬策を取りましたが、国際連盟成立（20年）後は、諸国と足並みをそろえて国際協調路線を取ります。また日本の海軍力を抑制する目的のワシントン（22年）、ロンドン（30年）の海軍軍縮条約、そしてパリ不戦条約（28年）に参加しました。

しかし日本経済は、第1次大戦の終結（18年）でヨーロッパ各国が市場に復帰したので、戦後不況に陥りました。23年に関東大震災による震災恐慌、27年にはで多くの銀行が倒産します（金融恐慌）。日本は同年の東方会議で中国への強硬方針を決定、3回にわたる山東出兵や28年の張作霖爆殺事件と、強硬路線を進めました。29年の世界大恐慌の影響で昭和恐慌が起こると、中国侵略が本格化します。軍縮会議での政府の決定に、軍部・政友会・右翼は天皇の統帥権に関わると攻撃しました（統帥権干犯問題）。

日本は31年、関東軍主導の満州事変や、翌年の満州国建国（かいらい政権）で、大陸進出を展開しました。33年、国際連盟が満州国からの撤兵勧告を決議すると、日本は連盟を脱退します。国内ではマス・コミや大衆を巻き込むファシズムの風潮が高まり、32年の血盟団事件や5.15事件、36年の2.26事件など暴力的な事件が続発しました。

不況対策では「高橋財政」のもと6大都市を中心に失業救済工事（25年〜)、時局匡救事業（32〜34年）が行われ、横浜では小机・羽沢、鶴見・獅子ヶ谷、笹下・森町間の道路や横浜税関の建設が実施されました。税関は設計当初、県庁舎より低かったので、国は県には負けられない、と設計変更して塔の部分を高くしたそうです。

37年には盧溝橋事件をきっかけとして日中全面戦争に至りました。中国側の抵抗で戦線は泥沼化して、残虐行為が増加します。日本は国際的に批判され、40年代に石油や鉄くずの経済制裁を受けてアジア太平洋戦争へと突入していきます。これらを合わせて31年から「15年戦争」と呼んでいます。日本政府は、パリ不戦条約違反を気にして日中戦争を「戦争」と認めずに「支那事変」「日華事変」などと表現したために、戦争の本質が見えにくいですが、「15年戦争」は歴史の流れを大きく捉えた呼び名といえます。

Around Yokohama

＊千葉県大房岬には、ワシントン軍縮条約で巡洋艦「鞍馬」から降ろした大砲が設置されていた砲台のあとがあります。

失業救済道路碑（菅田町）

Around-Yokohama

※2.26事件時の戒厳司令部だった九段会館（旧軍人会館）

2. ファシズムが進行して、物言えぬ風潮が

アドルフ・ヒトラーは、チャップリン映画が描くように独裁者でしたが、「国家社会主義ドイツ労働者党」(ナチス)はなぜ政権を獲得できたのでしょう。そこには、「大きな嘘を繰り返せば、人々は最後にはそれを信じる」(ゲッベルス国民啓蒙・宣伝相)という情報操作がありました。また、「上からの仕事を忠実に遂行した」とユダヤ人を強制収容所に送ったアイヒマンは「特別な悪人」ではなく誰でもなりうる「普通の人」ではないのか(ハンナ・アーレント)という視点も必要です。人間の「良心」が悪用されると、政治リテラシーの免疫力は格段に低下します。現代でも戦争のきっかけはねつ造されており、「リテラシー能力」(情報をうのみにしない力)は重要です。世論操作で誘導された大衆が支持する独裁を「ファシズム」と呼びます。

世界大恐慌後の30年代には日本やドイツがファシズム化します。また、民衆が権威に服従しやすくなる「自由からの逃走」(エーリッヒ・フロム)にも留意が必要です。戦争では、軍人や政治家の他に、財閥の影響についても考えてみましょう。日本が敗戦した時の、連合国軍の占領政策を思い出してみましょう。

狭い意味でのナショナリズムが高揚した世相を、横浜で考える手がかりが、洋風建物の上に和風塔や寺院風大屋根を置く「帝冠様式」です。震災復興時の内務大臣・後藤新平のブレーン、佐野利器設計の神奈川県庁(28年)はその典型です。「神奈川縣廳建設設計圖案懸賞募集規程」要旨には「穏健質實且つ毅然として冒し難き我國風を表現する…」とあります。佐野の弟子たちは九段会館、国立京都博物館、国立博物館を設計しました。内務大臣などを歴任した安達謙蔵は、本牧に「国民精神修養の場」として法隆寺夢殿を模した八聖殿(33年)を建てました(現八聖殿郷土資料館)。また大倉邦彦は教育・思想への意識から教育施設・大倉精神文化研究所を開設しました(32年)。いずれも「帝冠様式」の建物です。

大倉山記念館

横浜市八聖殿資料館

神奈川県庁

3. 15年戦争のはじまり～満州事変

1931年9月18日夜、奉天（現瀋陽）郊外の柳条湖付近で、南満州鉄道の線路が爆破されました。日本の関東軍は軍隊を展開して周辺を支配下に置きました。これを満州事変といいます。この事件は関東軍の自作自演でした。国際連盟はリットン調査団の報告書に基づき、満州から軍の撤退勧告を総会で決議しました。ただ勧告は必ずしも強硬姿勢だけではなく、調査団を日本にも行かせて政府関係者と協議しましたが、日本はこれを拒否しました。翌年1月には日本人僧侶が殺害されて上海事変が起きます。これも買収された中国人による「やらせ」でした。

同年には満州国が建国されました。日本は韓国併合で国際的に厳しい目で見られており、それを避けようと満州国を傀儡（あやつり）国家として支配しました。生活苦にあえいでいた農民たちは、国策として「満蒙開拓団」などの開拓民として移住していきました。また財閥も満州へ進出しました。満州国では、日本の官僚制を「純化」した形で国家運営が行われました。スローガンとして「五族協和」（日満漢朝蒙）、「王道楽土」を掲げていましたが、実際には日本からの開拓民でさえも厳しい状況が続きました。

長野県飯田市近くの満蒙開拓平和記念館（下伊那郡阿智村）はその現実を伝えてくれます。

1935年、「ラスト・エンペラー」、執政・愛新覚羅溥儀が昭和天皇に招かれて横浜港に上陸しました。中華街東門角の北京飯店の看板は溥義のいとこ、溥儒の筆によるもので、店内には溥儀の弟、溥傑の書もあります。

同年、日本は中国支配をめざし満州国同様、冀東防共自治政府という傀儡政権を樹立しました。中国は内戦状態だった国民党と共産党が再び連携し（第二次国共合作）、日本の侵略に抵抗する運動を展開していきました。

◆満蒙開拓平和記念館

政府は恐慌後、国内農民を約30万人移民させましたが、引揚時には8万人が犠牲となった悲劇など、満蒙開拓の歴史や証言を展示しています。横浜からは飯田への高速バスがあり、アクセスは比較的は容易です。

長野県阿智村

愛新覚羅溥儒揮毫（中華街）

Around Yokohama

浜口雄幸首相狙撃事件（1930）

中国と関係改善を進め、また軍縮会議の調印で「統帥権干犯問題」を追及された浜口は東京駅で狙撃され、翌年亡くなりました。（現場はプレートあり。）

2.26事件（1936）

海軍青年将校らが首相官邸などを襲撃した5.15事件（1932）に続き、国家総動員体制を統制派が進める中、危機感を持った皇道派の青年将校が高橋是清大蔵大臣などを殺害しました。これ以後政治家やメディアは軍部に抵抗できなくなり、日本は軍事主導体制となっていきました。渋谷区宇田川町に慰霊の観音像があります。

4. 日中全面戦争がはじまる

(1) 日中戦争のはじまり

1937年7月7日、盧溝橋事件が起きます。当初近衛内閣は不拡大声明により戦線を中国北部に限ろうとしましたが、現地軍部の暴走は止まらず、南京占領後「国民政府を対手にせず」と声明し、戦争は泥沼化します。日本は国際法に基づく宣戦布告をせず、この戦争を「事変」と呼びました。日本軍は、中国が「三光作戦」と呼ぶ「焼きつくす、殺しつくす、奪いつくす」行動を進めましたが抵抗は根強く、占領できたのは「点と線」(都市と鉄道沿い)だけでした。

(2) 横浜の中国人たち

中国侵略は、横浜在住の中国人に苦渋の選択を強いました。帰国する人がいる一方、残った人たちは仕事が激減しました。汪兆銘政権の支持を選択しましたが、監視下に置かれて日本の国策に協力せざるをえませんでした。中華街では約4000人が生活し、山下町での戦死者追悼会に代表を送りました。政府に寄付を続けたり、拷問を受けた人もいました。38年には国民党横浜支部が解散しました。

(3) ノモンハン事件

38年、議会の承認なく資源や労働力を軍需に利用できる国家総動員法が成立しました。翌年5月、満州・モンゴル国境で関東軍・満州国軍とソ連軍・モンゴル軍が交戦したノモンハン事件が起き、日本軍は初めて細菌兵器を使用しましたが多くの犠牲者を出し、「北進」を1度は断念します。二次戦争では関東軍首脳(辻政信、服部卓四郎ら)が強硬策を取り惨敗しました。陸軍中央は大した責任を取らせず、彼らはのちにアジア太平洋戦争開戦を進めていきます。横浜市内でもノモンハン事件の戦死者の墓が見受けられます。

(4) 戦死者の増加

当時横浜の人々は山梨県甲府の歩兵第49連隊(第1師団)に入営しました。その留守部隊で編成した第149連隊は、日中戦争で多くの戦死者を出しました。横浜の墓石には上海クリーク(運河)での戦死が数多く刻まれています。その後、横浜出身者の戦没地は「南方」が最も多くなります。横浜から出征した軍人・軍属の戦没者数は2万人以上(羽田博昭)になったといいます。この時期の様子を伝えるのが神奈川区本覚寺の「慰霊碑」(高島駅事故)です。37年10月、出征兵士を乗せた列車を見送りに来た人々が線路内になだれ込み、京浜電車にはねられ27人の犠牲を出した事故の碑です。

国威宣揚(潮田神社)

ノモンハン参戦者墓

本覚寺慰霊碑

南京陥落の日の中華街を伝える新聞

南京虐殺事件は、犠牲者数に諸説ありますが、相当数の非戦闘員の殺害は、外国人駐在員(企業)たちの証言でわかります。新聞は、陥落に熱狂する日本人と、「至極普通の顔つきで隣近所の日本商店の主人達に愛想がいい」横浜の華僑の様子を報じました。「愛想」の影を読み取りたいですね。

（5）根岸飛行場～空路のネットワーク

第1次大戦で東南アジアへ市場進出をした日本は、技術向上が進む飛行機を活用し始めました。逓信省所管で28年設立の日本航空輸送は、中国で都市間輸送を担っていましたが、38年に国策で国際航空（満州経由でドイツ航路を運航）を合併し、大日本航空会社（日航）となりました。

ドイツが統治していた南洋群島は、第1次大戦後に日本が委任統治権を獲得し南洋庁を設置しました。日航は海軍の徴発任務を受けつつ、39年にサイパン・パラオ路線など南洋定期航路を開設、41年にはバンコクやサイゴン、パラオ経由ディリ航路（ポルトガル領東ティモール）が新設されました。これは日本の「南進論」のオプションの１つである「濠亜地中海」への進出、つまりオーストラリアの資源確保を目指したものです。ディリは南洋群島（「内南洋」）と東南アジア（「外南洋」）の中継地としての機能や、アメリカ海軍の西太平洋戦略への対抗の地として重要な意義がありました（後藤乾一）。

41年4月には根岸に日航横浜支所が開所し「東洋一」の空港ターミナルビルや格納庫が完成、東南アジアや南洋群島航路への重要拠点となりました。飛行艇は九七式飛行艇（全長26m、主翼40m）全13機で、内装は高島屋に依頼した豪華なものでした。

（6）ドイツとの関係強化と横浜

日中開戦後、日独は急速に関係を深めます。日本は中国を支援するアメリカを、ドイツはアメリカのヨーロッパ戦線参戦を牽制する思惑がありました。日独防共協定（36年）や日独伊三国軍事同盟（40年）が結ばれ、ヒトラー・ユーゲント（10代の青年隊）が来日（38、40年）し、ホテル・ニューグランドで歓迎会が開かれました。

ドイツとの関わりでは、外国人墓地の「アンネ・フランクのバラ」があります。カウナス領事代理・杉原千畝発行のビザで迫害を逃れて来たユダヤ人を組織的に援助したジョゼフ・シムキンが墓地に眠る縁で97年、広島県福山市のホロコースト記念館から贈られました。このバラは、横浜ではフェリス女学院大緑園キャンパスや明治学院

◆ドイツ船爆発事故

42年11月30日、新港埠頭停泊中の「ウッカーマルク」でガス爆発が起き、続いて「トール」搭載の弾薬が爆発しました。

横に停泊する第三雲海丸、ドイツ船「ロイテン」も被災してドイツ人61人、中国人36人、日本人５人が犠牲になりました。爆音は内陸部にまで響き渡きました。犠牲者の碑と墓が根岸や山手の外国人墓地にあります。

根岸飛行場跡の説明板

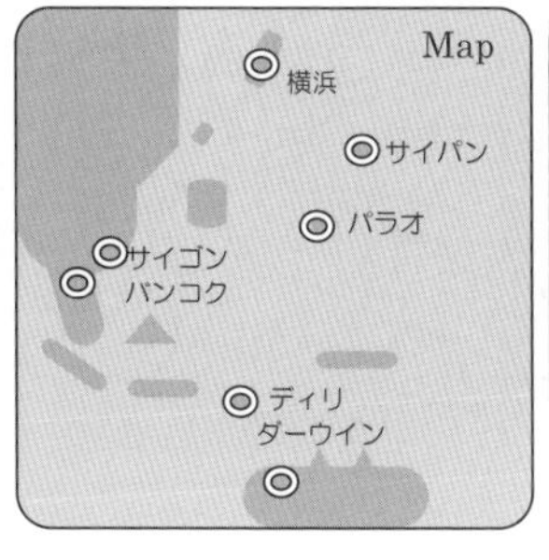

ヒトラー・ユーゲント（ニューグランド展示）

◆中島敦と横浜、南洋とのつながり

中島敦は1909年、東京帝大国文科を卒業後、祖父と親しかった田沼勝之助経営の横浜高等女学校で国語と英語の教師になりました。「目を隠してしまひさうなぼさぼさ〜した頭髪もどことなく面白味」「快活な滑稽な先生」といわれ、横浜で「光と風と夢」「山月記」を著しますが喘息に苦しみ、41年、日本語教育のため南洋庁国語教科書編集員として、パラオへ赴任しました。しかし体調は悪化、42年に帰国しますが33歳で生涯を終えました。作品が注目を集めた矢先でした。敦は根岸からパラオへ飛行艇で旅立ったのでしょうか。教鞭をとった場所（現横浜学園付属元町幼稚園）には碑があります。同校には同時期に音楽教師として渡辺はま子（歌手）が、のち生徒では女優の原節子が在学していました。

大横浜キャンパス、のむぎ平和のバラ園（寺家町）、横浜イングリッシュガーデン（西平沼町）で咲いています。

（7）軍事都市化と軍需産業の増加

30年代前半、東京中心部から近郊に軍施設が拡張し始め、海軍施設の多い横須賀との間にある横浜や相模原にも軍事施設が建ち、千葉の松戸や津田沼、埼玉の朝霞、東京の立川などと「軍事メトロポリス」が形成されました。すでに1889年には要塞地帯法や軍機保護法が制定され、横須賀を中心に三浦半島や横浜の南部が要塞地帯となりました。機密保持で写真撮影は禁止され、そのエリアの地図は白くされました。

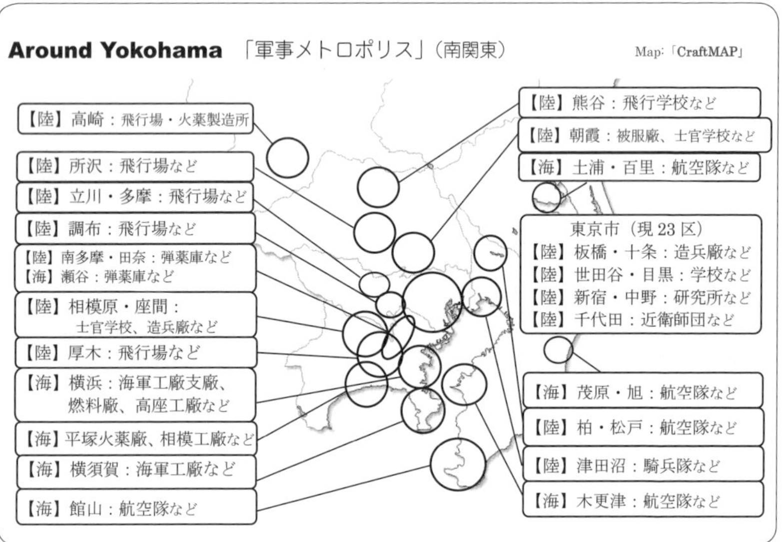

5. 軍事都市化していく横浜

1930年、浦賀と黄金町間に湘南電気鉄道が開通、35年には京浜電気鉄道との間で相互乗り入れが始まります。東京から日帰り圏内となった金沢は海水浴、別荘地という観光の顔と、航空技術の最先端の顔を有しました。

37年9月には県央部の座間に、東京の市ヶ谷台から陸軍士官学校が移転してきました。翌38年には海軍が本土防衛のための厚木飛行場の建設に着手します。同年には相模兵器製作所も造られ、軍事エリアとなりました。

(1) 横浜の軍事施設をたどる

横浜は明治末期より「工業立市」を進める中、東京中心部の施設が手狭となった兵器関連の機械工業が急増します。市は市域拡大の過程で用地を提供し、従来の造船のみならず航空機、化学の大工場の進出に対応し交通インフラや社会資本を整備しました。保土ヶ谷、戸塚、港北（横浜線沿線）にも工業地帯が形成されました。上大岡には軍需産業の社宅が建ち、住宅地化が進みました。

横須賀に近い金沢地区では30年代から軍需工場建設や軍用地埋め立てが進み、関連する下請け工場とともに軍都エリア化されました。40年には横浜市全域が要塞地帯に指定されます。

横浜の市域拡大はこの動向を反映しています。1889年の市政施行以来、1901、11年と続き、26、36、37、39年と小刻みに拡大しました。39年は都筑郡南部（川和、新田など）の戦時行政事務の増大や、町村財政の問題もあり大規模なものでした。県も戦時行政の合理化で町村合併を推奨しました。

こうして横浜全体が「軍事都市」化します。40年代には軍事施設が続々と設立されます。ここでは横浜で痕跡のある軍事施設を見てみます。

❶横浜連隊区司令部

横浜の主な日本軍施設	
❶ 横浜連隊区司令部	老松町
❷ 横浜海軍航空隊	富岡町
❸ 海軍航空隊基地（横須賀）	野島
❹ 第一海軍技術廠支廠	釜利谷町・大川町
❺ 海軍軍医学校戸塚分校	原宿町
❻ 第一海軍燃料廠	小菅ヶ谷町
❼ 横浜港警備隊	北仲通5丁目
❽ 海軍「黒潮部隊」	山下町
❾ 東京陸軍兵器補給廠田奈部隊	奈良町
❿ 海軍連合艦隊司令部	日吉町
⓫ 海軍気象部	太尾町
⓬ 第二海軍航空廠瀬谷補給工場	瀬谷町
⓭ 海軍軍需部柴燃料貯蔵場	柴町
そのほか深谷、岡津、戸塚区吉田、六浦（池子）、厚木飛行場関連など	

横浜海軍航空隊門柱

浜空神社

野島掩体壕

4章 昭和前期の横浜

野毛山周辺は、昭和初期から憲兵隊の駐屯地（33年）や掃部山公園の男子修養道場（34年）、横浜出動軍人援護会、傷病軍人倶楽部（38年）など軍事関連施設が造られました。41年4月には老松町に横浜連隊区司令部、高射砲陣地や兵舎が置かれ、「兵隊山」と呼ばれました。中央図書館は陸軍が使用して屋上は監視所になりました。

❷横浜海軍航空隊

横須賀には16年、横須賀海軍航空隊が設立されたあと、36年10月、富岡に初の飛行艇部隊として横浜海軍航空隊が設立されました。

主な任務は外洋偵察・哨戒行動で、南洋群島が主な活動地域でした。敷地面積は35万㎡、根岸湾を水上飛行場の専有海面として、飛行艇が離発着をしました。41年には横浜航空隊を母隊に東港航空隊、第14航空隊、901航空隊、輸送航空隊、教育航空隊などの飛行艇部隊が編成されました。アリューシャン、ハワイ、ミッドウェー、インド洋など遠距離の哨戒・攻撃を担い、42年8月にはソロモン諸島で338人が戦死したこともありました。最後は全飛行艇が詫間海軍航空隊（香川県）に集結し、沖縄戦に投入されました。

現在、横浜海軍航空隊だった場所は主に富岡総合公園になり、国道16号線鳥見塚交差点を海側へ行くと当時の隊門が、その先には浜空神社があります。また第三格納庫が、現在は神奈川県警第一機動隊車庫として使用されています。総合公園からは当時の軍事基地や目指していたものが見えてきます。

❸野島掩体壕

野島公園には山を貫通した掩体壕があります。空襲対策として45年、横須賀市夏島町にあった海軍航空隊基地の航空機を守る施設でした。全長は260mで、小型機が100機程度格納できた国内最大級の掩体壕です。

❹第一海軍技術廠支廠

1866年、江戸幕府により建設された横須賀製鉄所が、71年に海軍横須賀造船所となり、1903年には横須賀海軍工廠になりました。ここから32年に追浜海軍航空廠（のち海軍航空技術廠）が設置されました。この海軍航空技術廠では終戦直前の45年7月、ドイツから技術を導入した日本初のロケット戦闘機「秋水」の試験飛行を行いました。しかし実験は失敗し、パイロットが犠牲になりました。横須賀を中心とした海軍施設には最大で10万人もの人々が働きました。

41年には第一海軍技術廠支廠が金沢八景（現在の総合車輌・市立金沢高校・横浜市立大の場所）に造られました。ここには海軍航空技術廠の兵器部

旧海軍工廠支廠（現総合車輌）

第一海軍技術廠支廠記念碑

などが移転して、航空機に搭載する兵器の研究、試作、実験が当時の先端技術の粋を集めて行われました。

研究者・技術者は第2次大戦後に自動車や鉄道、造船、航空など多くの分野でその技術を活かしました。新幹線技術もその1つです。

戦局が進み男性が戦地に赴き労働力不足になると、学徒動員や女子挺身隊という形で地方の学校からも多くの学生がこの地で働きました。その数は1万人以上といいます。釜利谷第二公園（釜利谷東１丁目）の「第一海軍技術支廠記念碑」には、岩手県遠野、山形県新庄、千葉県銚子、山梨県都留、新潟県、福島県、静岡県、そして台湾からの学生が働いていたことが刻まれています。また総合車輌の敷地内には、当時の建物やマンホールなどの名残りがあります。

六浦町には海軍航空技術廠の工員養成所（跡地は関東学院大）、海軍第二工廠造兵部谷戸田注填場（のちの池子弾薬庫）がありました。

❺海軍軍医学校戸塚分校

43年、現在の戸塚区原宿に戸塚海軍病院が開設され、ここに東京・築地の海軍軍医学校戸塚分校が新設されました。医歯薬学を学んできた学生たちが繰り上げ卒業前に入学して、６カ月の士官教育を受けました。碑の説明板には、戦死者36人や教官を含む1063人分の名前が刻まれています。今は国立病院機構・横浜医療センターになっています（碑は釣り具店「上州屋」駐車場内）。

❻第一海軍燃料廠（本郷台）

ＪＲ根岸線本郷台駅の山側には大きなマンションが建っています。38年、この一帯に第一海軍燃料廠が造られました。いまの小菅ヶ谷、公田、桂地区の約40万㎡に3000人以上が働いていました。主に船舶や航空機の燃料や潤滑油の研究、機械の設計、研究、工作などが行われました。44年秋からは横穴式地下試験室の建設が始まりましたが、完成前に終戦を迎えました。また石油不足から代替燃料の開発が行なわれ、現在の西本郷小付近（小菅ケ谷町2500番地一帯）には燃料廠松根油製造所が造られ、近隣住民は松の木から松根油を採取する作業に協力しました。集められた松根油は燃料廠実験部（中野町）で航空燃料の実用実験や、戦闘機「紫電改」の燃料に使用されました。前述のロケット戦闘機「秋水」用に、過酸化水素水製造施設やロケットエンジン燃焼実験室も設置されました。

大船駅からのＪＲ根岸線の一部は、かつて燃料廠専用の貨物線でした。また公田町を通る環状４号線は、瀬谷弾薬庫から燃料廠を経て追浜飛行場や藤沢飛行場への軍用道路として計画され、

海軍軍医学校戸塚分校碑

海軍用地（小菅ケ谷石神公園）

横浜開港資料館

工事をしていました。途中にある相武トンネルは戦時中開通し、片側車線は軍需品倉庫でした。

敗戦間際にはアメリカ軍の上陸作戦にこの道路が使用される可能性を考え、抵抗拠点陣地が構築されたといいます。

戦後、敷地内を流れていた鼬（いたち）川で、敗戦時に遺棄された有害な化学薬品や武器弾薬が川底から発見されたこともあり、コンクリートブロックを川底に敷く対策が施されました。このほか、周辺には海軍大島部隊跡（中野町）、海軍桑原部隊貯蔵庫（中田町）がありましたが、武器もあまりない工作部隊で、連合国軍の上陸に備えるためだったのか、詳細は不明です。

❼横浜港警備隊

44年9月に設置、本部は生糸検査所（現在の横浜第二合同庁舎）に置かれた約2600人規模の部隊です。港湾施設、海軍関連重要施設の警備や、武装改造した徴用商船で兵員輸送にあたりました。警備隊は橘隊、桜隊に編成され、橘隊は山手女学院（現在のフェリス女学院）に駐屯（橘隊の病院は千歳裁縫女学校／現在の横浜女学院を使用）、横浜共立学園には桜隊が駐屯し、兵舎としました。

❽海軍「黒潮部隊」（現開港資料館）

41年に設立された実戦部隊の一つで、正式には海軍第5艦隊第22戦隊といい、連合艦隊直属です。

アメリカ軍はグアム、サイパンを攻略して無給油で日本へ空襲が可能になると、本土を次々と空襲しました。日本側はその動向がつかめず、民間船を乗組員ごと徴用し、太平洋上で空襲に来る戦闘機を見張るという捨て石作戦を始めました。それが「黒潮部隊」です。当初、釧路にあった基地は、44年8月にイギリス国領事館の建物（現開港資料館）に移されました。見張りをした民間船は100トン前後の漁船が多く、わずかな機関銃だけが装備でした。空襲に向かう米機から攻撃を受けながら報告任務を果たし、身を隠すこともできず多くの犠牲者を出しました。これは、攻撃さえできず、特攻より過酷な任務といわれました。

❾陸軍兵器補給廠田奈部隊（現こどもの国）

軍都・東京の軍事施設は戦局の進行で手狭になっていました。そこで東京・十条の造兵廠の弾薬製造業務拡大のため41年、弾薬を低温保存できる地形を利用してこの地に造られたのが東京陸軍兵器補給廠田奈部隊填薬所です。工事では朝鮮出身者の強制労働があったといいます。

ここでは3000人が働き、各地から集めた火薬を使って高射砲、野戦砲、手榴弾、小銃などの弾薬を製造しました。「填薬」とは弾薬の組みこみ作業

現「こどもの国」弾薬庫跡

のことです。弾薬は横浜線経由で横浜港や横須賀港に輸送されていました。周辺には関連施設、企業が進出しました（日本木材兵器は弾薬箱製造、日本紙工は防湿筒を製作）。45年2月には大爆発で6人の犠牲者がでました。

戦後は、アメリカ軍に接収され引き続き弾薬製造が継続され、朝鮮戦争で使用されました。池子（逗子）移転に伴って61年に返還され、65年5月に皇太子結婚への祝い金を基金にしたレクリエーション施設、「こどもの国」となり現在に至ります。東急「こどもの国線」は当時の弾薬輸送用線路を利用しています。

園内には当時の遺構があります。かつては33カ所の弾薬庫がありましたが、現在確認できるのは10カ所です。ゲート近くには「平和を祈る」と題された碑があります。動員された神奈川高等女学校（現神奈川学園）の学生が戦後、沖縄を訪問した時に住民や女学生が手榴弾で集団自決したことを知り、「もしかしたら私たちが作った手榴弾かもしれない」とこの碑を建てました。

付近の住吉神社には、44年11月30日、勤労動員で移動中にトラックが川へ転落し亡くなった男子学生6人（横浜二中、現翠嵐高）の慰霊碑があります。

⑩海軍連合艦隊司令部(日吉台地下壕)

アジア太平洋戦争で、日本は1942年4月までに東南アジア全域を支配下に入れ戦局を優位に進めました。しかし6月のミッドウェー海戦、8月のガダルカナルの戦いで早くも戦局は不利になってきました。44年6月にはマリアナ沖海戦（グアム・サイパンなど）で多くの艦船を失いました。作戦を計画・実行する連合艦隊は先立つ同年5

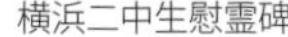
横浜二中生慰霊碑

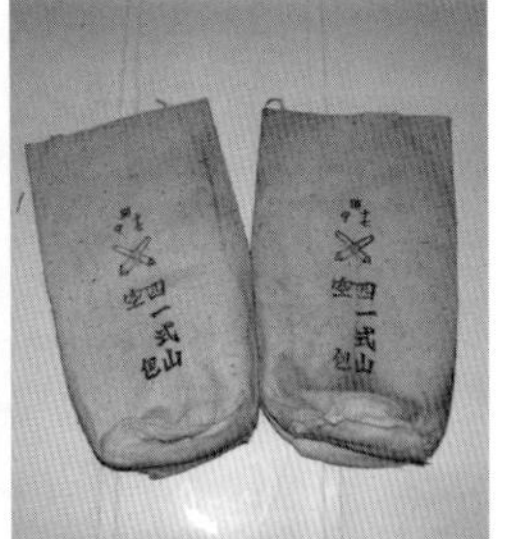

砲弾の布包

Around Yokohama

日露戦争時に板橋・十条（東京）には多くの軍事施設が造られ、今も再利用されている建物がいくつもあります（北区立中央図書館／元弾薬工場）

◆「戦争のない世界を願って」（「平和を祈る」の裏面）

「こどもの国」は第二次世界大戦中、東京陸軍補給廠「田奈部隊」と呼ばれ、園内の森には高射砲や手りゅう弾などの砲弾を作る工場とたくさんの弾薬庫がありました。戦争がはげしくなった1944年から45年、神奈川高等女学校の学生だった私たちは、国の命令で勉強をやめ、この工場で砲弾を作る作業につきました。その砲弾が地球上のだれかを傷つけたのではないかと思うと、とても恐ろしい気持ちです。戦争を再び起こしてはなりません。この思いをこめて、女学生休憩所跡の丘に、平和を祈る碑を建てました。平和な世界のなかで、こどもたちがのびのびと育ちますように

1996年3月28日神奈川高等女学校（現神奈川学園）
本科29回、30回卒、勤労学徒有志一同

月に艦船「大淀」を木更津沖に停泊させて司令部としましたが、その後艦船不足から海軍は司令部を陸にあげることを決断し、慶応義塾大学の地下に巨大な地下壕を構築しました。日吉の地が選ばれたのは、首都東京と軍都横須賀の間であること、海岸線から一定の距離があったことなどで、44年9月に司令部が移転してきました。

⓫海軍気象部（現大倉山記念館）

海軍気象部は44年4月、海軍省水路部から分離独立した機関となり、9月には100人の気象部員が大倉山精神文化研究所の建物に移動してきました。

⓬第二海軍航空廠瀬谷補給工場、海軍資材集結所（横須賀海軍軍需部）

40年、厚木飛行場の周辺施設用として農地が強制買収され、43年に海軍補給廠の弾薬庫や資材集結所、また受信用の通信施設がおかれました。ここには池子同様、イペリットなど相模海軍工廠製造の毒ガス弾が大量に保管されていました。

戦後アメリカ軍が接収し、47年に1度解除されましたが、冷戦に背景に51年3月には再接収されました。近隣には上瀬谷通信施設が造られ、周辺は受信電波障害地域として建築制限がありました（2015年返還）。農家は地下施設を利用してウドの栽培を行っています。かつて瀬谷には兵器工場として大日本兵器、川口航空機、皆川酸素工場などの軍需工場がありました。

⓭海軍燃料貯蔵基地（金沢区柴町など）

37年12月、海軍の艦隊燃料貯蔵用地下タンク30基と、食糧貯蔵庫が造られました。敗戦後はアメリカ軍が接収して小柴貯油施設として長年使用したあと、2005年に返還されました。

⓮厚木飛行場関連施設（横浜を含む）

日本は34年、ワシントン海軍条約を破棄して軍事力増強を始めました。高座郡に41年6月海軍厚木飛行場が完成し、42年3月には整備兵や下士官の訓練施設の相模野海軍航空隊が設置されました。厚木海軍航空隊は当初、帝都防衛基地と艦載機飛行士の訓練場所でしたが、42年６月のミッドウェー海戦で主力空母や多数の艦載機を失ってからは、戦闘機搭乗員の育成を担います（のち第203海軍航空隊、フィリピンで特攻作戦を実行）。周辺には深谷通信施設（発信）、上瀬谷通信隊（受信）、海軍高座工廠、海軍技術学校などが設置されるなど、厚木と隣接する横浜の西側エリアは大規模な海軍航空基地となり、横須賀、追浜、藤沢、そして陸軍の調布、成増、松戸、柏の飛行場とともに帝都を取り巻く防空拠点となりました。

敗戦で厚木基地はアメリカ軍に接収され、現在は自衛隊とアメリカ海軍の

海軍「日吉台地下壕」

瀬谷・弾薬庫

◆神奈川県の軍事施設の痕跡

1865年、横須賀製鉄所が造られました。84年に横浜にあった海軍の鎮守府が移転してきたことで横須賀は海軍の街として発展し、戦前は日本海軍の拠点の1つとして、戦後は在日米海軍と、のちに海上自衛隊の基地が置かれて、現役の「軍都」としての役割を持っています。現在も県内に残る主な日本軍の遺構をあげてみましょう。

■横浜近辺の軍事関係施設の痕跡

●高座海軍工廠（1943年／座間、海老名）

相鉄線相模大塚駅近くに、戦闘機「雷電」などの生産のために「高座海軍工廠」が造られ、台湾から12～19歳の少年工約8000人が働きました。5年働くと学校卒業資格が得られると宣伝されました。

●相模海軍工廠化学実験部（1943年／西寒川）

前身は平塚（1930年）にありました。相模線旧西寒川駅周辺へ移り、軍事用毒ガスが製造されました。2002年、道路工事でビン800本以上が見つかり、毒ガス兵器の「マスタード（びらん剤）」「クロロアセトフェノン（催涙剤）」などが検出されました。

●相模陸軍造兵廠（相模原／1940）

相模兵器製造所から改称、戦車の性能試験や操縦訓練に使われました。「戦車道」が遊歩道に整備されています。現在はアメリカ軍補給廠です。

●「海軍火薬廠」（平塚／1919年）

国内最大規模とされた軍用火薬工場で、敷地あとには払い下げを受けた横浜ゴム正門門柱、将校クラブの建物などがあります。

●陸軍登戸研究所（生田／1939年）

1919年設立の陸軍火薬研究所が前身で、秘密戦（スパイ活動、破壊活動、宣伝）のため兵器や資材の研究開発を行っていました。電波兵器の開発や、中国経済を混乱させるために偽札印刷も行っていました。アジア太平洋戦争における秘密戦の中核でした。現在は明治大学生田キャンパスとなり、当時の建物が資料館として公開されています。

共同使用基地です。昼夜を問わない離着陸の騒音や墜落事故の被害など問題は山積しており、爆音裁判も76年以降５次（原告8800人超）にわたって続いています。

(2) 高射砲部隊

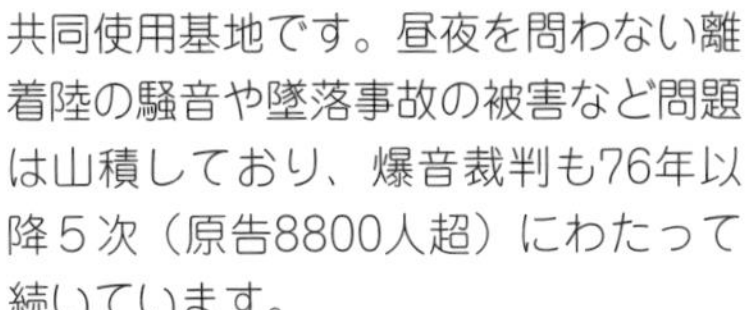

防空上最重要な京浜地区には東部軍司令部が設置され（40年）、高射砲部隊（発足は大正期）と照空部隊の各地区隊が置かれました。空襲が本格化した44年12月、高射第117連隊が野毛山に置かれ、高射砲陣地が15カ所に設置されました。

☆戸塚の競馬場

33年、戸塚駅近くに県畜産組合連合会が戸塚競馬場を造りました。駅に東口が設けられ、近くの駒立橋の名は馬（駒）の支度をしたことが由来です。のちに軍用候補馬鍛錬場とされ、42年に吉田町から汲沢町へ移転して（現戸塚高校）軍馬改良も行われました。

(3) 労働力としての横浜刑務所

磯子区丸山にあった横浜刑務所は関東大震災で全壊し、軍都横須賀に近いことで現在の笹下に移転しました。刑務所では軍服の肩章や軍用石鹸など軍

◆1937年の日常生活-「川口金太郎日記」(子安小教員)を読む

1/9　入営者を見送りて東神奈川へ行く
1/20　浅井上等兵の区民葬あり
4/21　阿藤、内海二氏の区民葬あり
4/26　靖国神社臨時大祭遥拝式挙行
5/3　高射砲隊兵舎生活の実習へ行く
5/31　神風飛行士歓迎
7/7　支那事変(注:日中戦争)の火ぶた切らる
7/31　晩食して持丸昇君の出征を見送りて東神奈川駅へ
8/16　出征兵鈴木栄三氏を送りて直に寺尾へ。午後6時順一郎君の出征を送りて鶴見駅まで
9/5　朝子供を送って寺尾(祭礼)へ行き、帰途小林茂君の出征を送りて学校へ寄る。本日より補充兵教育あり
9/8　十余名の出征を送りて東神奈川へ行く
9/15　午前8時警戒管制に入る。児童防護演習挙行
10/4　常陸丸生存者、小原氏の講演会(6年以上)
10/17　神社遥拝(強調週間)。鈴木米吉を見送りて東神奈川へ行く
10/29　戦勝祝賀旗行列。病を押して参加
11/23　防空警戒管制
12/5　母、姉、鶴見駅に戦死者の遺骨を迎えに行く。横浜駅8時半着の参宮団を迎えて帰宅
12/20神奈川区出身戦死者16柱の区民葬、二谷校にて挙行。

(『横浜の空襲と戦災』第2巻から作成)

需品も生産していました。第1次大戦で日本は、ドイツが支配していた南洋諸島を獲得しましたが、委任統治領のルールで国際連盟脱退(33年)してから3年間は軍事施設を作れず、37年になってサイパンに飛行場を造り、横浜航路を開設しました。また南方の基地整備のため39年から全国の刑務所の収容者を横浜に集め、建設に従事させました。40年から赤報隊がウオジェ島とテニアン島、41年からは図南報国隊がトラック諸島モエン島で飛行場を造成しました。横浜刑務所には「赤報隊及図南報国隊殉職者碑銘」(42年)と、「南方殉職刑務官顕彰碑」(73年)があります。近くの日野公園墓地には教誨師が建立した「南方派遣殉難者之碑」が、久保山墓地には「赤報隊図南報国隊殉没者之碑」があります。テニアン島は原爆投下機が発進した島です。

36年、東京オリンピック開催(40年)が決定しました。IOC委員長が視察で横浜に入港した時に小学生が出迎えた演出などに尽力したのが、実業家、政治家で大日本体育協会副会長(のち横浜市長)平沼亮三でした。ベルリンオリンピックでは選手団団長を務めました(マラソンでは孫基禎が金メダル、南昇龍が銅メダルを獲得しました。朝鮮半島の新聞『東亜日報』は孫のユニホームの日の丸を消して掲載しました。この時起きたことは寺島善一『評伝孫基禎』など参照)。横浜には多くの負担を条件にヨット競技が決定しましたが、日中戦争開始の翌年(38年)に政府は開催を返上しました。三ッ沢公園(神奈川区)には平沼の走者像、記念資料室があります。

赤報隊・図南報国隊殉職者碑

「出征兵士歓送風景」(R)

■民間企業の軍需使用

■鶴見区の森永工場（菓子工場）では、陸海軍用乾パンや慰問用キャラメル、航空糧食、耐寒食（ウイスキー入りソフトチョコのチューブ製品）などを作りました。44年ころ作られた「飴玉製魚雷用信管」は、実戦に使われたのでしょうか。工場には「阻寒気球」が渡され、水素を入れ1000m浮かせて空襲の邪魔をする準備もしましたが、実際には使われませんでした。

■「…日本航空化学という所。その頃、秘密にされてた"桜花"という、ロケット飛行機があったんです。それはもう特攻兵器ですけど。（略）燃料は、過酸化水素をうんと濃縮した奴なんです。（略）この辺に、木造船の工場があって、ベニヤ板でもって、モーターボート作って、自動車のエンジン、日産のエンジンじゃないかな。先に爆薬をつけて敵の船にぶつかる要するに特攻兵器。それを開発してて、それらの練習をしょっちゅう此処でやってましたよ（編注:特攻艇「震洋」。沖縄・フィリピン等で使用）。（略）鶴見工業は4月15日以降、8月の終戦までの間も、勤労奉仕に行ってました。（略）化学の先生が、わりあいと情報を皆に話してくれて、広島と長崎に原爆が落ちましたよね。あの時、その先生が原爆のことを、直ぐに、教えてくれたんです。あの時は特殊兵器とか、特殊爆弾という表現で新聞に出てましたけど、あれは、ウラニウム爆弾だって」

川田安昭（当時14歳）

■「横浜の日本造船が震洋建造のチャンピオンだった。この会社は日産自動車系の企業であり、昭和18年8月に設立」、「工場は京浜東北線の鶴見駅から引き込んだところ」　『日本特攻艇戦史』

■「43年には勤労動員が始まり、私たち3年生は横浜の佐倉鋼鉄という軍需工場に動員されました。この工場は中島飛行機の下請け会社で、零戦の補助翼を製造していました」　神奈川高女・成田悦子

■社史からみる軍需工場

『日揮50年史』

40年代に軍用航空機の性能は著しく向上し、航空用揮発油に高品質が求められ、現港南区最戸町に研究所と触媒製造工場を設立した。陸軍燃料本部から、甘藷が原料のアルコール製造用澱粉製造装置の製作を受注し、また「200本の松根は1機を1時間飛ばせる」と松根原油を小型接触分解装置で処理、製造する技術を開発し大船第一海軍燃料廠に45年6月設置し、生産を開始。

『三菱重工横浜製作所百年史』『横船の思い出』

特攻機キー115を、戸塚・大船間の海寄りの丘陵地で製造した。エンジンはトンネルの地下工場、機体は半地下の場所で準備し、終戦時にエンジンの試作品が完成した。また「SS金物」という長さ17m2人乗り、手持ちの魚雷発射後に敵艦に体当たりする特殊潜航艇が作られた。

神奈川区橋本町の収容所（東京第一派遣所）の連合国軍捕虜を働かせたが、「国際法に基づき酷使しなかった」。ただ戦犯裁判で、この収容所は「東京地区では最悪」とされ、捕虜虐待が厳しく裁かれている（笹本妙子）。

＊戦前のおもな軍需産業進出

1912 保土ヶ谷曹達工場（電解苛性ソーダ製造）
1919 浅野カーリット保土ヶ谷工場
（軍用爆薬カーリット／仏向町）
1935 日立製作所戸塚工場
1935 日本飛行機会社横浜工場（富岡町）
1936 日本製鋼所横浜製作所（泥亀町）
大日本兵器会社（南台）
1938 大日本兵器会社富岡兵器製作所（谷津町）
1940 石川島航空機工業会社富岡製作所（富岡町）
1943 大日本兵器湘南工機工場（谷津町）

◆軍需工場の「変死傷者」

37年1月の『横浜貿易新報』は、「軍需産業の旺なる裏面に数千人の犠牲者あり」と京浜工業地帯のいくつかの造船所などで毎月100人超が労災で亡くなっていると報じています。軍需で活況を呈していながら、労働者の安全対策に経費が回されていなかったのです。

◆会社史をひもとくと

大きな図書館では会社史が揃っています。そこからは戦争当時の社内の様子、国際情勢、世相、そして戦争にどう対応していたか見えてきます。各社が1935年の青年学校令に基づき学校を開設したり、工場疎開をしたり、戦争のために何を製造していたのかがわかります。徴用工や捕虜の記述などもあります。

旧鶴見工業高校

「震洋」レプリカ（慶良間海洋文化館）

「桜花」レプリカ（鹿嶋市桜花公園）

6. 拡大し続けた戦争

(1) 真珠湾から始まったのではない

ノモンハン事件（1939年）でソ連軍に敗北した結果、「南進論」に傾いた日本は、泥沼化した日中戦争の戦局を打開し、アメリカ中心の経済制裁を打破しようと41年12月、対英米戦争を始めました。これがアジア太平洋戦争です。

日本は日中戦争（37年〜）を続けながら、南進の布石として40年９月に北部仏印（ベトナムなど）に、41年7月には南部仏印に進駐を行い、戦闘機の大増産も始めていました。アメリカはこれに対し屑鉄全面禁輸（40年9月）、石油輸出許可制（41年６月）、日本の在米資産凍結令（7月）、石油全面禁輸（8月）を実施します。

41年6月の独ソ開戦で、日本ではソ連の弱体化を期待して再び北進論が高まり、7月から「関東軍特種演習（関特演）」で数十万の兵力を展開します。

41年４月からの日米交渉は、日本の主張とアメリカの「ハル・ノート」の主張が平行線だったため日本は開戦を決意したとされますが、すでに11月1日の大本営政府連絡会議では、「国策遂行要領」を再検討し、「(イ) 戦争ヲ決意ス（ロ）戦争発起ハ十二月初頭トス（ハ）外交ハ十二月一日零時迄トシ之迄ニ外交成功セバ戦争発起ヲ中止ス」と、強い開戦モードに入っていました。「ハル・ノート」の冒頭部に試案かつ法的拘束力はない、と注釈があり、また交渉期限等の記述がなく、外交文書として戦争突入の最後通牒の条件を満たしていないと指摘されます。この時、日米はギリギリのところで政府案を出し合っており、アメリカが「ハル・ノート」で日本を戦争に追い込んだと単純にいえるのでしょうか。

日本はハル・ノートを受け取った11月26日に、真珠湾攻撃に備えて海軍機動部隊を出航させ、またマレー半島上陸作戦に備えて12月3日には艦船を出航させていました。

そして日本時間の12月8日未明、対英戦争（マレー半島や香港、ビルマなど）、対米戦争（太平洋戦線やフィリピン）、蘭印（現在のインドネシアなど）占領のための作戦を展開します。これは東南アジアの資源を狙い経済制裁を骨抜きにすることと、東南アジアの華僑対策（援蒋ルートの遮断）で日中戦争の戦局打開を狙ったものです。

この戦争は、「帝国主義戦争」で従来の植民地争奪戦と同じ、との主張を聞きますが、これは日本の勝手な都合であり（帝国主義自体が勝手ですが）、中国侵略のために戦略が膨張した戦争だったといえます。

(2)「あの戦争」の枠組みは？

日本の戦争は、真珠湾攻撃から始まった、と思う人が多いですが、これ

開戦の地コタ・バルの証言者（マレーシア）

は二重の意味で誤りです。

この戦争は、近年多くの教科書に記述されているように「15年戦争」、つまり日本の中国侵略が全体構造です。31年の満州事変、37年からの日中全面戦争を経て、41年12月8日に至ります（日清戦争からの「50年戦争」との論も）。また、海軍の真珠湾攻撃と、陸軍のマレー半島上陸作戦は同時に始まる予定でしたが、海軍の攻撃開始が遅れたため、約1時間余り先にマレー半島コタバルでの上陸作戦が始まったのです（その後にタイ領上陸）。

これは些細な時間の問題ではなく、アジア太平洋戦争の本質を表すことであり、意識的でありたい史実です。

(3) アジアをどう見たか

日本は41年11月20日に大本営政府連絡会議で決定した「南方占領地行政実施要領」で、「七　国防資源取得ト占領軍ノ現地自活ノ為民生ニ及ホサザルヲ得サル壓(あつ)ハ之ヲ忍ハシメ宣撫上ノ要求ハ右目的ニ反セサル限度ニ止ムルモノトス」「八…原住土民ニ対シテハ皇軍ニ対スル信倚観念ヲ助長セシムル如ク指導シ其ノ独立運動ハ過早ニ誘発セシムルコトヲ避クルモノトス」としました。資源獲得と占領軍の自活のため民族解放の要求もほどほどに抑えること、原住民が「皇軍」に信頼感を持つようにして独立運動を起こさせない、という内容です。日本はフィリピン、ビルマには運動の強さからのちに独立を認めますが実際は傀儡政権でした。フィリピンの教科書は、これを“puppet of the Japanese”（日本に操られた）と表現しています。「日本がアジアを解放した」という主張が適切ではないとわかります。

On October 14, 1943, the Second Philippine Republic was inaugurated in front of the Legislative Building at Manila. It was headed by President Jose P. Laurel. This was not really a popular government because it was a puppet of the Japanese. The Filipino voters did not elect the new officials. Moreover, the new government officials were only forced to obey the Japanese orders. They were not free to do as they pleased.

(4) なぜ「太平洋戦争」と呼ばれる？

この戦争は太平洋地域だけが戦場ではありません。現在なぜ「太平洋戦争」と呼ばれているのでしょうか。日本は「大東亜戦争」と呼びましたが、戦後GHQの意向で「太平洋戦争」と呼ばせたのは“アメリカに敗れた戦争”という対米従属のイメージ作りでしょうか。国際的にも“Pacific War”が多く用いられていますが、正確さを欠くといえます。加えて“アジア侵略の不可視化”という狙いが見え隠れします。やはり、「アジア太平洋戦争」という名称が適切といえます。

＊「大東亜戦争」という名称は……

1938年11月の第二次近衛声明は、東アジアを念頭に「東亜新秩序声明」を打ち出しましたが、40年7月、「基本国策要綱」で松岡洋右外相が「大東亜共栄圏」という言葉を使って、日本の生命線が東南アジア全体に拡大したことを示しました。ただ実際に「大東亜共栄圏」の概念を明確にしたのは、開戦直後の第79回帝国議会で東条首相が施政方針「大東亜共栄圏建設の根本方針」を演説した時だとされます。政府が「大東亜戦争」という名称を使うのは41年12月10日の大本営政府連絡会議の決定と、12月12日の閣議決定であり、「支那事変を含む」とされています。こうした後付けに思える「大東亜戦争」という呼び方は、アジアの繁栄を考えたと思えません。戦争の経過を見ればそれは明らかです。しかし、本質をぼやかした「大東亜」の「共存共栄」というスローガンには、日本国民を煽るには十分な力があったようです。

この名称は当初、教科書検定では認められませんでしたが、カッコ書き（02年）が可能となり、06年には逆に「アジア太平洋戦争」が先になりました（君島和彦）。大学センター試験もこの名称です。

歴史的できごとの名称は、当初からのものと考えがちですが、正式な「事件名」が命名されるケースばかりではなく、意図的につけられたり、研究の成果で変わったりすることがあることを知っておきたいですね。

12月8日の日米開戦を、外務省は「ワシントン日本大使館に通告文書を打電したが、暗号解読が遅れて真珠湾攻撃に間に合わなかった」と主張します。しかし、このとき打電されたのは日米交渉の「打ち切り通告」であって、国際法で定める「宣戦布告」ではありません。主張の意図は何でしょうか。日本は奇襲するような国ではない、というなら、それは当てはまりません。なぜならマレー半島上陸作戦は、前述のように真珠湾攻撃より先に始まりましたが、日本はマレー半島を支配していたイギリスに、事前に宣戦布告はしていません。これは教科書でも記述されるようになっていますが、日本社会では一般的認識になっていません。

その後太平洋戦線では、42年6月のミッドウェー海戦で大損害を受けて以降、不利な状況に陥り始めていました。

日本は東南アジア戦線においては破竹の勢いで進み、42年4月には東南アジアのほぼ全域を支配しました。しかし、アジアを解放してくれる、という当初の期待を裏切り、現地の人々の反感、抵抗を受けました。むしろ欧米諸国の植民地支配よりも厳しい政策を進めたのです。例えば日中戦争を優位にするため現地華僑の財産を取り上げ、虐殺を行いました（シンガポール「大検証」など）。

☆東南アジア各地の華人追悼碑から日中戦争を知る

日本軍は、東南アジアで華人の財産を奪い、虐殺することで日中戦争を優位に運ぼうとしました。マレー半島ではその虐殺の追悼碑があります。また、シンガポール、香港、ベトナム、フィリピン、インドネシアにもあります。マレー半島では日本の「敵性華僑狩り」を、ドイツの「ユダヤ人狩り」と重ね合わせる見方もあります。毎年、シンガポールは2月15日、マレーシアでは8月15日に、地元華人主催で追悼セレモニーが行われています。日本軍はマレー半島占領後、「奉納金」と称して強制寄付を現地華人に求め、不足分を横浜正金銀行から借りさせました（この時期、マレー半島では正金銀行の出張所が各地で開設された）。このようなところで横浜とマレー半島は関係していました。

(5) 連合国軍捕虜

1942年1月には、ウェーキ島での連合国軍捕虜1300人が横浜に来ました。京浜地区には19カ所の「俘虜収容所」があり、連合国軍捕虜は国際法に違反して工場などで強制労働をさせられました。イギリス軍関係の犠牲者は戦後、保土ヶ谷区の英連邦軍戦死者墓地に葬られました。俘虜と捕虜は、英語では同じPOW(Prisoner Of War)で、第2次大戦前は「俘虜」の呼称が多く使用されていました。

> 戦争中、ゆたか橋を渡った先に、捕虜収容所があった。穏やかな秋日和の十時ごろ武装した二人の兵隊さんが前後を警備して、丸腰の米兵が二人リヤカーを引いて通った。表にいた人はあわてて家の中に飛び込んだが、それぞれ戸や窓を細めに開けてのぞいた。リヤカーには荒削りのお棺が乗っていた。黙々と4人は歩いていった。敵国人だが、覗いた人は手を合わせ冥福を祈った。
>
> 都丸　節子(当時22歳)
>
> 『炎の中にー鶴見空襲体験の記録ー』

*横浜事件

社会評論家・細川嘉六は雑誌『改造』42年8、9月号に掲載された「世界史の動向と日本」でソ連賛美と政府批判をした、と逮捕されました。捜査の過程で、富山県朝日町の旅館「紋左」での出版記念の集合写真が、共産党再結成の謀議と決めつけられて43年、『改造』『中央公論』の編集者ら60人以上が治安維持法違反容疑で神奈川県警特高課に逮捕されました。拷問により4人が獄死、1人が保釈後死亡しました。33人が起訴され、裁判もほとんどなく、懲役2年執行猶予3年の判決を受けました。戦時下最大の言論弾圧事件といわれ、市内の警察署で取調べがされたため「横浜事件」と呼ばれます。県庁の塔部の部屋でも拷問が行われたといわれています。

2008年、横浜地裁は再審開始をしましたが、被告5人に有罪無罪の判断を示さず免訴としました。しかしその後の刑事補償請求で、地裁判決(10年)は拷問や、事実上冤罪を認める判断を示しました。

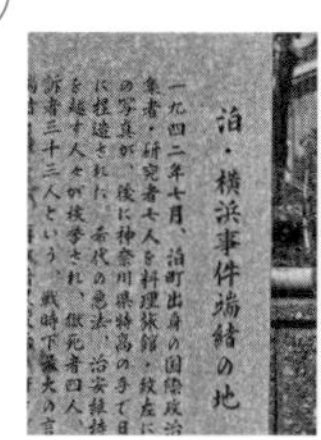

朝日町の旅館紋左と横浜事件碑

◆リカルテ将軍記念碑(山下公園)

「アルテミオ・リカルテは1866年10月20日フィリピン共和国北イロコス州バタック町に生まれる。1896年祖国独立のため挙兵。1915年「平和の鐘の鳴るまで祖国の土をふまず」と日本に亡命、横浜市山下町149に寓居す。

1943年生涯の夢であった祖国の独立を見しも、80歳の高令と病気のため1945年7月31日北部ルソンの山中に於て波乱の一生を終る。リカルテは真の愛国者であり、フィリピンの国家英雄であった。茲に記念碑を建て、この地を訪れる比国人にリカルテ亡命の地を示し、併せて日比親善の一助とす。

昭和46年10月20日　財団法人フィリピン協会会長岸信介」

(6) 横浜とリカルテ

“puppet of the Japanese” だったフィリピンに、日本軍はある人物を呼び寄せます。独立戦争で闘い、日本に亡命してきたリカルテ将軍でした。

独立戦争時、リカルテはポンセを使者として横浜に送りました。アジア主義者の宮崎滔天の紹介で政府高官と接触させ陸軍払い下げの武器・弾薬を入手し、1899年7月に貨物船でフィリピンに送りました。しかし長崎を出航した船は台風で沈没、独立戦争は失敗に終わりました。リカルテは国外追放されながら再び独立を志して裁かれ、香港近くの小島に流されましたが脱獄し、日本に亡命しました。名古屋に潜伏後、23年に山下町に移住し、その後東京の殖民学校や横浜の商工実業学校でスペイン語を教えていました。そこに日本軍から参戦要請が来ました。アメリカとの戦闘にフィリピン人が積極的に加わらなかったためです。この時リカルテは75歳、彼はこれを受け独立を信じてアメリカ軍と戦いましたが、45年7月フィリピン山中で病死しました。彼の功績を讃える石碑は山下公園で1番知られざる碑かもしれません。

(7) 戦争遺跡としての氷川丸

氷川丸は1930年に建造され、豪華客船としてシアトル航路などに就航し、チャップリンなど多くの有名人を乗せました。ロンドン軍縮会議の条約書の輸送なども担いました。41年からは病院船として太平洋各地を巡航し、機雷に3回も接触しながら、頑丈な造りで難を逃れました。病院船ゆえ死亡者もあり、ファンネル（煙突）後部には「火葬場」がありました。現在の船内展示に、アンボンで軍から高射砲輸送を要請されながら国際法違反を理由に断ったために国賊呼ばわれしたが、連合艦隊司令部に打電して対応した、という話が紹介されています。終戦後は復員船として引き揚げ兵の輸送と、国内の食糧輸送にフル稼働しました。

53年、太平洋航路に復活して60年まで活躍し、翌年から山下公園前に繋留され宿泊施設、レストランやビアガーデンとして親しまれました。世界的にも戦前の貨客船として貴重で、産業史・交通史的価値も高く2016年には国の重要文化財に指定されました。

(8) 横浜の中小企業の戦争

横浜市南部は海軍施設が多く、戦局が悪化すると、大工場のみならず多くの町工場でも軍需品を製造しました。戦争で日常の需要を失った工場には受けざるを得ない仕事でした。こうして横浜は一大軍需産業地帯となりました。

氷川丸とマリンタワー

横浜への空襲

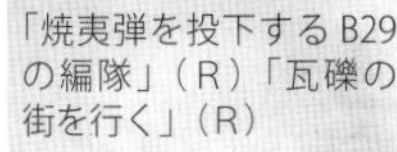

「焼夷弾を投下する B29の編隊」（R）「瓦礫の街を行く」（R）

私が横浜への空襲を意識したのは教育実習のときでした。横浜市立の小中学校では、横浜大空襲の日（5月29日）の昼休みに、体験談を放送する平和学習を実施していました。その放送を聞いて、断片的に知っていた戦争の話が私の頭の中で再構成され始めました。1年後、教員となったとき『横浜の空襲と戦災』という本が職員室にありました。その本のページをめくっていくと、横浜の身近な地名が次々と、空襲の被災地として出てきました。そこで証言をプリントにして、地元から戦争の歴史を学ぶ授業を始めました。空襲の証言集会やフィールドワークに参加すると、痕跡がまだ残っていることを知り、自ら市内の寺社を巡って探し始めました。すると平均着弾点の地域を中心に、さらに痕跡が見つかったのです。一方、職場の図書室で空襲関係の本を探していると、退職教員で嘱託の方が声をかけてくれました。痕跡である割れた石碑の話をしたところ、空襲での猛烈な火災で石碑がすっぱりと割れることがある、と教わりました。空襲の痕跡探しから戦争被害や、そのきっかけである日本の加害、戦争の歴史と起きる構造へと、私の想像力は拡がっていきました。

Around Yokohama

「ゲルニカ」の原寸大レプリカ

オリジナルはピカソがドイツの祖国スペイン空襲に抗議した作品で、パリ万博で展示されました（原田マハ『暗幕のゲルニカ』が興味深い）このレプリカが東京駅丸の内 OAZO1Fにあります。大塚オーミ陶業の特殊技術による作品です。

Around Yokohama

東京大空襲・戦災資料センター

（都営大江戸線住吉駅下車）

「東京大空襲を記録する会」などの働きかけで都立の平和記念館構想が進められていましたが,1999年に凍結されたことから、民間資金で2002年、空襲被害が最も大きかった江東区北砂に設立され、多くの来場者があります。

全国各地にも空襲の記録などを残す施設があります。

7. 日本への空襲

空襲は第1次大戦から始まりました。この戦争スタイルの変化をドイツや日本はいち早く導入しました。大規模空襲は1937年４月のドイツによるゲルニカ空襲が知られていますが、日本は31年10月の錦州爆撃を始めとして、38年12月～翌年8月には重慶空襲を繰り返しました（218回)。39年5月3,4日の大空襲は知られていますが、中国全土へは合わせて37年から41年に延べ917回という驚異的な空襲を行いました（笠原十九司)。

空襲とは本来どのようものなのでしょうか。最近では「空爆」という言葉も聞きますが、国際法の視点で見ると（国際法は慣習による不文律から始まっていて、解釈には文脈・背景も考慮すべきです)、45年当時の空襲に関する戦時国際法では原則的に「軍事目標主義」、つまり戦争時でも攻撃は軍事目標や防守都市（軍により守られている都市）にのみ許されました。戦時海軍砲撃条約は一部例外を除き無防守都市（無防備都市）には、軍事目標施設の爆撃のみ認めています（中山伊佐男)。また防守都市は占領しようとする軍隊と抵抗する軍隊の存在が要件で、軍隊や軍事施設の存在だけでは防守都市にはなりません。

42年4月、太平洋上のアメリカ軍空母から艦載機B25爆撃機16機が日本本土を初空襲しました。13機が東京・川崎・横浜・横須賀へ、３機が名古屋、神戸などへ空襲を行い、50人近く（東京39人）の犠牲者が出ました。土曜白昼の低空飛行空襲で、人々は訓練と勘違いしたそうです。この空襲は、隊長名から「ドーリットル空襲」と呼ばれました。横浜では南区打越で7歳の幼稚園児が機銃掃射で死亡しました。

本土空襲はその後44年に再開されるまで、準備が進められました。アメリカ陸軍航空軍大将ヘンリー・アーノルドは43年3月作戦分析委員会に「日本に存在する戦略目標の分析」を命じ、11月に市街産業地域が密着して焼夷弾攻撃に極めて脆弱で、都市中心部は建物が密集し焼夷攻撃が有効と情報を得ました(中山)。

アメリカ軍は44年6月に中国の成都基地から八幡（北九州）空襲を行い、７月サイパン島、８月にはグアム島やテニアン島を征圧すると、11月にはそこから本土空襲を始めました。アメリカ軍はこの時新たに航続距離5500キロの超長距離重爆撃機B29＝「超・空の要塞／スーパー・フォートレス」を導入しています。（マリアナ諸島～日本は往復5000キロです)。

11月24日、マリアナ基地を飛び

> 家では母と妹と弟の由郎（当時5才)、竹之丸の幼稚園児の3人が、食事をしていた。そのうち何やらポンポンと打ち上げ花火のような音が聞こえたので、由郎が急いで家を飛び出し、私もそれにつられるように一緒に外へ見に行った。（略）すると、家に戻るちょっと手前の所で、黒い飛行機が1機、非常な低空飛行で上を通過するのを見た。変な飛行機だなと思いながら隣にいる由郎を見ると、由郎は突然後へ仰向けざまに倒れたが、すぐに立ち上がった。しかし、また前へ崩れるように倒れてしまった。一瞬の出来事に、私にはどうしてそうなったのかわからなかったが、由郎の後頭部の一番上の部分から一筋の血が細く流れ出しているのを目にした。（略）急いで先生を呼んで来て種々の治療が為されたが、その甲斐もなくまもなく意識不明のまま息を引き取った。
>
> 中区打越、石川国民学校4年生·中村秀吉
> 『横浜の空襲と戦災』

立ったB29が東京・武蔵野上空に姿を現しました。この時期からの爆撃を松浦総三は、アメリカ国戦略爆撃調査団報告の分析から、3つの時期に区分しています。

第1期	1944年11月～45年3月上旬	昼間に高々度からの軍事施設爆撃が中心
第2期	1945年3月10日～5月中旬	東京大空襲後、市街地への夜間低空からの焼夷弾空襲
第3期	5月下旬～終戦	大都市住宅地などに対する焼夷弾空襲

44年11月からの第1期空襲は主に軍需工場を目標とした高高度爆撃（高度8000～1万m）で、命中率は低く損害も限定的でした。爆撃軍司令官ヘイウッド・ハンセル准将は市民を巻き込む形に抵抗感を持ち、更迭されます。代わってドイツ空襲を担当したカーティス・ルメイ少将が45年1月に就任し、子どもや老人など非戦闘員も狙うじゅうたん攻撃を決定しました。ヨーロッパの「石の建物」と異なる「木と紙の家」を「効率よく」攻撃する焼夷弾も開発されました。

第2期空襲では3月10日のB29、334機での東京大空襲に夜間低高度（高度2000m程度）の焼夷弾爆撃を行い（犠牲者約10万人）、以後3月下旬～4月前半に名古屋、大阪、神戸、川崎などで工場への夜間爆撃を続けました。一時期マリアナ基地の焼夷弾は底をついたといいます。

第3期空襲は5月に東京2回と横浜、6月には大阪、神戸、鹿児島、浜松、静岡など、7月には仙台、熊本、高松、高知、甲府、和歌山など34都市、8月には八王子、水戸、長岡、富山などへの空襲がありました。日本側は対空能力が低下し、反撃はほとんど困難でした。

第2期以降の空襲について、中山は低高度夜間空襲を「攻撃目的が、軍需施設ではなくて、一貫して非戦闘員である一般市民の殺戮にあった」と、アメリカ軍空襲の非人道性を指摘しています。と同時に、日本が重慶で空襲の原因を作り、報復の連鎖でエスカレートしており、日本もその原因を作っている、と指摘しています。

◆焼夷弾実験とアントニン・レーモンド

ルメイは焼夷弾攻撃の効率化に、東京の下町をユタ州に再現、燃焼実験をしました。設計したアントニン・レーモンドの自伝には日本への想いと、戦争終結を願う葛藤が記されています。ナチスの母国チェコ迫害や、日本の軍国主義への反発もありました。フランク・ロイド・ライトの下で帝国ホテル施工のため1919年に来日した時から、アメリカ陸軍へ情報提供をしていたとされます。彼の設計は東京女子大礼拝堂や、横浜ではエリスマン邸（26年移築）、ライジングサン石油会社（26年／写真左）、同社宅（現フェリス女学院大10号館）、不二家伊勢佐木町店（38年／写真右）があります。

◆横浜と2人のチェコ人建築家

横浜には明治の初期からチェコ人が在住し、1907年に来日したヤン・レッツェルは横浜の設計事務所に勤務後に独立、15年には広島県物産陳列館（のち原爆ドーム）設計も手掛けました。また日本のシベリア出兵（チェコ軍救援名目）時に兵士だったヤン・ヨセフ・スワガーは上海でレーモンドと出会い23年来浜、彼のもとで働きました。横浜ではカトリック山手教会、保土ケ谷カトリック教会（写真右）、本牧バーナード邸を設計しました。

8. そして横浜大空襲へ

(1) 横浜への空襲

横浜への空襲は、回数の記録が一致しておらず、『横浜の空襲と戦災』が43回、村上直『郷土神奈川の歴史』は51回です。内陸への空襲で残った焼夷弾は沿岸部に落とされており、それが違いになったようです。

前述のドゥーリットル空襲以来、1944年11、12月の鶴見区、港北区空襲、45年元旦に港北区、そして2月にはアメリカ機動部隊の艦載機の空襲が始まりました。大きな空襲では4月4日(鶴見・川崎)、15日(東京大田区への城南空襲が鶴見、川崎にも)、5月29日の横浜大空襲、6月10日(本牧・富岡)があり軍需工業地帯と非戦闘員への攻撃といえます。特に吉田新田だったエリアをアメリカ軍は住宅密集度が高い「焼夷地区1号(ゾーン1)」と区分して、住民を標的とした攻撃を行いました(中山伊佐男)。4月15日以降、アメリカ軍は沖縄戦での特攻攻撃に対応するため、空襲はしばらくストップしました(24日静岡、立川と5月5日呉に空襲あり)。

横浜の中心部への空襲が5月になったのは、一部を除き人口密度が高くなく、夜間空襲での効率が低いからでした(今井清一)。

(2) 横浜大空襲

横浜大空襲は「大都市じゅうたん爆撃の最終段階で、最後に残された手つかずの目標にたいして、それまでに蓄積した戦力と爆撃方法とをつぎ込んでおこなわれた」(今井)ものでした。

5月29日未明にマリアナ基地を発進した爆撃機は午前9時22分に横浜上空に達し、10時半頃まで空襲を行いました。

この日は5カ所(東神奈川、平沼橋、港橋、吉野橋、大鳥国民学校)に平均弾着点が設定され、焼夷弾満載の爆撃機B29・517機と、護衛や機銃掃射を行うP51・101機が隊形を組んで高度5500mで侵入してきました。空襲ではまず大型焼夷弾M47で火事が起こされ、その煙を目標に小型焼夷弾M69の投下で延焼が拡がりました。爆弾も混ぜて消火活動の妨害も織り込んでいました。民家も軍需物製造を担っていることを名目に、対象となりました(多くの町工場が軍需品を製造していた)。東京大空襲の時は325機で、横浜大空襲は最大級の空襲であったといえるでしょう。焼夷弾が43万8576個(2569,6トン)投下され、集中投下された場所では30cmおきに地面に刺さり、焼夷弾自体が当たって亡くなった方もいました。

空襲の黒煙は多くのものを吹き上げ、房総半島へも紙片が到達しました。横浜大空襲は丘に囲まれた地形だったので一酸化炭素中毒や酸素欠乏による窒息で多くの犠牲者を出しました。空襲被害の公式発表(県6/4)は死者3650人、重軽傷者1万人超、罹災者31万人超、11月には死者5830人(横浜市)とされていますが、神奈川区では個人の調査で倍近くの違いがあり(後述)、実際は8000人以上の犠牲者があったともいわれます。横浜大空襲は1回の空襲としては、広島、東京、長崎に次ぐ犠牲者が出た規模だったのです。実はこの空襲は、横浜が原爆投下候補地から外れた直後でした。

9. いま、空襲の痕跡を歩く

空襲は遠い過去で、追体験などできないと思われがちですが、現在も空襲の傷跡は残っています。多くの建物が焼失して焼け野原になった中で、寺院や神社にある石碑・墓石や、火に強い樹木に痕跡が残っています。そうした痕跡は、今も私たちに空襲のことを伝えてくれます。想像力をふくらませる機会が少ない現代に、戦後75年が過ぎても、証言などとあわせて戦争を想像して、その本質を考えることは可能です。

私は横浜の空襲の痕跡を探してきました。寺社の方に話をお聞きし、資料を調べて裏付けを取ることもしてきましたが、空襲被害だという確証が取れていないものもあります。石碑には戦後にアメリカ軍に見つかることを恐れて埋めた時に割れたものがあり、また焼け焦げた木には別の時期の大火や震災の被害もあり、すべて空襲被害だけと決めつけられません。

たとえば東神奈川周辺のイチョウの木などは慶応の大火（1868年）、関東大震災（1923年）、横浜大空襲とそれぞれ被害を受けています。イチョウは樹皮が厚いコルク質で断熱効果が高く、水分量も高いので「火伏の木」といわれ、焦げ跡が残りやすく空襲被害を語っています。ここでは地域別に当時の状況と空襲被害をみながら、推測を含めて戦争遺跡である空襲の痕跡をたどります。

(1) 港北区

港北区は東京と横浜を結ぶアクセス上にあり、川和や長津田、温泉地の綱島が地域の中心でした（現在は港北区、緑区、都筑区、青葉区になっています）。日吉には1944年に海軍日吉台地下壕などの施設、現在の大倉山記念館に海軍気象部が置かれました。大聖院には空襲によって焼け焦げた木があるといいます。

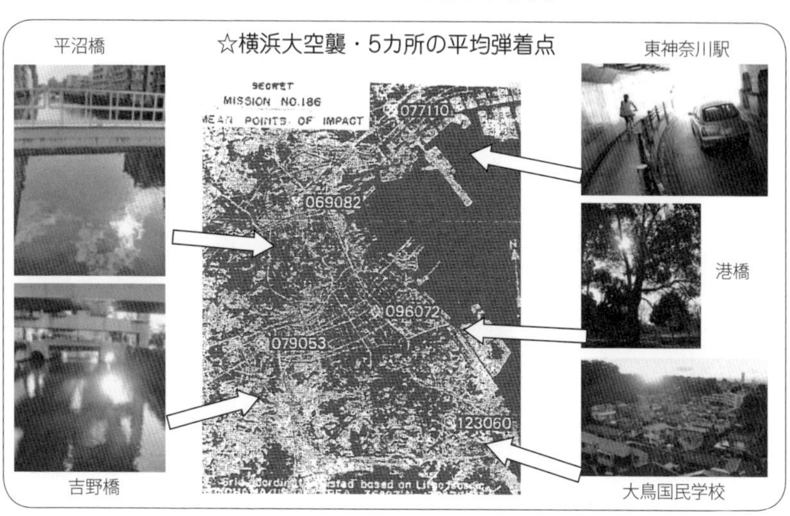

(2) 鶴見区

鶴見区の臨海部は関東大震災後に埋め立てが進みました。東京から多くの工場が移転し、潮田地区に多くの労働者が流入しました。出稼ぎ者や朝鮮人労働者、のちには徴用工や動員生徒たちです。鶴見駅周辺は曹洞宗総本山総持寺があり、旧東海道沿いと共ににぎわっていました。

鶴見地区に1番大きな被害をもたらしたのは４月15日空襲でした。この空襲は大森、蒲田を目標とした「城南空襲」で、アメリカ軍側の表現を借りれば川崎や鶴見は「はみだし」空襲でしたが、多くの犠牲者が出ました。

> とたんに鶴見隣保館に爆弾がさくれつした。大聖寺の不動様の幕が飛んで来た。もうだめだ、私は思わず下へおりた。自分たちの防空壕にはだれもいない。そのうちに私の娘が顔を血だらけにして帰って来た。顔をどうしたときいたがなにもわからないらしい。重ねて聞くと、自分の大切なそろばんを取りに家へ帰って、そろばんを棚からおろし外へ出た瞬間、先ほどの爆弾の炸裂の鉄片が鼻にささっていたのであった。私は3人の子供の手を引き、産業道路より生麦方面へ逃げた。空にはB29が火だるまになって総持寺の方面に落ちて行く。鶴見区仲通　大谷与惣五郎
>
> 4月15日空襲『横浜の空襲と戦災』

❶ ＪＲ鶴見線国道駅

昭和初期の雰囲気を残した駅で、ＴＶのロケにも使われています。国道15号線沿いの外壁や入口の壁面に機銃掃射の弾痕と伝えられる部分があります。

❷ 矢向地区

JR南武線矢向駅前には空襲を受けながら残ったクスノキがあります。周辺の寺院にも空襲の痕跡らしきものが見受けられます。

❸ 潮田地区

空襲で焼失し再建された潮田神社（潮田町3丁目）の狛犬には火であおられた跡があります。境内には割れた手水鉢や部分的に焼け焦げた木もあります。地蔵堂は空襲犠牲者供養のために建てられました。

関東大震災で紹介した東漸寺にある樹木の焦げ目は、空襲被害によるものとされています（瀬田秀人）。

大聖寺（仲通1丁目）のイチョウも戦禍をくぐり抜けたものです。この付近でも多くの犠牲者が出たようです。

❹ 市場地区

鶴見市場駅近くの熊野神社は、境内は整備されていますが、石灯篭などに焼け焦げた痕跡が、また一部欠損のある石碑や、折れた石碑もあります。熊野神社から旧東海道沿いに行った金剛寺にも、割れた墓石や焼夷弾の痕跡と思われる石碑を見ることができます。

国道駅弾痕

矢向駅のクスノキ

潮田神社の狛犬

大聖寺の焦げたイチョウ

金剛寺墓石の焼夷弾

❺ 末吉地区

末吉近辺は４月４・15日、空襲に遭っています。近くの三ツ池公園に高射砲陣地があったせいか、この付近は激しい空襲を受けました。真福寺（末吉不動）の階段を上がった左手には割れた石碑（機銃掃射らしき痕も）、またお堂の柱には機銃掃射で被弾したとされる弾痕が最近まで残っていました。

❻ 岸谷地区

岸谷の安養寺には７月12日の空襲犠牲者が刻まれた墓石があります。また、弟の33回忌に戦争への憎しみを刻んだ石碑もあります。（「なき忠次郎の三十三回忌に思う」70年）。墓石から、さまざまな歴史の現実が見えます。隣の杉山神社には、地元から出征した人たちの遺影が今も掲げられています。

❼ その他

箱根駅伝の鶴見中継所近くの大山祇神社（菅沢町）にはひびの入った狛犬が、生麦魚河岸通り近くの生麦水神社（生麦4丁目）には焼け焦げた木があります。

鶴見線大川駅(川崎市)近くのガードには、戦闘機から機銃掃射を受けて厚さ約１cmの鉄板が数カ所撃ち抜かれています。その威力と、逃げまどう恐怖に思いをはせると、慄然とします。鶴見線昭和駅(川崎市)にも、空襲被害の地

末吉不動の割れた石碑　　杉山神社

ＪＲ鶴見線大川駅のガード

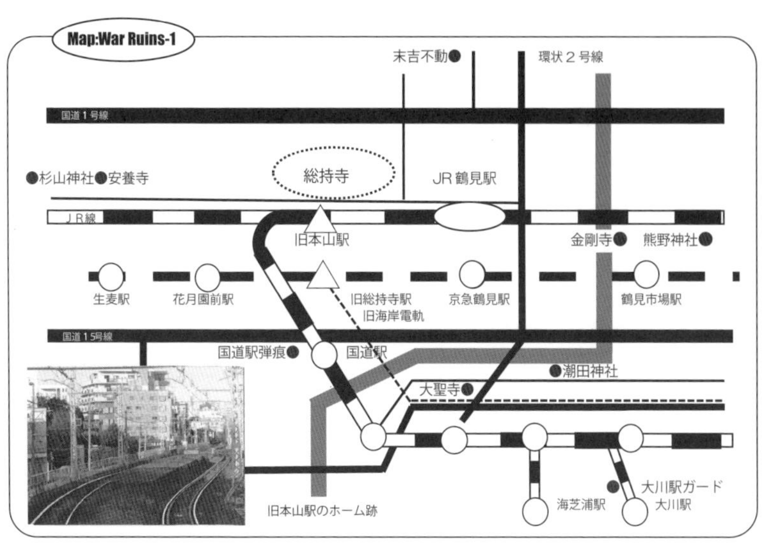

蔵尊があります。

(3)神奈川区

神奈川区の臨海部は、子安駅から東側は鶴見、川崎へと多くの重化学工場が、西には倉庫や造船所が続いていました。中央市場があり多くの人々が働いていました。内陸部では農園や、花卉・西洋野菜栽培が行われていました。また大口通商店街や六角橋商店街などが繁盛していました。東西を国道1号線（二国）、15号線（一国）、そしてJRと京急、東急が貫く大動脈であり、旧東海道いには多くの寺社が建っています。

横浜大空襲での犠牲者は、当初3649人とされました。しかし実はもっと多い人数ではないか、とされています。たとえば神奈川区在住で地元の警防部長をしていた佐川四郎さんは、妻と3人の娘が行方不明になりました。そこで空襲の翌日から区内の犠牲者の氏名を調べて歩きました。神奈川県警がまとめた神奈川区の犠牲者数は598人、しかし佐川さんが作成した「過去帳」には1051人の名前が記されているのです。そもそも横浜大空襲の死者数は推定数のままです。実際の犠牲者数はどれくらいだったのでしょうか（朝日新聞85年5月23日付）。

＊被害状況（6月4日現在）（「神奈川区史」より）

	死者	行方不明	重傷	罹災者	全焼
横浜市	3649	309	1655	311218	78949
神奈川区	598	？	328	64059	16425

❶　新子安周辺

この地域は、1945年２月19日、４月15日、5月29日の空襲などで大きな被害を受けました。旧東海道沿いには寺院が多く、本慶寺、遍照院では墓石が割れて、現在補強されて立つなど、空襲の痕跡と思われるものがあります。

浅野学園には生徒や地元住民の避難用、また企業の機密資料保管のために学校の西側道路沿いに防空壕が造られました。工業地帯ならではの事情といえます。2004年、浅野学園によって整備され、説明板も設置されました。

❷　ＪＲ東神奈川駅～京急神奈川駅

横浜大空襲で、東神奈川駅周辺は５カ所の平均弾着点の１つとして、集中的に空襲を受けました。この付近は神奈川宿の本陣があったので、旧東海道沿いには多くの寺社があります。それらが空襲で燃え、いまも石碑、墓石に痕跡があります。

かつて京浜急行線仲木戸駅近くの土手には、大きな割れた石碑がありました。

敵の平均十機の編隊は、後から続々と侵入しては通って行く。日本の高射砲隊の弾幕に包まれても、悠々として編隊を崩さない。全くなめ切っている。約百五十機まで数えた頃には、黒煙は天に沖して、上空一面をおおい、まさに黄昏時を思わせる。（略）新子安の辺まで来ると、家々が盛んに燃えていた。それでも、まだこの辺はよかった。だんだん東神祭川の方に来るにつれて、火事のための烈風が吹きまくり、上昇気流のためにトタンは天高く、ヒラヒラと舞っている。

神奈川区新子安　諸星義一

『横浜の空襲と戦災』

◆戦争遺跡・防空壕　浅野学園作成の銘文

太平洋戦争中、本校の"銅像山"には、本校(浅野綜合中学)生徒や地域の人々がアメリカ軍による空襲から逃れたり日本鋼管株式会社等の機密資料を保管したりするために、日本軍や本校生徒の勤労作業によって数個の防空壕が作られた。（略）1945（昭和20）年5月29日の横浜大空襲では、防空壕内に退避した大勢の人たちは、火と黒煙が渦巻く横浜市内の惨状、そして焼夷弾が火を噴き続ける学園の校舎を涙して眺めていたという。今日に伝わる"戦争遺跡"として後世に残すものである。

2004（平成16）年8月

これは関東大震災の碑で、戦後、進駐軍がこの地を接収、整地した時に金蔵院から動かしたものでした。1998年の工事時に金蔵院が引き取り、経緯とともに境内に展示しています。この他、京急神奈川駅近くの甚行寺の墓石、洲崎神社の石碑がひどく割れていて、空襲の痕跡を残しています。幸ヶ谷公園にも割れている石が見られます。

空襲で焼けながら、今も力強く立つ樹木もあります。古木指定されている熊野神社や東光寺のイチョウ（いずれも1869年慶應の大火で焼けていた）、甚行寺の樹木が焦げ跡をさらしながら、生命力を見せています。

熊野神社の狛犬も震災や空襲で焼けて、一時はアメリカ軍の接収で埋められたそうです。現在は修復されていますが、痕跡を見ることができます。また中央市場に近い神奈川一丁目には、地域の追悼碑である、「戦災殉難者慰霊之碑」が立っています。

❸ 神奈川区西部

神橋小学校隣の杉山神社には空襲の復興碑と、割れた石碑が残っています。

三ツ沢周辺から反町では5月29日の大空襲で、現国道１号線沿いに焼夷弾や爆弾が落とされ、多くの寺院が被災しました。豊顕寺本堂前にある大イチョウには焼け焦げが残ります。国道１号線をはさんで北側にある三ツ沢共同墓地は

突然、頭上で異様な音がした。ちょうど夕立を思わせるザザーッという音である。ふり仰ぐと、小さな十文字が3つずつ、群をなして煙の間に現れ、煙の中に消える。「これが敵機の編隊だな」と思う。間もなくアスファルトの道路に沢山の筒状のものが、重そうにボトン、ボトンと落ち始めた。非常に大きなものに見えたそれらは、必ず地上に当ると、生きもののようにはねあがって再び落ちる。（略）広い道路のあちこちに火の地図を描き出した。また、その無気味な液体は逃げゆくどこかの婦人の背中にもへばりつき燃え出し、何か叫んだように思えたが、そのまま道路にころがって助けよう術はない。或いはまた、その液体は道路に流れ出し、とりもちのように、燃え出しもせず逃げ行く人々の足をとった。もちろん、私の足許にも何本かが響を立てて落ちた。およそ畳1枚に3本から5本位の密度であったと思う。これが焼夷弾であった。

神奈川区東神奈川　小野　静枝

『横浜の空襲と戦災』

土手にあった石碑

金蔵院に戻った石碑

焦げたイチョウ（熊野神社）

(1907年造成)には、多くの無縁仏が葬られ､「横濱戦災者慰霊塚／慰霊碑」「横濱医科大学があります。

三ツ沢テニスコートの向かいには戦時中、護国神社を建設していましたが空襲で被災して、現在は「昭和二十年」と記された横浜市戦没者慰霊塔が立っています（52年建立・95年改修)。

反町周辺は被害が大きく、上反町1丁目には地域の無縁仏のための「大空襲当地域犠牲者荼毘之処」がありました（今は本覚寺に移設)。せせらぎ緑道（松本町）の愛染地蔵は、川に流れてきた地蔵を染物工場で供養したのが由来で、大空襲で傷つき地元の人々が祀りました。

歌川広重の「東海道五十三次」の「神奈川宿」は、当時海だった今の横浜駅西口近くを描いていますが、道沿いの金毘羅宮には割れた石碑があります。

(4) 西区、保土ヶ谷区

かつて西区は相鉄線天王町駅の近くまで遠浅の海でした。帷子川の河口には幕末に平沼新田と岡野新田が造成されました。戦前まで横浜駅西口から平沼には工場と住居が混在していました。横浜駅東口周辺はほとんど工場でした。桜木町駅までの臨海部には横浜船渠（三菱ドック）があり、多くの労働者や学徒動員の生徒が働いていました。一方で伊勢山や野毛山といった地域は、伊勢山皇大神宮や震災後に整備された公園で大きな緑地帯を形成していました。また横浜連隊区司令部や高射砲陣地もありました。内陸の藤棚には商店街があり、戸部や久保に住む労働者たちでにぎわっていました。

❶ 平沼橋周辺

5月29日の横浜大空襲では、平沼橋周辺は5カ所の平均弾着点の1つとして、集中的な空襲を受けました。しかしそれに先立つ4月4日空襲でも、設

杉山神社

幸ヶ谷公園

本覚寺

平沼戦災碑（現存せず）

豊顕寺

神奈川1丁目

横濱戦災者慰霊碑・塚

備を整えていた防空壕が直撃を受け、多くの犠牲者を出しました。造られた慰霊碑が95年に関電工ビル前（新横浜通り）に再建されましたが、現在行方不明です。また京急横浜－戸部間にあった平沼駅は、44年11月に廃止されていましたが、横浜大空襲で焼失しました。長い間鉄骨が残ったままとなっていましたが、99年に安全性確保を理由に鉄骨は撤去されました（鉄骨は保存）。また2004年にみなとみらい線の開通にともない廃止された東急東横線高島町駅の高架にも空襲の痕跡らしきものを見ることができます。

❷ 浅間町周辺～保土ヶ谷

丘が続く地形のため地下壕が掘りやすく、また平均弾着点の平沼橋に近かったため、体験記では平沼から逃げて来た人が多いようです。旧東海道・

（略）目の前にはすごい大きな穴があいている。耳には B29の飛行機の爆音がはなれない。一面に板きれ、ドラムカンがとびちり、とびちった板きれにはすべてに火がつき燃えはじめている。（略）近所の奥さんがとんできて「中沢さん、奥さんはたすかったのね、今中沢さんとこの若夫婦はいないとさがしているところなのよ。でもお兄さんはたすかっているけど、御主人はダメのようですよ」。うそうそ、主人は防空壕にははいっていなかったもの、人違いよと、私は夢中でさけびました。その時、たんかに乗せられて「中沢さんですね、貴方の御主人に間違いありませんね」と目の前に。今の今まで間違いであるよう祈っていたのに、とうとう本当でした。「間違いありません」と返事をするのがやっと。その奥様も私と同じ壕へはいっていて、半分うめられ、二人の子供は自分がはさまれていてどうすることも出来ず、目の前でとうとうなくなられたそうです。

西区平沼町　中沢ヨネ（当時23歳）
『横浜の空襲と戦災』

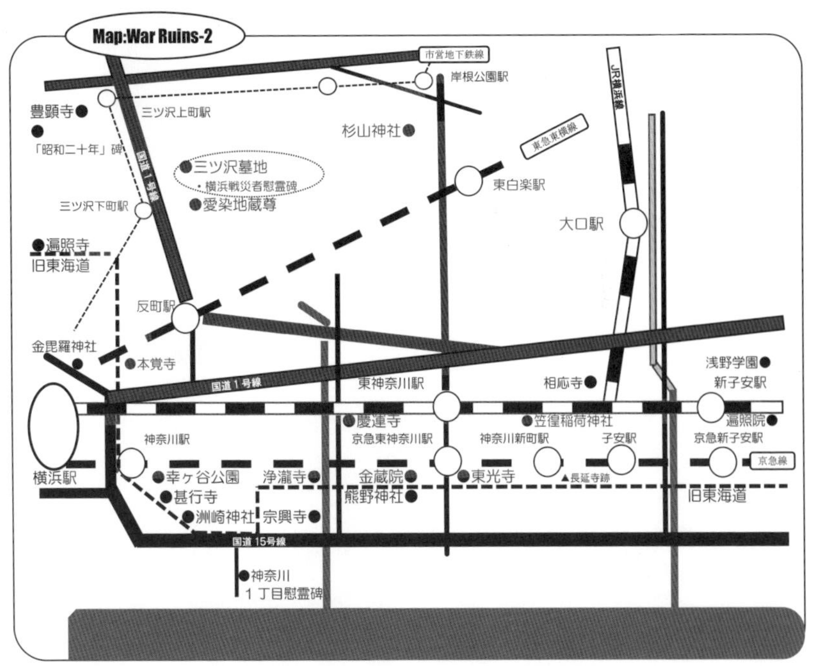

海岸沿いの浅間神社には火災であおられた石灯篭や、焼け焦げた樹木があります。天王町方面の洪福寺にも焦げてヒビが多い墓石、順忍寺には割れた石碑や焼け残った納骨堂の瓦を使った塀があります。保土ヶ谷駅近くの遍照寺には焼夷弾投下で欠損した石碑があります。

横浜駅西口側の沢渡では、別の理由でさらに身をこわばらせていた人もいました。防空壕に逃げながら、話すと、朝鮮人だと追い出されるので、息を潜めて黙っていたという証言があります。空襲と差別に同時に怯えていたのです。

❸ 藤棚周辺

かつて一中（現希望が丘高校）があったこの地も空襲を受けましたが、南側斜面の霞ヶ丘と比べると、地形、風向きの関係からか犠牲者は多くはなかったようです。それでも杉山神社や願成寺の樹木には焼け焦げた痕跡が見受けられます。稲荷山小学校横の久成寺には「関東大震災横死者・大東亜戦争戦死戦災者慰霊塔」があります。また久保山墓地内には空襲にあって割れたり損傷したりしたと推測される墓石をみることができます。

万一のときは沢渡の現場に集合するようにというかねてからの申しあわせがあったので、まず飯場の2階から親方の奥さんと子どもを下におろし、ケガ人をおろそうとしてもう1度2階に戻ろうとしたら、すでに焼夷弾が3階の屋根をつき抜けて、2階の広間に落ちて、火の海になっていてなかに入れなかった。

しかたなく、子どもをおぶって、親方の奥さんと裏山の防空壕に逃げて助かったのですが、飯場から防空壕まで300メートルの道を走ったのです。（略）壕の中はだんだん人でぎっしり、息がくるしくなるほどいっぱいだった。そのあいだ、私は親方の奥さんになんにもいうなと手まねしながら、息をころしていた。もし朝鮮人だと知られて、外へ出されては大変だとおもったからである。

李用鎮（21歳）
『横浜の空襲と戦災』より

杉山神社

願成寺

京急旧平沼駅（工事前）

順忍寺

(5) 中区

当時、関内・伊勢佐木地域は横浜最大の繁華街、かつ最大のオフィス街、金融街でした。臨海部は貨物船・客船が行き交い、山手や元町周辺は外国人人口が多い「異国情緒」あふれる地域でした。南側の本牧は海水浴場があり、内陸部は住宅が多く建っていて、牧場もありました。

空襲は中心部である中区を焼き尽くしました。アメリカ軍の空襲は「無差別爆撃」と呼ばれますが、実際はその地の建物情報などから、終戦後の土地利用などを考慮した「戦略爆撃」でした。中区は山手を中心に外国人が多いため空襲されない、という考えが市民にありましたが、実際は被害があり

「山手から見た罹災地」(R)

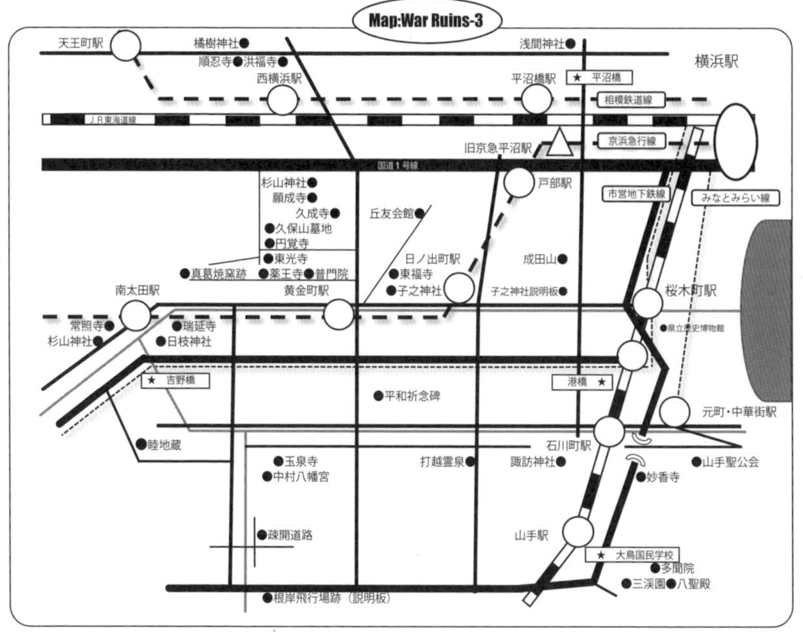

（誤爆の可能性もありますが）、外国人住宅が破壊され子どもが親を亡くし泣いていたという証言もあります。港湾施設はほとんど破壊されず、敗戦後すぐに接収、利用されました。「戦略爆撃」の成果と推測できますが、爆撃の精度には疑問も呈されています。

中区では５月29日と６月10日の空襲が大きな被害をもたらしました。横浜大空襲は平均弾着点5カ所のうち、中区が２カ所（港橋／現在の市役所、大鳥国民学校）ありました。６月10日空襲では金沢区、磯子区と本牧が被害を受けました。

❶ 桜木町近辺（花咲町・野毛町など）

桜木町駅は国鉄の終点で、市電の乗換駅でした。海側には横浜船渠があり多くの人々が行き交っていました。本町小学校には軍が駐屯していたせいか、この付近にも空襲の痕跡があります。成田山内にあった石碑は、大空襲の火災により大きく欠損しました（現在不明）。また野毛「ちぇるる」敷地内にはかつて子之神社があり、大空襲で焼失して今は伊勢山皇大神宮にある、という説明板が桜木町駅側にあります。「野毛おでん」の看板には震災と空襲で被害にあったと書かれています。線路をはさんだ尾上町にある指路教会は震災後に再建されながら、大空襲で内部を全焼しました。

❷ 元町周辺

石川町駅西側・亀の橋にある「濡れ地蔵」（石川町2丁目）には大きな修復の跡があります。その先の諏訪神社には足が欠けた狛犬や割れた手水鉢があります。打越橋たもとの湧水は、関東大震災と横浜大空襲の時に市民数万人の命を救ったという説明板があります。

元町や中華街の一帯も焼け野原になりました。元町商店街にあった増徳院には、「戦災者供養塔」「大震災横死者慰霊碑」が建っていました（現在行方不明）。商店街の中ほどには「焼土と化した」ことで「平和を願って」植えられた細い柳の木の由来が石板に刻まれています。

大芝台にある地蔵王廟（中国人墓地）には空襲犠牲者とわかる方々のお墓がありますが、中華街での犠牲者でしょうか。

❸ 山手地区

外国人が多く住む地域のため、空襲されないといわれましたが被害を受けました。痕跡が山手通り沿いの山手聖公会にあります。空襲で内部を焼失し、入口右には「DESTROYED BY BOMBS 1945」と記した石板があります。正面左側には「この十字架は戦災による廃墟となった聖堂の中に建てられていました」と説明のあるキリス

成田山（現存せず）

子之神社跡

諏訪神社

ト像があります。

❹ 本牧近辺

本牧周辺は横浜大空襲の時に、大鳥国民学校（現大鳥小学校）が平均弾着点の1つだったこともあり多くの被害がありました。当時、学校の周辺は牧場が多かったそうですが、一方で周囲の丘を掘削して海軍の地下壕がいくつもあり、それが平均弾着点になった理由の1つかもしれません。証言では現在イオンのある和田山で多くの犠牲者があったそうです。この地域はアメリカ軍の接収と、その後の宅地化で痕跡はあまりありません。

元町から代官トンネルを抜けていくと、妙香寺があります。ここには割れた石碑・焼けた木・欠けた石仏が残っています。丘の中腹にある場所は火災により上昇気流が起きやすく、割れる石碑が多いようです。近くの善行寺では、2005年9月になって空襲犠牲者の遺骨発掘が行われています。

埋め立てによって海岸線が現在と大きく異なる本牧南部でも、空襲の痕跡があります。軍需工場が多くあった現在の金沢区、磯子区を中心とした6月

大空襲の時、母と山下公園へ逃げると防空壕は満杯でした。逃げ場を探す間にも火の粉が降り、海には焼夷弾が落ち水柱が次々に立ちました。空は飛行機で埋め尽くされ、爆風は遠くにいても体が動くほどの衝撃でした。そこで数時間も耐えました。

私の父の妹は、世界的に評判だった真葛焼3代目と結婚しました。しかし空襲で3代目は焼死、8人家族のうち5人が亡くなり、真葛焼は実質的に途絶えてしまいました。戦争でこうした文化や芸術が失われたのは、とても悲しいことです。

山下公園は今は観光スポットですが、私は空襲の記憶がよみがえるので遠ざかっていました。先日、戦後初めて山下公園に行きました。ここで過ごす人のうちどれくらいが、戦争について知っているのだろうと、ふと不安になりました。平和になることは素晴らしいけれど、あの地には戦争という歴史があることを忘れてほしくないですね。

伊東　万寿美さん
2012年7月証言

（写真は、伊東さんの兄がY校同窓会用に依頼した眞葛焼の置物）

10日空襲では、三渓園、八聖殿周辺で多く犠牲者が出ました。県立立野高校の地下に掘られた東芝の地下壕工場が狙われたのでしょうか。八聖殿下の防空壕や三渓園入口の防空壕（現駐車場）で多くの犠牲者が出ました。多聞院（本牧元町）には弾痕らしきものがある石仏が、三渓園の御門には空襲の弾痕が、また園内の天満宮にある狛犬の頭が大きく破損しています。

元町増徳院（現存せず）

由来　初代柳は昭和廿年戦災により焼土と化した当所に平和を願って自宅の柳を移植以来四拾年街路の目標となって親しまれて愛されたが昭和六拾年元町通り道路改修の為伐採のやむなきに到りまた整備完了に際し初代の役目を引き継ぐべく二代目を移植したものです。

元町商店街の柳

横浜山手聖公会

1945年5月29日。大空襲は浅野ドックで被災。（略）ドックの中に外で被災し体中やけどをしている人が数10人、泣きながら入って来たのを覚えている。まだ衣服に火のついた人もいた。本牧の自宅までのやけ野原を夢中で走って帰ったのは午後3時。マンホールの中から首だけ出して黒こげになった死体や、男女の性別もわからない死体をまたぎながら帰宅した。本牧の和田山の付近が最も死体が多かった。6月10日。三渓園の石油貯蔵庫を目がけたらしいＢ29数機が一トン爆弾数10発をおとし、それまで三渓園入口の防空壕付近で休んでいた家庭の主婦、子供など100人近くが木端みじんにふきとんだ。

本牧三の谷・松信義章
『横浜の戦災と空襲』

本牧・妙香寺

多聞院

三渓園門柱

三渓園内の狛犬

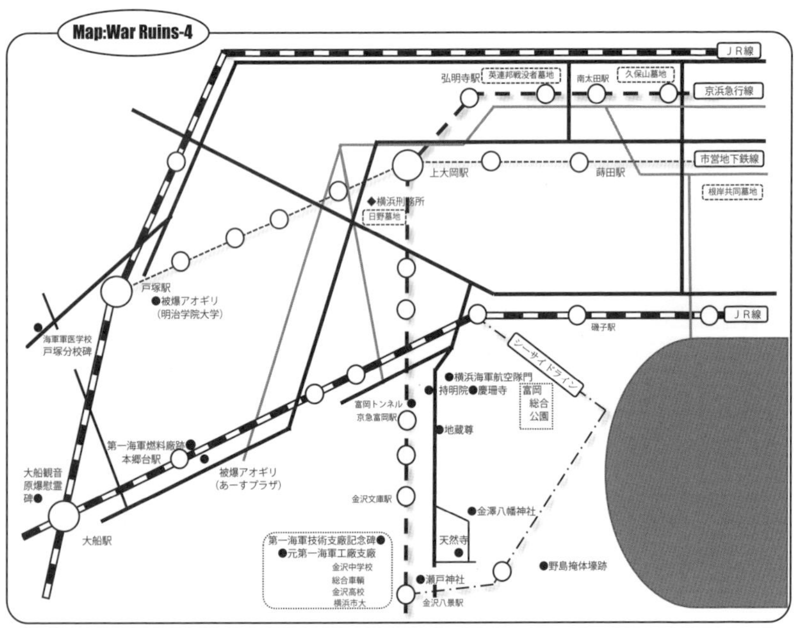

（5）南区・港南区

南区は学校が多い一方、中村地区は賃金の安い港湾労働者が集住し、横浜の発展を下支えしていました。丘の多い地形を利用して中村川沿いの宝生寺の裏山や、永田町には爆発物貯蔵庫がありました。現港南区エリアは水田を中心に農村風景が拡がり、上大岡周辺は軍需産業の社宅や横浜刑務所などが建ち、軍都横須賀との関わりが深くありました。

丘の地形は、空襲では悪い方に作用しました。河川に人々が殺到し、丘の上に避難しようとして火災の上昇気流で一酸化炭素中毒による犠牲者が出ました。

❶ 黄金町北部

黄金町周辺は繁華街で、被害が大きくなりました。大空襲で黄金町駅から南の阪東橋側へ逃げると兵隊に止められたため、逃げ惑う人たちは川に飛び込むか、北側の丘に上がっていきました。しかしやがて南風が火勢を丘に向けたため、避難した多くの人々は一酸化炭素中毒や蒸し焼きになり、犠牲になりました。

駅の北西にある普門院には、空襲で割れた石碑や、駅での犠牲者を慰霊する黄金地蔵尊があり、5月29日に法要があります。住職も境内で一酸化炭素中毒で亡くなりました。寺の並びにある薬王寺の石段には火災であおられた痕跡が残り、境内には「古今戦没災害横死者之碑」が立っています。

❷ 久保山・三春台周辺

久保山の円覚寺には黄金町駅近辺や丘に逃げた人々の遺体が運ばれました。並べられた遺体から身内を探しに多くの人たちが来ました。境内には犠牲者たちのための「有縁無縁三界萬霊」があります。その先の東光寺にある「親子身代わり地蔵」は、近辺での犠牲者320柱を供養するために1951年に建てられました。赤子を抱いた母親の像は、空襲の中で逃げまどって力尽きた多くの母子たちを想像し、やりきれなくなりますが、そこで思考停止せず、なぜ日本は戦争をしたのか、どうして空襲を受ける事態になったのか考えたいですね。それが本当の意味で戦争を繰り返さない社会作りにつながります。東光寺でも大空襲の法要が行われています。常清寺には震災・空襲犠牲者が埋葬され、供養塔が建立さ

割れた石碑（普門院）

黄金地蔵尊（普門院）

親子身代わり地蔵（東光寺）

れています。

駅の北東にある東福寺では火災にあおられて割れた墓台を見ることができます。さらに斜面を上った丘友会館（霞ヶ丘町内会館）では、防空壕で311人が蒸し焼き状態になりました。会館内には観音像、庭には慰霊碑があり、5月29日には慰霊祭が執り行われていました。日ノ出町駅近くの子之神社には鳥居や樹木に空襲の痕跡が残っています。

❸ 南太田

南太田駅周辺は平均弾着点の吉野橋が近く、空襲の痕跡が残っています。

久保山への坂の途中にある庚台には欧米で高い評価を受けた真葛焼の窯がありました。しかし大空襲で、実質的に途絶えてしまいました。戦争が貴重な文化を破壊したといえます。窯場の一部が最近まで残っていました。

南太田駅裏の常照寺の山門や石柱に焼け焦げがあり、Y校前の杉山神社の狛犬は割れて補修してあります。4月15日の空襲で背後の山にB29が墜落しており、その時の被害でしょうか。大岡川を渡った瑞延寺では、毎年5月29日に地元連合町内会で大震災、大空襲などでの犠牲者法要が続けられています。本堂内は以前の建材の一部が使われています。また日枝神社（お三の宮）境内には「戦争狛犬」や、空襲で欠けてしまった手水鉢、石碑を見ることができます。さらに南に進んで中村橋商店街を横切ると、かつて睦町の光勝寺にあった空襲犠牲者を供養する地蔵が、宝生寺入口に移されて立っています。光勝寺は空襲犠牲者の遺体が集められた場所の1つでした。

❹ 中村川沿い

中村川沿いも犠牲者が多かった地域です。震災時と同様に住宅密集地だったので、多くの犠牲者が出ました。中村橋商店街入口近くにある弘誓院の本堂は戦災で焼失しましたが、空襲で割れた石碑が修復されて立っています。

被害が大きかったのが中村八幡宮で、境内には、割れた石碑やそのかけらがあります。祠には、地元出征兵士や戦争犠牲者の遺影が掲げられています。インパクトのある割れた石碑は、日露戦争の忠魂碑といわれます。このほか宝泉寺で石碑に空襲の痕跡を見ることができます。

❺ その他

通町交差点の南側にある若宮八幡宮には「一君萬民」と刻まれた鳥居があり、境内の大木に焼け焦げや石碑に割れ跡が残っています。

（6）磯子区、金沢区

磯子から金沢にかけての海岸線は、海水浴場や海苔養殖の風景が拡がっていました。杉田は漁村で、梅林は多くの人を集めていました。富岡以南は海岸が美しく明治時代から富裕層の別荘地でした。

霞ヶ丘の慰霊碑

丘友会館の防空壕跡

真葛焼窯跡（現存せず）

常照寺山門

「金沢八景」が有名なこの地も昭和になり、横須賀を中心とした海軍施設や軍需工場が次々と建ちました。要塞地帯となって写真撮影も禁止されました。アメリカ軍は戦後の利用を考えたのか、工場の多くは破壊されませんでした。それでも6月10日の本牧・富岡空襲では多くの犠牲者がでました。この日は焼夷弾ではなく、爆撃と機銃掃射の攻撃が中心でした。富岡駅では逃げる住民が機銃掃射によって殺戮されました。犠牲者が慶珊寺に運ばれたことから住職は80年、追悼碑を建立しました。持明院にも戦災殉難供養塔があります。

駅近くの厄除け地蔵は古くからありますが、63年に戦没者や交通事故死者を弔うために屋根が造られています。

金沢文庫駅から海側に町屋方面に歩くと、空襲の記録は少ないのですが沿道の寺社に痕跡と思われる場所があります。

日枝神社

杉山神社

日枝神社

金沢八幡神社、天然寺の樹木、金沢八景駅近くの枇杷島神社、そして瀬戸神社には土台に空襲による焼け焦げ跡があります。安立寺には震災や戦災を含めた萬霊碑があります。

(7) 戸塚区、瀬谷区、栄区、泉区

当初の戸塚区は現在4つにわかれて、かつての農村も住宅地になっていますが、今は都市農業も行われています。この地区でも、空襲でいくつかの学校が焼失しました。岡津国民学校や二ツ橋町での証言(5/24)があります。また瀬谷に横須

■空襲のあとを歩いてみよう!
WALKING COURSE
①鶴見南部（国道駅～潮田）
②東神奈川（仲木戸駅～神奈川駅）
③黄金町駅周辺
④中村地区
⑤山手・元町
⑥保土ヶ谷（浅間町～保土ヶ谷駅）
⑦金沢文庫～金沢八景

中村八幡宮・割れた石碑

賀海軍資材集結所があり、相鉄線瀬谷駅から線路が敷かれており、駅や施設が艦載機P51の銃撃やB29の爆撃を受けましたが、痕跡は見つかっていません。

☆被害としての空襲、加害としての空襲

戦後、被害としての空襲がクローズアップされたのは70年代でした。戦争による心の傷を抱えつつ、それを振り返って残すことへの関心が高まったこと、高度成長の一方で公害が激化して革新行政が市民目線で受け皿になった面もあります。

こうした空襲の非人道性、国際法違反、多くの人々の背負った苦しみは十分に受け継がれることが大切です。しかし一方で、空襲は日本が早くから始めたものです。本文でも31年からの中国の錦州、南京、そして200回以上の重慶空襲にはふれましたが、日本軍はスパイ活動などで東南アジアの都市60カ所の地図を作成し、空爆目標も記していました（林少彬）。実際、アジア太平洋戦争の開戦時に香港、マニラ、シンガポール、ハワイの真珠湾などが空爆されました。それ以外にもオーストラリア（北部ダーウィンなど）には100回以上、インド（コルカタなど）、スリランカ（コロンボなど）にも空襲が行われました。多くの不幸を生んだ「被害としての空襲」を考えるとき、それを先に始めていた日本の「加害としての空襲」の視点を持つ必要があります。

平和祈念碑（大通り公園）

富岡人道トンネル

金沢八幡神社

持明院

慶珊寺

10. 地下トンネルが多いのはなぜ?

空襲が増えると、神奈川県は1945年1月、地下工場促進委員会と地下工場建設指導部を設置して重要工場の地下疎開を促進します。企業も「地下工場設置願届」を提出して地下工場を造り始めました。これは全国的な取り組みで、大阪府高槻、岐阜県瑞浪など工業地帯の内陸部で朝鮮人労働力などを使い突貫工事で行われました。、また地下施設として長野県松代（天皇、政府機関が移動予定）や東京の市ヶ谷（大本営用）、横浜の日吉台（海軍司令部）などの例があります。地下壕の総延長距離は、神奈川県が全国で1番でした。横浜は工業地帯の近くに丘陵地があり、横穴トンネル掘削が容易でした。

戦後、開発に伴い神奈川県は「防空ごうの処理に関する要望書」（73年）で、「旧軍隊等の各種施設が多数設置されましたが、これらには例外なく大規模な防空ごうが築造されております。その数量は1560箇所（米軍及び自衛隊使用施設内のものは除く）にのぼり、この埋め戻し等を行うためには、153億円という巨額な費用が必要」と国に対策を求めました。96年には（財）国土開発技術研究センターが全国の状況を調査しました。

着工は45年に入ってからで、機械が搬

☆**横浜の地下工場**（未完成・未操業含む）

◆石川島航空工業
- ◎青砥（富岡） 45年7月完成
- ◎根岸（西根岸上町）
- ◎相武（六浦） 45年7月完成、操業あり

◆日本飛行機
- ◎星川
- ◎宮田町　工場無、倉庫
- ◎中村　　機体組立なし、倉庫へ

◆東京機器／機械台数600台→操業せず
- ◎南区中村町～ 1945年3月着工

◆富士飛行機
- ◎大船

◆日本飛行機～いずれも計画中止、倉庫に
- ◎青砥山
- ◎星川
- ◎麦田町
- ◎中村
- ◎宮田町

◆日本金属工業
- ◎岩崎町（操業不明）

◆加藤発条
- ◎西久保町（未完）

◆日平産業　45年8月操業
- ◎星川町珪砂廃坑内

◆日産自動車（未完）
- ◎舞岡町1277

◆東京芝浦電気
- ◎間門（立野高校下）

◆日立製作所（戸塚） 45年4月（操業）
- ◎戸塚町下郷　射爆兵器の50%

◆三菱重工横浜造船所　45年1月
- ◎保土ヶ谷～東戸塚間に地下工場
- ◎大船駅近く　旋盤など工場機械296台
- ◎保土ヶ谷ゴルフ場10番（現横浜国大）

…中村町量水器工場に出勤した。（略）中村国民学校は全館火の海になる。工場に近接した朝鮮人の豚小屋に火が入ったし、東側の民家にも火の手があがったが南風で工場は安全だった。付近の人達が水道局構内から防空壕へ殺到して来た。

構内は稲荷山の続きの岩盤層の裏山を削って造成された土地なので、その山の中腹に某電機というその頃威勢のよかった軍需工場が、地下工場建設のため盛んに掘削したが、戦局が非となるに及んで作業が中止されていたのが、屈強な横穴待避壕の役目をはたしていて、5月29日以前の空襲にも市民の避難場所となっていた。　　南区中村町　大矢勝義

『横浜の空襲と戦災』

入されて操業を開始した例はまれでした。この地下施設の存在ゆえに空襲されたと推測される場所もあります。

西区・本町小学校横には県庁地下壕が造成され、軍（暁部隊）が宿泊することもありました。中区の立野高校下の地下工場（東芝）は「この丘も腹の中は蜂の巣、いやアリの巣のように地下道が掘り抜いてある。おまけに八角堂のすぐ左側の台地には直径10メートル位の竪穴がぽっかりと口をあけ、寒々とした印象。戦争末期に本土決戦をするつもりで築いた砲台の跡、待避壕、弾薬壕の跡だ」との証言があります。大鳥小学校周辺もトンネルが何本か掘られ海軍が使用していました。中区見晴トンネルや金沢区武相トンネルは、一部が軍需品倉庫でした。桜木町の横浜船渠（三菱ドック）は、45年1月「大船駅から程遠からぬ山の中腹に横穴を掘り、旋盤など」工場機械296台を移動し、旧保土ヶ谷ゴルフ場10番（現横浜国大）で工事を始めながら、完成しないうちに終戦となりました。

また、戦車秘匿壕という施設も造られました。本土決戦用といわれており、鶴見区に1カ所存在しています。

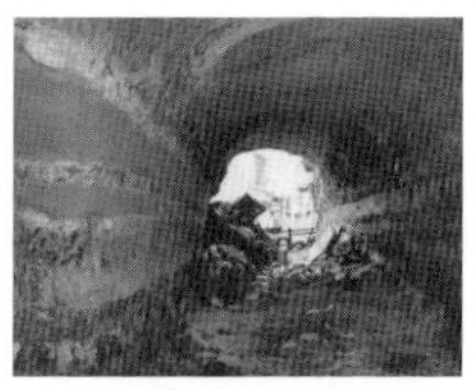
戦車秘匿壕の可能性がある鶴見区駒岡町のトンネル。高さ約3m幅約4m長さ約200mの規模。

11. 主なき台座～金属供出の痕跡

主を失ったまま

39年からの金属供出で像が供出され、台座だけ残った「主なき台座」があります。西区では掃部山公園の井伊直弼像が供出されました（43年）。成田山横浜別院にも最近まで立派な台座がありました。鶴見では総持寺参道に雨宮敬次郎像の台座があります。神奈川区では新子安・浅野学園の浅野総一郎像が供出されました（43年）。横浜駅西口の金比羅神社にも台座だけが残っています。しかし東京・浜離宮の軍神像は、金属供出があっても手付かずだったようです。神奈川では神奈川地方資源回収協議会が非常回収の基準などを決めていました。『フェリス女学院100年史』には、42年8月の金属回収令で、校地周囲の柵、門扉、階段手すり、マンホール、器など、44年には暖房器も供出した、と記されています。

「釣鐘の供出の際の記念写真」（R）

井伊直弼像　成田山台座（現存せず）

12.「敵性外国人」と捕虜収容所の存在

アジア太平洋戦争が始まると交戦国は増え、「敵国人」収容所が設置されました。国家間の戦争は、友人であっても関係を引き裂きました。帰国した人々もいますが、戦争が始まると、「敵性外国人」には特高警察が来て、横浜は男性が「神奈川第一抑留所」（根岸競馬場）、女性が「神奈川第二抑留所（新山下・横浜ヨット・クラブ）に収容されました。多くは翌年の捕虜交換船で帰国しましたが、残った人や外交官は箱根の富士屋ホテルなどに移されました。泉区和泉町にも女性用抑留所が造られました。学校でも規制は厳しくなり横浜雙葉、横浜英和の女性宣教師や中立国人の居住制限、スパイ容疑での虐待がありました。外国人捕虜収容所は横浜だけでも10カ所を数えます（POW研究会、小宮まゆみ）。

39年からは徴兵の「赤紙」同様、強制徴用の「白紙」が届くようになりました。同年から国民動員計画で多くの朝鮮人が強制連行され、内務省横浜土木出張所軍需工場などで働かされました。43年3月の調査で、横浜在住の朝鮮人男性の在住者は3万3000人を越えました。

また戦線で捕虜になった欧米人や中国人、あるいは華北を中心に強制連行された中国人も工場などに送られましたが、中国人捕虜には「隔離」政策が取られ、朝鮮人より過酷な労働条件だったといいます（高村直助）。

横浜市内の捕虜収容所	
鶴見区	東芝鶴見、大阪造船鶴見
	日本鋼管鶴見造船
	日清製粉鶴見航空機
神奈川区	日本鋼管浅野
中区	三菱造船、横浜球場、横浜船舶荷役
磯子区	日清製油、横浜耐火煉瓦
近辺では川崎の工場地帯に複数存在した。	

（POW 研究会ホームページから作成）

旧根岸競馬場スタンド

◆横浜にあるヒロシマ

井土ヶ谷小学校「ひろしまのエノキ」（被爆エノキ）は卒業生で児童文学家の長崎源之助が09年に贈りました。長崎は中国戦線へ出征し、被爆エノキを守る子どもたちを描くなど戦争の悲惨さを訴えました。JR本郷台駅の地球市民プラザ（あーすぷらざ）や、明治学院大学横浜キャンパス（戸塚）には被爆アオギリがあります。私立神奈川学園には、生徒が被爆語り部の沼田鈴子さんと会った時に被爆したアオギリの苗を譲り受け、校庭に植えています。また鎌倉市になりますが、大船観音には「原爆の火」があり、毎年9月には慰霊式も行われています。

ベイブリッジをバスで通れば眺めは抜群

散歩やジョギングにハンマーヘッドへの道は快適

トワイライトの中で出航するクルーズ船

5章
「戦後」の横浜

第5章　「戦後」の横浜

1945	1952	1973	1991	2008
敗戦 戦犯裁判 日本国憲法施行 朝鮮戦争 サンフランシスコ講和条約 「逆コース」、レッドパージ	日本再独立、冷戦進行 日米安保条約 高度経済成長 公害問題多発	1次・2次石油危機 教科書検定問題 管理教育の進行 日米経済摩擦 プラザ合意 バブル経済 冷戦終結	湾岸戦争 バブル崩壊 アジア通貨危機 金融危機 同時多発テロ イラク戦争 教科書問題	リーマンショック 東日本大震災 特定秘密保護法 集団的自衛権問題 自然災害続発 新コロナ世界流行
教育、経済、政治民主化 女性参政権	原水禁運動始まる 日米安保反対闘争 家永教科書裁判 「公害国会」 沖縄復帰	教育高等教育の大衆化 高校中退増加	「ロスジェネ世代」 「ボランティア元年」	脱原発・集団的 自衛権反対デモ

1945年8月、私の両親はそれぞれ11、12歳でした。横浜で疎開、空襲を経験しながら生き残ることができました。だからいま、私が存在できています。

焼け跡に米兵が進駐してきて、横浜の街はさらに変わります。父の姉は伊勢佐木町の進駐軍将校クラブ（現不二家レストラン）で、将校の服を直す仕事に就きました。高度経済成長の時代になると漁船を造る父の会社には発注が急増し、多くの人を雇ったそうですが、60年代には工業地帯の公害が悪化し、漁業は困難になりました。その頃小学生になった私は、父親が持ち帰る公害問題のチラシを興味深く見ていました。やがて父は造船業を断念して、貨物船の木工内装工事に活路を見出し、私も荷物運びや掃除の手伝いで、埠頭の貨物船に行きました。父が埠頭を「センターピア、サウスピア」と呼ぶのが進駐軍の呼び方だと知ったのはずいぶん後になってからでした。

1. 横浜は占領・接収の中心だった

1945年8月15日は、よく「終戦記念日」と呼ばれます。しかしその日の本質が薄くなるから、「敗戦記念日」と呼ぶべきだといわれます。連合国軍側は「VJ Day」、中国語圏や朝鮮半島では「光復節」と呼んでいますが、法的には9月2日、降伏文書調印がなされたときが「敗戦」です。横浜沖に停泊したアメリカ艦ミズーリ号上で降伏調印は行われました。船上にはペリーが日米和親条約締結時に掲げた星条旗が掲げられました。日本にとっての「第2の開国」という意味だったようです。日本側全権代表・重光葵は県庁3階の貴賓室から調印式に臨みました。

足が不自由な重光葵外相のけがは、32年4月、上海での天長節祝賀式典において朝鮮独立運動家・尹奉吉の爆弾攻撃によるものでした。

Around-Yokohama

東京・日比谷に建つ「第一生命館」（1938年築）はGHQの本部として接収され、マッカーサー総司令官が使用しました。その部屋はいまも保存されています。現在の建物は当時からは手を加えられて使われています。

調印に先立つ8月30日に厚木飛行場に連合国軍最高司令官マッカーサーが到着、山下公園前のホテル・ニューグランドに滞在して占領軍の執務を始めました（315～17号室）。しかし食糧事情が悪い当時、このホテルでもいい食材が提供できず、降伏調印式後は山手のマイヤー邸に滞在し、9月17日から東京のアメリカ大使館へと拠点を移しました。

連合国軍は40万人が日本に上陸して、横浜には10万人が駐留しました。市民は戦時中から物資不足で苦しんでいましたが、戦後は餓死と隣り合わせの生活になりました。野毛や神奈川区大口には闇市が立ち、多くの人が集まってきました。

横浜は連合国軍の占領行政の本拠地になりました。幕末と同様に東京（江戸）の防壁の役割を課せられたのです。占領実務の中心は横浜税関の建物に置かれました。マッカーサーが使用した執務室は、公開されるときがあります。

市内中心部の焼け残った建物は、連合国軍が壁にペンキで直接ナンバーを記して、使用されました。

食材不足の中、ホテル・ニューグランドがアメリカ軍関係者に供するために考え出されたのがナポリタン、シーフード・ドリア、プリン・ア・ラ・モードだということで、ニューグランドが発祥の地とされています。中には結婚披露宴メニューに入っているものもあります。

横浜は空襲で市街地の42%を焼失し、市街面積の27%（約918㎡）を接収されました。とくに中区は34.6%が接収され、住人はすぐに立ち退きを命じられました。それゆえ横浜中心部の戦後復興は大きく遅れ、企業本社は東京へ移転していきます。また占領統治が始まるとアメリカ兵によるトラブルを想定して、政府は特殊慰安施設協会（RAA）を組織して、横浜では山下公園近くに慰安施設「互楽荘」を設置しました。しかしアメリカ兵が殺到したため3日間で閉鎖され、代わりに市内各地の花柳街が慰安施設代わりとなりました。尾張屋橋近くの新天地桜会稲荷神社（西区南浅間町）には「新天地カフェー組合」寄贈の門柱がありました。またアメリカ兵との間に子を宿した女性も多く、根岸外国人墓地の一角には亡くなった混血児（「GIベビー」とも呼ばれた）たちの墓があります。

ありし日の互楽荘

県庁貴賓室

横浜税関執務室

ニューグランドのドリア

カマボコ兵舎（根岸）

1950年に朝鮮戦争が始まるとアメリカ軍の軍事物資の需要が高まる「朝鮮戦争特需」がおこり、日本はかつて植民地支配していた国の不幸な出来事で、経済的に息を吹き返すことになりました。

中区本牧地区は道路の両側にアメリカ軍住宅が拡がり、70年代前半まで休日にはフェンスの向こうでバーベキューをしている様子が見られました。現在では、アメリカ軍が接収した時代の痕跡を見つけることは難しくなりました。本牧では琴平神社の説明板に震災・空襲・接収による歴史が記され、本牧神社や中図書館前にも占領接収の説明板があり、当時の光景を想像させてくれます。

JR東神奈川駅の南にある熊野神社では「アメリカ軍に接収され、すぐに立ち退きさせられてコールタールで舗装されたので今も水はけが悪い」という話を聞きました。沖縄でアメリカ軍が「24～48時間以内に退去せよ」と命じたのと同様（「銃剣とブルドーザー」と呼ばれた）、有無をいわさず退去させられて、アメリカ軍の施設が次々と造られました。

◆接収された建物（現存するもの）	
横浜税関	連合国軍総司令部 第８軍総司令部（9/8～）、在日兵站司令部
日本郵船 横浜支店	USASCOM軍団（物資補給）、東京·神奈川地区軍政部
開港記念会館	第８軍スペシャル・サービス部、婦人将校宿舎、映画ホール
赤レンガ倉庫	薬品倉庫、営倉、 ダンス・ホール
松坂屋本館	ヨコハマ・メイン・ストア（PX＝Post Exchange）
不二家 伊勢佐木町店	アメリカン・クラブ
旧富士銀行	婦人将校宿舎
横浜銀行協会ビル	将校クラブ
ザ・ベイス （旧日棉ビル）	空軍司令部幕僚部
横浜地方 裁判所	ＢＣ級戦犯裁判所
海洋会館（旧大倉商事ビル）	憲兵裁判所
エキスプレス・ビル	カフェー、食堂（慰安施設）～詳細不明
インペリアル・ビル	ＢＣ級戦犯裁判証人 宿舎
ホテル・ニューグランド	進駐軍幹部宿舎

旧松坂屋本館（現 JRA など）

新天地カフェー組合銘（現存せず）

本牧ゴールデン・カップ

天使の翼碑

2. 日本で唯一のBC級戦犯裁判

連合国軍は日本の戦争犯罪を裁くことになりました。極東軍事裁判（東京裁判）は、ポツダム宣言第10項の「戦犯処罰規程」を法的根拠とした極東軍事裁判所条例により実施されました。A級戦犯（指導者層たちの「共同計画もしくは共同謀議への参加」にあたるA項「平和に対する罪」）はこの裁判で裁かれました。東条英機は巣鴨プリズンで自殺未遂を起こし、大鳥国民学校（現大鳥小学校）のアメリカ軍野戦病院に搬送され一命を取り留めました。

BC級戦犯については東南アジアや中国など7カ国・49カ所で裁判が行われました。唯一、日本本土で行われたのが横浜地方裁判所でした。B級は戦時の敵国民への犯罪で通例の戦争犯罪（戦争法規の慣例違反）、C級は平時や、自国民への犯罪も含めて政治的・人種的理由に基づく迫害行為が対象です。この「通例の戦争犯罪」と「人道に対する罪」の戦争犯罪は重なる部分が多いので、合わせて「BC級戦犯」と呼んでいます（イギリスはC級は裁いてない）。一部で事後法の部分があり妥当性を問う声があり、それが東京裁判否定論の根拠の1つになっています。しかしこの裁判の否定は、国際公約を遵守しないことになります。また日本は侵略戦争を禁じたパリ不戦条約（1928年）を批准したことでA項は形成されているとされます（林博史）。それ以外は基本的に「通常の戦争犯罪」で裁かれているので、戦時国際法の原則通りです。

横浜地裁の建物は建て替えられましたが（1998年）、正面はかつての姿が復元されています。BC級戦犯裁判が行われた特号法廷は、桐蔭横浜大学に移築されて見学が可能です。

戦犯裁判は日本側も自ら試みようとしましたが、公正にできるかという疑問が濃く、かないませんでした。

戦犯裁判では、天皇の戦争責任が問われず、また「731部隊」の世界最高レベルの細菌研究提供と引き換えに、その行為が免責されました。原爆投下や空襲など連合国側の戦争犯罪が対象とならなかったことなど、問題点はあります。しかし、勝者側の裁判だから間違いだ、と全面否定に直結するのも乱暴な議論です。インドのパル判事が罪刑法定主義に基づき、事後法では裁けないと被告全員無罪を主張しましたが、パルは日本に戦争責任や多くの戦争犯罪があったことは認識

横浜地方裁判所と内部（建替前）

光明寺

興禅寺

しており、基本的には法的手続きの問題を指摘しています。この裁判ではA級戦犯28人のうち、絞首刑にされたのは7人でした。

国際的な戦犯裁判はその後、冷戦で長く凍結されましたが、90年代に旧ユーゴ内戦、ルワンダ内戦で戦犯法廷が設置されると、98年には国際刑事裁判所条約が締結されて、東京裁判は戦犯の個人的責任を認めた先進性を持ち、国際人道法や国際刑法の発展に役立ったと国際的に再評価されています。戦犯裁判は戦争責任の一部分であり、そこだけを論じては戦争責任のあり方の視野を狭くすることになり、気をつけたいものです。

東京裁判でのA級戦犯は、49年12月23日午前0時過ぎに巣鴨プリズンで処刑された後、早朝密かに久保山火葬場で火葬されました。場内に「供養碑」、光明寺に「六十烈士忠魂碑」、興禅寺の住職顕彰碑（遺骨を一時保管したとある）があります。

また、当時は「日本人」として戦場で働き、裁かれて巣鴨刑務所に収容された外国籍BC級戦犯問題があります。のち「外国人」とされて援助対象から外されました。裁判で救済請求は棄却される一方、立法を促す付言も出ました。

久保山斎場慰霊碑

映画『不屈の男』

Around Yokohama

横浜の水がめの1つ、相模湖ダムは終戦間際に突貫工事で造られ、そこでは日本人や強制連行されてきた中国人、朝鮮人が働き、犠牲者が出ました。毎年7月第4日曜日には、追悼セレモニーが行われています。

湖畔の追悼碑

「横浜援護所」

47年5月、引揚援護院横浜援護所が長浜に開設されます。これは終戦直後に設立された浦賀引揚援護局を引き継いだ施設で、海外から帰国した軍人、民間人の検疫などの業務、ドイツ人捕虜などの送還、また戦犯裁判の受刑者の受け入れを担当しました。55年の廃止まで、この地で多岐にわたり戦後処理業務が行われていました。（アジ歴グロッサリー「横浜援護所と引揚援護について」参照）

浦賀港引揚記念の碑

Around Yokohama

現在、巣鴨プリズン跡地にはサンシャイン60ビルが建ち、隣の東池袋中央公園には「永久平和を願って」と刻まれた石碑があります。また連合国軍捕虜収容所の1つだった東京俘虜収容所本所の跡地は「平和島」と名付けられ、平和観音が立っています。捕虜虐待は映画「不屈の男 アンブロークン」（監督アンジェリーナ・ジョリー／2014）で、アメリカの陸上選手（ベルリン五輪出場）、ルイ・ザンペリーニの体験が描かれています。多くの連合国軍捕虜の体験がこの映画で見ることができるといわれます。

3. 多くの苦しみ、戦後の復興

戦後、日本へアメリカ政府主導のガリオア・エロア（占領地域統治救済資金+占領地域経済復興資金）やラ・ラ（アジア救援公認団体）物資などが援助されました。後者では食糧や靴、学用品、乳牛など、52年まで400億円分の物資が届きました（外務省HP）。

この時代の人々を支えた1人が、磯子区滝頭生まれの美空ひばりです。地元の杉田劇場で初舞台を踏み、全国的な人気を博しました。横浜国際劇場に出演した際によく訪れた店（中区宮川町）の前には銅像があります。ひばりは5月29日生まれ、8歳の誕生日に横浜大空襲に遭ったことになります。

49年3月、貿易復興博覧会が神奈川会場（現反町公園）と野毛山会場で開催されました。50年には横浜国際港都建設法が成立し、接収解除後に都市整備を進める横浜市復興建設会議が設立されました。しかし51年の日米安全保障条約で改めてアメリカ軍に接収区域が提供されたため、復興が遅れて横浜経済は地盤沈下しました。60年代以降に接収解除されても土地利用は進まず、中心部は「関内牧場」と呼ばれました。神奈川県は今もアメリカ軍施設が多い基地県（沖縄、青森に次ぐ3位）です。

生活困窮者の多さから、50年には南米移民定期航路の第1回船が出航しました。一方で急速な経済復興は歪みを生みます。51年4月、国鉄桜木町駅手前で電車のパンタグラフが切れた架線に絡まって炎上し、避難困難な戦時設計の固定窓が乗客の脱出を妨げ、死者106人の惨事になりました（桜木町事故）。いまある非常脱出用コックは、この事故の教訓です。63年11月には脱線で鶴見事故が起き、161人が犠牲者になりました。総持寺に桜木観音と鶴見事故慰霊碑があります。

美空ひばり像

桜木観音

鶴見事故碑

★今も残る横浜中心部の防火帯建築

横浜は震災、空襲で焼け野原になりました。戦後、ドイツ・ハンブルグ市を参考に延焼を防ぐビルが440棟建てられました。強固な構造と、権利関係の複雑さで、簡単に建て替えができず、200棟以上が今もあります（市文化観光局）。壁が厚く、改装も簡単ではありませんが、創意工夫している場所もあります。中区吉田町の飯田善彦建築工房は、1階に建築ブックカフェ、「Archiship Library & Café」を、2階には事務所を構えてイベントなどを催しています。

4. 日本国憲法も横浜で?

日本は1945年8月、ポツダム宣言を受諾して降伏しました。10月のマッカーサー「五大改革」に基づく政府の憲法問題調査会案(松本案)は、明治憲法の焼き直しでした。マッカーサーはGHQ民政局に憲法草案三原則(天皇の地位、戦争放棄、民主化)を指示し、草案は民政局のメンバー中心に9日間で作られました(リアルな経緯はベアテ・シロタ・ゴードン『1945年のクリスマス』に詳しい)。そのとき重視されたのが私擬憲法案の1つ、「憲法草案要綱」(憲法研究会)でした。代表は自由民権研究の第1人者で、治安維持法最初の逮捕者、鈴木安蔵です。GHQは日本の民間研究を活かしたのです。民主社会作りはポツダム宣言に基づく国際公約で、狭義では「押しつけ」とされますが、松本案が指示を活かせなかったことを考えたいですね。

新憲法草案に基づき、46年3月に新憲法の起草が現在のこすもす幼稚園の場所(金沢区富岡東)で行われ、その後国会で審議されました。草案のまとめ役は吉田内閣の憲法担当大臣、金森徳次郎です。金森は戦前、大蔵官僚や憲法学者から法制局長になりますが、著書が天皇機関説に類似するとされ、辞任します。戦後、新憲法の審議は金森がほとんど答弁しました。現在は石碑が痕跡を伝えています。金森は「文化をして戦争を滅ぼす」という言葉を残しています。

★憲法9条とマッカーサー・幣原会談

マッカーサーは新憲法を、日本統治がソ連、イギリスも含めた極東委員会へ移行する前に作ろうとしました。一方松本案が進む中、危機感を持ったのが幣原喜重郎でした。大正時代に「幣原外交」で軍縮を進めましたが、満州事変後は表舞台から姿を消していました。敗戦後、天皇から組閣の命を受けた。幣原は軍縮の困難さを誰よりも知る立場でしたが、千載一遇のタイミングと考えて46年1月にマッカーサーと秘密会談を持ちます。そして軍備撤廃の憲法9条を提起し、同じ方向性のマッカーサーの賛同を得ます。また統治のために天皇制を形式的に存続させるには連合国を納得させる必要があり、憲法第1章と9条をセットにすることが説得力を持ったのです。(笠原十九司)これらを裏付けるのが「平野文書」「入江文書」といった文献です。

☆鎌倉アカデミアと横浜市立大学

戦後民主化を背景に「自分の頭で考える」学校をめざして46年5月、鎌倉市材木座の光明寺で「鎌倉大学校」が開校しました(文学科、産業科、演劇科、映画科。のち本郷台の海軍燃料廠跡に移転)。2代学長は、戦前に思想弾圧で拘禁された哲学者・三枝博音でした。多彩な教員が集まりながら学生の半数は学費未納ともいわれ、教員は無給で講義を続けました。学制改革で横浜商業専門学校(Y専／28年)、横浜医科大学(横浜医学専門学校／44年)、横浜市立経済専門学校(44年)と合流し、横浜市立大学となりました。三枝は63年帰宅中に鶴見事故に遭い亡くなりました。

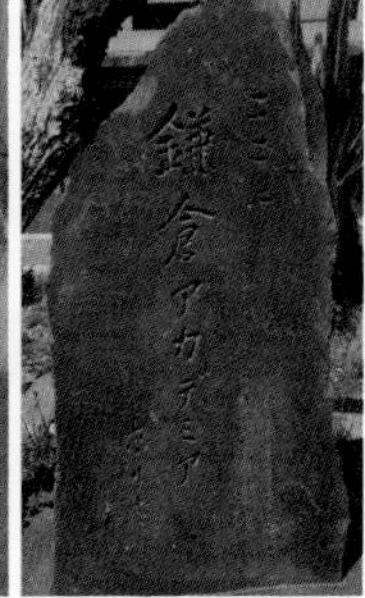

日本国憲法起草之地碑　鎌倉アカデミア碑(光明寺)

5. 横浜にも東西冷戦が

大戦後、米ソの冷戦構造が明確になり、戦争放棄の憲法9条を骨抜きにする動きが出ます。「憲法9条があるのになぜ自衛隊があるの?」という疑問がありますが、それはアメリカの対日政策の変更による「再軍備化」があるからです。横浜に冷戦の影響がまず現れたのは朝鮮戦争でした。岡村、岸根、子安台に再び高射砲陣地が設置され、岸根には野戦病院が開設されました。また在日兵站司令部が設置され大量の物資が買い付けられ、朝鮮戦争特需の端緒となりました。

冷戦の影響は中華街にも現れました。52年9月1日、始業式の日に中華学校に日本の警官と中華民国（台湾）の軍隊が、中華人民共和国からの教員と生徒を強制的に追い出しました。これは「学校事件」と呼ばれ、この時から横浜ではいわゆる「大陸系」と「台湾系」の2つの中華学校が存在します。

◆戦争で打ちのめされた子どもたち

戦争は多くの不幸な境遇の子どもたちを生み出しました。45年11月、海外引揚者と戦災者収容保護を中心とする「神奈川県綜合社会事業金沢郷」が町屋町に、県下社会事業10団体で設立されました。また平野恒は二宮わかの遺志を継ぎ、高風子供園を設立しました。現在の横浜女子短大や、知的障害孤児のための光風園、混血孤児のための聖母愛児園などがあります。こうした活動は、現在も社会福祉協議会や諸団体によって受け継がれています。横浜都市発展記念館の展示要覧『焼け跡に手を差しのべて』に、その足跡が詳しく述べられています。

米ソの核軍拡競争はエスカレートし、54年、アメリカは南太平洋のビキニ環礁で水爆実験を行いました。アメリカは危険地域を事前通告しましたが、威力はそれ以上に大きく、静岡県焼津港や神奈川県の三崎港、高知県などのマグロ漁船が被曝しました。怪獣映画「ゴジラ」は水爆実験から生まれたという設定でした。米ソの核兵器配備は、在日アメリカ軍基地を抱える日本には脅威でした。杉並区の主婦たちによる反対署名運動から原水爆禁止運動が生まれます。こうした核軍拡への危機感からか、港の見える丘公園の日時計には、ビキニ島の方角が示されています。今も実験地や日本で被曝の影響に苦しむ人たちがいます。

Around Yokohama　第五福竜丸

第五福竜丸は静岡県焼津港の遠洋漁業のマグロ漁船でした。1954年3月1日に太平洋のマーシャル諸島・ビキニ環礁で、アメリカの水爆実験で被曝しました。帰国半年後に乗組員の久保山愛吉さんは急性放射能障害の輸血が原因で亡くなりました。被曝後の船は、東京水産大学で練習船「はやぶさ丸」に改造されたのち、67年に廃船となり、放置されていました。しかし新聞投書などから保存運動が高まり、新木場の第五福竜丸展示館で保存・展示されています。

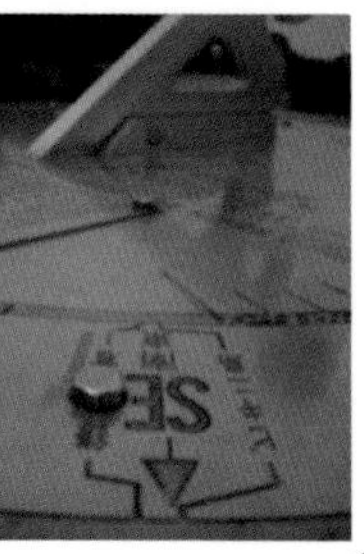

6. 横浜から見た高度経済成長

1950年、復興をめざした横浜国際港都建設法の住民投票は約89%の賛成で成立しました。同様の法律は東京、広島、長崎などで作られました。同年6月、朝鮮戦争が勃発します。多くの物資が日本の会社に発注された「朝鮮戦争特需」により、戦後不況に苦しんでいた日本経済は復調を遂げ、さらに55年ごろから高度経済成長に突入します。56年の経済白書には「もはや戦後ではない」と記され、60年には池田勇人首相の「所得倍増計画」が発表されます。世界的に経済成長期にあったため、日本は戦争の大きな傷を乗り越え、経済成長を成し遂げていきました。しかしその経済成長の影は公害問題、交通事故の急増など日本社会に大きな負の影響を及ぼします。経済発展は人間らしい生活（人権）より、お金（経済）第1にしてしまいます。そこから水俣病やぜんそくなどの公害病が現れます。京浜工業地帯を擁する横浜、川崎でも多くのぜんそく患者、交通事故、人口集中による都市問題が発生しました。日本各地でも今は公害病の現場各地に資料館がありますが、横浜・川崎にはありません。（「公害資料館ネットワーク」HP参照）。

＊朝鮮戦争とは

日本が植民地支配していた朝鮮半島は日本の敗戦後、暫定的に北緯38度線を境に北側をソ連が、南側をアメリカが統治しました。しかし冷戦の進行で48年に北側は朝鮮民主主義人民共和国（社会主義国）、南側は大韓民国（資本主義国）として独立しました。50年6月、北側が38度線を越え朝鮮戦争が始まりました。そして53年以来、休戦状態が続いています。この戦争を東西冷戦の代理戦争と位置づける見方もあります。朝鮮戦争で輸送などに動員された日本人もいました。

日本も当初、複数国による占領案があり、朝鮮戦争のように同じ国の人々が戦う「日本戦争」の可能性があったのです。

＊接収された赤レンガ倉庫の証言

51年にアメリカ軍に採用されると指紋を採取され、赤レンガ倉庫にあった第2港湾司令部に配置されました。朝鮮戦争時は24時間体制で在日アメリカ軍の戦争武器や家族物資が陸揚げされていました。

アメリカ兵は新港埠頭から御殿場のキャンプへ送られ訓練し、朝鮮半島に送られました。けが人は岸根の病院へ運ばれました。倉庫内は明るい緑色に塗られましたが、営倉もあって金網が張られ刑務所みたいでした。事務用鉛筆には「Remember Pearl Harbor」と刻んでありました。

東京五輪記念碑（野毛山）

伊勢佐木町ブルース碑

流線形デザインがトレンド

横浜港港湾労働者供養塔

7. 多文化のまち「ヨコハマ」

2019年3月、横浜市の外国籍人口は、市の統計によれば9万8760人で、市人口（約374万人）の約2.6%です。国籍別では中国、韓国・朝鮮、フィリピン、ベトナム、ネパールが上位5カ国で、鶴見では南米系の人たちが多く、中区は中国系や欧米系、泉区はインドシナ系と地域により特徴があります。日本国籍に変えた人などを考えれば「外国人」はもっと多そうです。

日本国の在留外国人は約212万人（1.67％／14年←1994年129万人）、神奈川県は約21万2500万人（2.3%／19年）です。多いのは中国人、韓国・朝鮮人、フィリピン人で、ベトナム人、インド人が増加、南米の人たちが減少傾向です。この推移は国際社会の影響があります。今後、入管法改正などで「外国人」を受け入れていく私たちに問われるのは、共に社会を形成していく姿勢ではないでしょうか。

(1) 朝鮮半島からの人々

日本は3次にわたる日韓協約と韓国併合条約（1910年）で45年まで朝鮮を植民地支配しました。朝鮮の人びとは日本の「土地調査事業」で自分の土地を失ったり、貨幣経済の進行で貧困に陥ったりして生活のため来日しました。20年代後半以降は年間8万～15万人が来日、39年以降は国民動員計画で日本の労働力不足に伴う動員や強制連行が主でした。日本では危険な炭鉱や道路・鉄道工事、県内では日吉台地下壕の掘削や相模湖ダム工事などに従事しました。彼らは「日本人」にされましたが、多くの差別にさらされました。関東大震災での虐殺もありました。植民地支配により、インフラを整備しても、その国の主権を奪い、人権侵害することは許されません。

終戦時に日本本土には200万人以上が住み、すぐ祖国へ戻りたいという人々と、帰りたいが故郷の朝鮮半島にはもう

Around Yokohama

川崎市川崎区には市民運動が中心になって1988年に設立された市の「ふれあい館」という施設があります。子供たちの遊び場、民族文化サークルの拠点、在日の歴史に関する資料室や、高齢者が交流する「トラヂの会」などがあります。周辺の桜本地区は、近年「コリアンタウン」として整備され、ゲートもあります

横浜市の外国籍人口上位10カ国　（18年3月）

	国名	人数	割合 %	神戸市 %
1	中国	37,741	1.0	❷ 0.93
2	韓国・朝鮮	12,857	0.35	❶ 1.3
3	フィリピン	7,674	0.2	❻ 0.07
4	ベトナム	5,894	0.12	❸ 0.09
5	ネパール	3,239	0.09	⓭ 0.01
6	台湾	2,698	0.073	データなし
7	ブラジル	2,509	0.068	❼ 0.04
8	アメリカ	2,439	0.067	❹ 0.09
9	インド	2,234	0.060	❺ 0.07
10	タイ	1,584	0.043	❾ 0.02
	全体		2.13	2.86

＊横浜市統計ポータルサイト、神戸市データこうべ参照

土地もなく、様子も見たいという人々に分かれました。前者の140万人は朝鮮に帰国しましたが、やがて朝鮮戦争が始まり、来日が困難になりました。朝鮮での生活基盤を失い、残らざるをえなかった人々もいました。

47年5月2日、天皇最後の勅令で「外国人登録令」が発せられ、日本国籍を持つ朝鮮や台湾の人たちは外国人扱いされました。さらにサンフランシスコ平和条約発効（52年4月28日）直前の同月19日に、政府はこうした人々に、法務省人事局長による通達（「平和条約発効にともなう国籍及び戸籍事務の取扱について」）を発して、日本国籍を奪いました。軍属で「日本人」戦犯として裁かれながら、軍人としての恩給は支払われないままです。

いまも外国籍の人は納税の義務を果たしているのに国籍条項の制限が多くなっています。国際的に見ると、定住外国人の地方参政権を認めている国家が多くなっています。

「在日」の人々が本名ではなく日本名を名乗るなど、心地よく住むことができない状況があります。しかし、在日2世の人たちはあえて本名を名乗るなどして、自分の子どもたちに差別を受けさせたくないと動き出しました。それを手伝う日本人とともに市民運動が始まりました。現在の日本における韓国・朝鮮籍の総人口は約54万5000人、うち「在日」と呼ばれる特別永住者は約38万5000人です。戦後70年以上が経ち日本で生まれ、育った人が多くなっていますが、残念ながら今も差別があり、それに対して様々な運動や訴訟があります。80年代の運動の結果、指紋捺印制度が全面撤廃されましたが、外国人登録証はいまも携帯が義務です。

「帰化」（日本国籍を取得する）をしなくても同じ立場でつきあっていくことが大事だといえます。現在、鶴見小野には鶴見朝鮮幼稚園、神奈川区沢渡には横浜朝鮮学園（小中高）がありますが、学校教育法に定める「一条校」ではないと国公立大学への受験資格が認められず、99年に国連人権委員会に提訴されました。現在、状況は少し変わりましたが、各大学の判断次第であり、国の態度は変わっていません。授業料問題もあります。誰もが自分らしく生きていくためには、歴史的なことを意識しながら、共生できる社会構築を考えるべきです。

（2）中国からの人々

現在横浜に住む中国の人たちを「老華僑」、「新華僑」と分けることがあります。「老華僑」（オールドカマー）系の人たちは1949年以前に来日した人た

信愛塾の取り組み

1978年、在日大韓基督教会横浜教会と横浜の民族差別と闘う会の支援により山下町に在日韓国・朝鮮人の子ども会として発足しました。

子どもたちには民族の自覚と基礎学力を、そして日本社会からの差別をなくすために活動しています。具体的には補習クラス、母語クラス、日本語クラスの展開や、共生社会を築くためにさまざまな活動に取り組んでいます。

塾「寺子屋」（中華街）

横浜山手中華学校をリタイアした符順和先生が、いわゆる「ニューカマー」の中国人の子どもたちに学校の勉強や日本語を教えようと2004年に開きました。放課後には小学校1～6年生の子どもたちが賑やかに、そして一生懸命学んでいます。

ちの子孫で、幕末以来代々商売をしてきた人、戦争で捕虜になったり華北を中心に強制連行された人、内戦を逃れてきた人などがいます。「老華僑」の人たちは日中の近現代史を生きてきました。日中戦争時は、居住国と母国が戦争をしている中で横浜に留まり、日本社会にも合わせる厳しい状況を生きてきました。

「新華僑」（ニューカマー）系の人たちは中国の開放政策に伴う留学目的の人々で、その後日本で就職や商売をして経済的な苦労もありました。90年代後半から中国の経済発展で来日した留学生は、まだ仕送りも受けていたようです。最近は中国での格差拡大で、ビジネス拡大のために来日した人もいるなど、ニューカマーも歴史背景や来日の動機は様々です。両親、またはどちらかの親が中国語を使用しており、子どもは学校では日本語での会話に自信を持てない場合があるのです。

「新華僑」の人たちも最近の日中関係の影響を受けています。

（3）インドシナ難民

75年、ベトナム戦争が終結し、ベトナム、ラオス、カンボジアは社会主義国になりました。新しい国づくりのなかで迫害を受けた人々や、79年の中越戦争で生活が困難になった人々は、小さなボートにあふれるほど乗って脱出し、「ボート・ピープル」と呼ばれました。悪天候や海賊の襲撃で命を落とした人もいました。彼らは各地で難民として受け入れられ、アメリカ、オーストラリア、カナダなどに移住しました。難民受け入れに消極的な日本は当時難民条約（51年採択）を批准しておらず、経済大国がアジアの同胞をなぜ助けないのかと国際的批判を受けました（81年条約加盟）。79年、日本はインドシナ難民を受け入れ始め、兵庫県姫路市（79～96年）神奈川県大和市（80～98年）に定住促進センターを設置し、また長崎県大村難民一時レセプションセンター（82～95年）、国際救援センター（83～06年）、RHQ支援センター（06年～／難民事業本部）を開設して、日本語教育や職業斡旋などの支援に取り組みました。難民定住者の半数が現在神奈川県在住で、愛川町にコミュニティを作り、NPO神奈川難民定住援助協会が相談や2世の教育援助に取り組んでいる状況です。

定住センターのあった大和市と横浜市泉区をまたいで県営いちょう団地があります。79棟、3600戸という大規模団地で、約20%が外国籍世帯です。インドシナ出身者を中心に、中国帰国者や日系南米人も多く住み、住民の国籍は20カ国以上になります。地元の横浜市立飯田北いちょう小学校は児童の75%が外国籍で、支援の取り組みを続けています。94年からは学生たちが立ち上げた日本語教室を軸に多文化まちづくり工房が活動をしています。

◆いちょう団地に行ってみると

市営地下鉄立場駅や相鉄線いずみ中央駅、小田急線高座渋谷駅からバスで、いちょう団地へ行くと、看板にいくつもの言葉があることに気づきます。

右の看板にはクメール語、ベトナム語、中国語（簡体）、スペイン語、英語と、住んでいる人たちがお互いに配慮しながら暮らす様子が見えてきます。

(4) バブル経済と南米系の人びと

日本はバブル経済となって労働力が不足すると、1990年、「出入国管理及び難民認定法」（入管法）を改正し、2～3世の日系ブラジル人とその家族を受け入れました（非日系人でも日系3世までの配偶者は、特別の在留資格を得ることが可能）。こうして来日した人々は、群馬県太田、大泉や静岡県浜松などで働き、約35万人が定住して日本国籍を取得した人も多くいます。

横浜では鶴見区を中心に、こうした南米系の人たちが住んでいます。ルーツが沖縄の人も多いようです。地元公立学校では、日本語教室やいわゆる「取り出し授業」を設定するなどして支援をしています。

(5) フィリピン

フィリピンからは1980年代中頃から「興行」ビザで働く人が増えました。また日本人と結婚して地域の一員として定住する人も多くいます。2009年からは、日本の少子化による労働力不足から、フィリピン人などの看護師・介護福祉士候補者を受け入れていますが、試験や定住しやすさの問題があります。やはり同じ社会の構成メンバーとして諸制度の充実が必要です。

(6) 沖縄からの人たち

鶴見では1945年11月に沖縄県人連盟が結成されましたが、差別や偏見との闘いで大きな苦労がありました。

県人会館「おきつる会館」では伝統芸能の稽古や、エイサーの会も開かれています。夏には琉球相撲大会が入船小学校で開催されていて、潮田地区は「リトル沖縄」と呼ばれています。かつては沖縄県知事が代わると、鶴見へ非公式にやって来て、県人会の方々と交流すると聞いたことがあります。

前述のように日本がバブル経済で労働力不足となると、日本へ「帰国」した南米移民が急増しました。現在、彼らの先祖である沖縄出身者が多い鶴見には、沖縄の姓を持ち、南米のミドルネームを持つ人々が多く住んでいます。

> **横浜国際学生会館**（鶴見区本町通1丁目）
>
> 横浜市教委が1994年に、海外からの留学生の居住のために設立しました。学部生と院生が半数づつの割合で、学生たちは学業に励みながら、地元の学校への出前授業や交流会、イベントにも積極的に参加しています。

鶴見区役所イベント

潮田のエスニックな店

沖縄県人会会館

8. 横浜のアメリカ軍基地

第2次大戦で日本が敗れたため連合国軍、実際にはアメリカ軍が日本の占領政策を担当しました。冷戦の急速な進行はアメリカによる日本の再軍備化を促すことになりました。50年に朝鮮戦争が起き、朝鮮半島へアメリカ兵が動員されたことを名目に警察予備隊が組織されます。2年後には保安隊に、そして54年には自衛隊となります。

終戦時、アメリカ軍は瑞穂埠頭（North Pierと呼ばれた／神奈川区）を接収しました。東京湾から船が真っ直ぐに入港できる条件の1番良い埠頭だからです。

連合国軍による横浜市内の接収面積は、最大で1600ha（52年）、全国の接収地面積の約62%でした。112の施設、建物がアメリカ軍に提供されました。

こうして進駐軍（占領軍）として横浜にやってきたアメリカ軍は、冷戦の進行にともない、51年のサンフランシスコ講和条約と同日に締結された日米安全保障条約により、そのまま日本に駐留することになりました。瑞穂埠頭は、アメリカ軍のアジア戦略と直結して、朝鮮戦争やベトナム戦争、沖縄などを結ぶ拠点となってきました。

一方、沖縄のアメリカ軍基地の日本全体に占める施設面積は52年に8.45%でしたが、本土で事件が多発したことで移転が進められて、現在は日本にある基地総面積の約70%が沖縄県にあります。

アメリカ軍は50年の朝鮮戦争開戦時に厚木飛行場の使用を再開し、53年の休戦後も使い続けます。横須賀には原子力潜水艦が66年に初寄港し、73年には空母「ミッドウェー」が横須賀を母港とします。このため寄港時の艦載機訓練が厚木で行われ、騒音問題がひどくなりました。82年から夜間飛行訓練も始まります。耐えかねた住民から76年に厚木基地騒音訴訟が起こされました。2014年の第4次訴訟で横浜地裁は夜間の自衛隊機飛行差し止めを認めましたが、アメリカ軍機飛行禁止は退けました。日米政府は負担軽減のため山口県岩国市に艦載機部隊移転を18年

ノースドック

鶴見貯油施設側線（安善駅）

根岸住宅地区

に実施しましたが、問題が横滑りしただけと聞きます。また厚木の騒音も解決されておらず、17年12月には第5次訴訟が提訴されました。アメリカ空母が海外を母港とするのは横須賀だけで、08年には原子力空母「ジョージ・ワシントン」、15年から交代で「ロナルド・レーガン」が横須賀を母港としており、原子力事故の懸念があります。停泊時は日本側が放射線測定をしています。現在の神奈川県のアメリカ軍施設は12カ所、1万7399ha（横浜市は4か所・470haと提供水域2カ所）です。54年にはアメリカ軍病院建設から耕作権を守る岸根基地反対闘争が起きました。

鶴見貯油施設（JR鶴見線安善駅隣接）は、金沢区の吾妻倉庫地区からタンカーで輸送された航空燃料を貯蔵し、タンク車が貨物列車で厚木基地や横田基地へ輸送されます。在日アメリカ軍の貯油施設では最大規模です。

冷戦の影響は通信施設の周辺で顕著に現れました。瀬谷区に上瀬谷通信施設、戸塚区には深谷通信基地が造られました。上瀬谷では通信傍受の妨げになるとして、周辺の建築物は2階建てに制限されました。そのため、横浜市立上瀬谷小学校は市立で唯一2階建て校舎です。新港埠頭には冷蔵倉庫、神奈川新町のミルク・プラントからは全国にアイスクリームなどの乳製品が届けられていました。

＊ベトナム戦争とは

ベトナムは1862年、フランスに植民地支配されます。その後日本が1940年から支配していきますが、ホー・チー・ミンらは社会主義思想を軸に抵抗します。日本の敗戦後、冷戦を背景にフランスが再支配を目論み失敗します（インドシナ戦争）が、講和条約後の一時的な状況が固定化され、ベトナムは社会主義の北側と、資本主義の南側にわかれました。そして南北の対立から60年にベトナム戦争が始まります。しかし南側でも資本主義に抵抗する勢力が反政府活動をしました。

65年からはアメリカが本格介入して大きな被害を与えますが、抵抗を押さえられず、また世界的な反戦運動もあって73年には撤退。75年北側の勝利に終わりました。ベトナム戦争は朝鮮戦争と同様、冷戦の代理戦争とも言われています。

ベトナム戦争と横浜

ベトナム戦争で、アメリカ軍は日本をベトナムへの中継地として使いました。1番の影響を受けたのは、アメリカ軍から“Keystone of the Pacific” と呼ばれた沖縄県でしたが、神奈川県には横須賀基地、厚木飛行場が、横浜にもノースドック（東神奈川）や広いアメリカ軍住宅など、アメリカ軍施設が数多くありました。アメリカ軍住宅があった本牧では、周辺にアメリカ軍向けの店が数多くあり、今も輸入服の店や往時からのライブハウスがあります。ノースドック入口にはアメリカ兵向けだったバーがいまも営業しています。

岸根には陸軍野戦病院が開設されて

ベイサイド・コート（現存せず）

ノースドック入口のバー

東神奈川・村雨橋

ベトナムでの負傷アメリカ兵が搬送され、壊れた戦車は相模原補給廠で修理されて、再び戦場に運ばれました。日常生活にベトナム戦争が直接隣り合っている状況でいいのか、と市民運動を中心に72年8月、東神奈川で戦車輸送車の通行阻止闘争が行われました。飛鳥田一雄横浜市長も同意し、市長権限で戦車輸送車の重量超過を理由に村雨橋通過を認めませんでした。のち国会はこの法規を修正しましたが100日間、戦車輸送車は通過を阻止されました。地域から反戦行動を実行した出来事でした。

現在もノースドックからは、北富士演習場への榴弾砲を陸揚げして、アメリカ海兵隊の実弾射撃演習で使用するなど、アメリカ軍の重要拠点となっています。この演習は沖縄の負担軽減の一部ですが、質量ともに増えていると指摘されています。

アメリカ軍の事故と横浜

基地周辺では、安全性より戦闘性を優先した戦闘機墜落が続発しました。64年には横浜市隣の町田市や大和市への墜落事故で犠牲者が出ました。77年9月には青葉区（当時緑区）荏田へジェット機が墜落しました。大やけどを負った兄弟はその日の夜、1歳の弟が覚えたての“ハトポッポ”を歌いながら、3歳の兄は「バイバイ」と言い残して亡くなりました。2人の母親も長い治療で苦しみ、疑問の残る形で亡くなりました。墜落現場には日本の警察も入れず、パイロットの責任も実質的に問われませんでしたが、被害者の1人椎葉さんは国を相手に提訴し、「安保に風穴を開けた」といわれました。県内でのアメリカ軍機事故は92年以降に21件、2002年以降では17件とほぼ毎年発生しています。このほか軍施設では鶴見貯油施設の落雷・炎上（79年）や、ジェット燃料を扱う小柴貯油施設の爆発炎上事故（81年）もありました。

80年代、逗子市池子でかつての弾薬庫を造成してアメリカ軍の大規模住宅が建てられ、計画段階から地元は激しく揺さぶられました。08年には横浜市側部分への拡張計画が持ちあがりました。中区ではアメリカ軍住宅に囲まれているため、通行に基地のパスが必要な住民がいます。

施設返還では05年小柴貯油施設の大部分、09年富岡倉庫地区、14年深谷通信所、そして15年に上瀬谷通信施設が返還され、最大1200haだった県内の基地が、現在は約150haになりましたが、鶴見貯油施設と横浜ノース・ドックは日米合同委員会での返還合意の対象施設になっていません。

こうした情報は県や市の基地対策課のホームページ、また基地問題全般や状況はNPO法人ピースデポや神奈川県平和委員会のホームページが詳しく取り上げています。

米軍の戦車（ベトナム）

米軍機墜落での犠牲を悼んだ「愛の母子像」

和枝園

9. ミナトの客船から見える国際情勢

「海の日」の起源は、明治天皇が東北巡幸から横浜に帰港した7月20日です（現在は7月第3月曜日）。

航空網が発達すると客船寄港は激減しましたが、横浜港とナホトカ、上海への定期航路は90年代まで続いていました。現在はいずれも廃止・短縮されました。一方90年代から国内向けクルーズ客船が建造され、日本郵船の「飛鳥」（現在「飛鳥Ⅱ」）は、横浜に船籍をおきました。積極的な誘致で、横浜港はトップ級の客船寄港数があります。

国際情勢と関わる船も寄港します。82年5月、イギリスとアルゼンチンが交戦したフォークランド紛争では、「クイーン・エリザベス2」や「キャンベラ」が兵士輸送に使用され、翌年の日本寄港時には戦時の灰色塗装のままでした。89年3月に寄港した「アレクサンダー・プーシキン」は同年12月、マルタ島で米ソ冷戦終結署名に使われました。世界的NGOの「グリーンピース」寄港時の船内公開では、フランス領タヒチで核実験阻止の停泊をしていて、フランス軍兵士が蹴破った分厚いドアを展示していました。また戦争遺跡でもある氷川丸も山下公園前に停泊しています。世界1周クルーズで知られるピースボートの船体にはMDGsやSDGsの目標が描かれています。

クイーン・エリザベス２

アレクサンダー・プーシキン

グリーンピース

ピースボート

◆一人芝居「横浜ローザ」と映画『ヨコハマメリー』
（五大路子／1996年～）（中村高寛監督／2006年）

かつて伊勢佐木町に、夜になると白いドレスを着て街頭に立つ女性がいました。30年にわたってそんな生活をしていたその女性はいつしか「メリーさん」と呼ばれ、横浜の戦後史のある一面を体現していたといわれます。昼間に立ち寄っていた馬車道のレストラン「相生」（現在閉店）には、彼女が気を遣って自分用に持参したティー・カップが飾られていました。

このカップを受け取ったのが、「メリーさん」との偶然の出会いから、彼女の人生とその時代をテーマにした「横浜ローザ」を20年以上演じ続けている五大路子さんです。99年には横浜夢座を立ち上げ、横浜にこだわった舞台を演じながら、この一人芝居を続けています。五大さんは近年、さらに若い世代と活発に交流を深めて、世代と歴史をつなげています。

10. 60's ～ 70'sの横浜

(1) 公害問題

60年代は高度成長の一方で公害が激化しました。万博で沸き立つ70年の国会は「公害国会」と呼ばれ、被害対策の法律が成立しました。市民たちは声を上げ始め、横浜も公害との「闘いの街」になりました。水質汚染は住民の健康を脅かし漁業を困難にし、スモッグや排気ガスによる大気汚染はぜんそく被害を拡大させました。京浜に青空を取り戻す会（70年結成）などの運動が起こり、訴訟も起こされました。市が各企業と法規制より厳しい公害防止契約を結ぶ「横浜方式」は全国に拡がりました。

(2) 横浜新貨物線反対運動

東京への一極集中で激化した通勤ラッシュ緩和のため、同じ線路を使っていた東海道線と横須賀線を分離（東京ー大船間）するため新貨物線（13.7㎞）の新設が計画されると、住宅地では反対運動が展開され、それは15年に及びました。公共の利益と住環境のあり方が問われたのでした。

(3) 空襲を記録する会の活動

戦争体験の風化や、安保強化で軍備拡張の動きに、戦争の記憶を残そうという「横浜の空襲と戦災を記録する会」が飛鳥田市長の肝いりで市民運動として始まりました。記憶を語るのは辛い傷を再現することですが、粘り強い取り組みで多くの証言が集まり、『横浜の空襲と戦災』全6巻が上梓されました。

(4) 横浜の都市デザイン

東京の衛星都市化した横浜は人口が急増し、住宅や学校などインフラ不足が顕著となりました。72年、飛鳥田市長は「五大戦争」を宣言し、公害や都市問題に積極的に取り組みました。都市デザインにも力を入れました。今なら「横浜はオシャレな街だから」とされるでしょうが、市民生活を豊かにしようとする方法の1つでした。縦割り行政中心の改善のため68年、市役所に組織横断的な企画調整室が作られました。人々の動線や観光を意識した歩道や案内板の設置、また街を分断しないように国と交渉してJR桜木町～関内駅付近は高速道路を地下化するなど、都市デザイン事業で先駆的な役割を果たしました。歩道部分をセットバックすればボーナスとして建物の高さ制限を緩和する「市街地環境設計制度」（73年）も作られました。

港北ニュータウン開発では都市農業を充実させ、宅地開発要綱で企業に学校用地の提供を求めました。飛鳥田市政はいくつかの「横浜方式」で資本制社会下で私有財産の活用と市民の生活環境を両立させ、ナショナル・ミニマム（国民生活の最低限保障）を進めたシビル・ミニマム（市民レベルの生活向上）を体現したといえます。

斬新だった案内標識

5章「戦後」の横浜

11. 80's ～ 90's の横浜

経済の矛盾がさらに！

（1）寿町と労働者襲撃事件

中区の寿町は、3大寄せ場（東京山谷・大阪釜ヶ崎）の1つといわれていました。山谷は江戸時代の人足寄場以来の歴史がありますが、寿町は桜木町の職業安定所や「寄せ場」（求人探しに寄る場）が55年に移転してきたのが始まりです。最近は求人が少なく、高齢者の街に変貌しました。現在の人口は男性を中心に約6500人、簡易宿泊所は約8000室あります。横浜市の自立支援センターがありますが、高齢化の一方で若者も増えており、ロスジェネ世代の高齢化が、次の野宿世代になると心配されています。

現在のホームレス数は全国で1万3000人以上、横浜では700人ほどです。行政のホームレス数調査は昼間のテント数でカウントするため、実際は調査の倍以上存在するとされます。83年、山下公園で地元中学生によるホームレス襲撃事件が起き、犠牲者が出ました。いまもホームレス襲撃は子どもたちの不満のはけ口となっており、ストレスフルな社会の一面です。この問題を、「線引き」された一部の「怠惰」な人たちの問題と決めつけていいのでしょうか。教育現場でホームレスが存在する要因まで考えることが大事です。93年以来、寿町では公園で毎週金曜日に炊き出しが行われています。

寿町の炊き出し

（2）横浜ブーム

80年代にはTVドラマやファッション誌から「横浜ブーム」が形成されました。ぼんやりとオシャレな街と認識されていた横浜は、本格的な観光地になっていきます。中華街や山下公園近辺、近年ではみなとみらい地区に全国から観光客が集まっています。グルメブームもそれを後押しするようになり、あちこちのお店で行列ができるようになりました。それに伴い、観光インフラが整備されるようになりました。

89年の横浜博覧会を起爆剤として90年代にはみなとみらい地区の開発が進んでいきました。試行錯誤を重ねながらアミューズメントも多くなり、横濱ジャズ・プロムナードの文化的イベント、スポーツイベント、そして世界各地に関するイベントも満載になりました。

◆英連邦戦死者墓地（保土ヶ谷区狩場町）

イギリスは1917年、戦争犠牲者を現地で葬る方針にしました。日本では56年、横浜に造られました。敷地内は常によく整備され、説明板もあります。イギリスやオーストラリアの追悼式典、また8月第一土曜日には日本側からの和解のセレモニーが開催されています。

12. ヨコハマの戦争遺跡をどう活かす?

戦後50年を前に、戦争遺跡への関心が社会的に高まりました。まずは広島の原爆ドームや沖縄の「ひめゆりの塔」が思い浮かびますが、紹介してきたように、横浜にもこどもの国の弾薬庫跡、海軍日吉台地下壕、空襲の痕跡や氷川丸など戦争遺跡が数多くあります。認知度が高まるにつれて、文化財に指定される場所もありますが、身近にある現物をきちんと保存していく必要があるでしょう。過去から現在につながる歴史や世界を考えるには、まず「ほんもの」を通して、個人や地元の学校で学習や思考を深めることが第一歩です。そして人権やそれを守るため社会構造を学び、「過去との対話」を通して現在、未来を考えていけるようになってほしいものです。

89年に結成された「日吉台地下壕保存の会」は、全国の戦争遺跡保存運動の先駆的存在で、97年発足の「戦争遺跡保存全国ネットワーク」でも重要な役割を果たしています。このほか県内では「蟹ヶ谷地下壕を保存する会」「登戸研究所保存の会」などがあります。

◆横浜と神戸

神戸港は古くから大陸とのつながりが強い港でした。平安時代以降も日中貿易、のちには北前船や朝鮮通信使の寄港地などの要衝として繁栄していました。

横浜は1859年、神戸は幕府の要請で予定より5年遅れて68年に開港しました。開港前には海軍操練所が造られました。

横浜、神戸、いずれも港町として貿易、商業、工業、そして軍事的な役割を担い、また戦後は衛星都市、観光都市として発展しています。多くの移民が旅立った場所でもあります。両都市の共通点は港を軸とした臨海公園、西洋建築、居留地、坂の街、山手という地名も共通しています。そして外国人との間に起きた生麦事件と神戸事件というトラブル、中国人やインド人のコミュニティ、空襲の傷跡、朝鮮半島や南米からの人々、さらに時代は異なりますが、震災の痕跡などもあります。一方、神戸市議会は1975年に非核入港方式(核兵器搭載艦艇の神戸港入港拒否に関する決議)を可決、核保有国の艦船は証明書を提出して入港しています。

街づくりの観点から見ると、神戸には綺麗な夜景を見る場所、モスク、「神戸商店」と呼ばれた神戸市の行政手法などがあります。横浜には2つの「横浜方式」(公害、宅地開発)があります。横浜は歴史や建物の説明板もたくさんありますが、例えば孫文について一番長く滞在した横浜でその足跡は見えません。横浜は東京に近く、また全国からの観光客の多いので、もう充分なのでしょうか。横浜で複数の西洋館が観覧できるようになったのは、90年代からでした。もちろん、横浜の苦労はあると思いますが、歴史をもっと意識して、さらに1歩深い街づくりが期待されます。それが横浜への理解者を増やすことになるでしょう。

13. 横浜は、和解、国際理解、共生のまち

横浜は幕末から大きく発達した、独特の性格を持った都市になりました。貿易都市～商業都市～工業都市～軍事都市～衛星都市と変化し、人々の流動性も高く、首都の隣接地としての役割も担いました。「全国史と地域史は車の両輪」（遠山茂樹）であり、世界史ともつながっています。この横浜という都市はハイブリッド都市といえます。

そうした歴史上に位置した横浜は、多くの問題を抱え、事件の現場にもなりました。一方でそれゆえ相互理解、和解へのアプローチの街でもあります。たとえば、中華街での大陸系と台湾系の人々の協調、英連邦戦没者墓地で続く和解のセレモニー、日中友好公園（本牧臨海公園）やコリア庭園（三ツ池公園）といった友好の証しもあります。寿町には社会の現実が押し寄せていますが同時に、そこで支援のために動いている人たちも多くいます。

ナチスドイツに命を奪われたアンネ・フランクのバラ（外国人墓地、フェリス女学院）もあれば、アメリカ軍機墜落事故で命を失った林和枝さんを偲んだカズエバラが咲く地でもあります。

中区には現在2校のインターナショナル・スクール（IS）があります（サン・モールIS／1872年、横浜IS／1924年）。神奈川区には朝鮮学園（51年）、都筑区には東京・横浜ドイツ学園（1904年）、緑区霧が丘にはインドのISが設立されました（09年）。

ムスリム人口も増えています。鶴見区にはトルコ人によるホライゾンISが03年に設立されました（19年、横浜駅近くに移転）。またジャーメ・マスジド横浜（06年／都筑区）などいくつかのモスクがあります。

明治学院大学横浜キャンパスでは「ヒロシマ・ナガサキ講座」が毎年行われています。

横浜市は、国際平和の推進に関する条例を持ち、84年の「非核兵器平和都市宣言に関する決議」など平和に関する決議を行っています。87年から国連のピースメッセンジャーにもなりました。2018年には「国際平和の推進に関する条例」が作られました。グローバル教育に力を入れる横浜の長所を活かした教育行政が期待されています。

イギリスの歴史家E・H・カーやワイツ

◆ゆず「Hey和」

ゆずの「Hey和」という曲は、東日本大震災後の被災地でもよく歌われて、震災を意識した歌と思われていたそうです。しかしこの曲のリリースは2011年1月でした。ゆずの2人はこの曲の歌詞を、より深めるために、横浜大空襲の経験者と一緒に空襲の現場を歩いたそうです。歌詞はその経験が生かされたものでしょう。2人が路上ライブをしていた伊勢佐木町の松坂屋が建て直されたため、そこに展示されていた絵が2人の地元、岡村天満宮に置かれています。

ジャーメ・マスジド横浜

横浜駅近くのインターナショナル・スクール

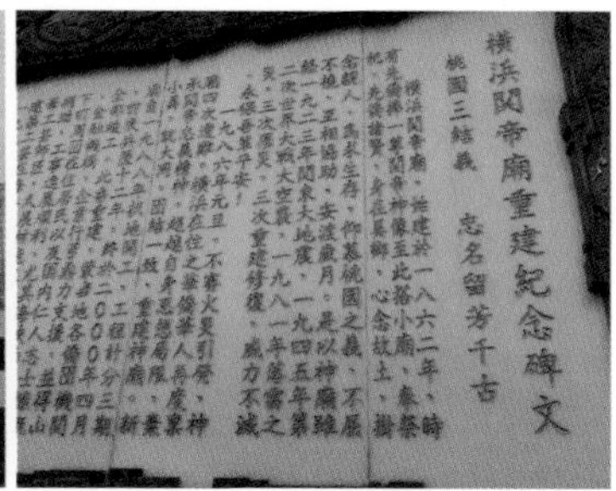

協力した経緯がある関帝廟碑文（中華街）

ゼッカー元ドイツ大統領の言葉のように、「過去と対話し、知ることで現在・未来を知り、考える」ことの意味は、横浜のみならずそれぞれの地元で取り組めることです。

いま世界では格差や貧困が広がり、立場の弱い人ほど移動を強いられたり、戦場に立ったりと、過酷なしわ寄せを受けています。資本主義経済の中で経済のグローバル化が進むと、立場が弱い人たちはますます平和ではない状況に追い込まれていきます。しかも、そうした人々を線引きし、固定観念で人間性を決めつけ、あるいはストレスのはけ口にする差別・迫害などの人権侵害が起きています。私は強いられた移動を問題視しつつ移動してきた人たちと、その歴史を学ぶ理解力と、背景を考えられる他者への想像力を持ちたいと考えます。1つの社会に共生する人たちと相互に思いやり、助け合うことで寄り添っていくことだけでも、現代社会に現れる暴力に対抗する大きな力になっていきます。表面的な国際交流は盛んなのに、なぜ身の回りの国際交流をもっと活かせないのか、自分たちと同質にならなければ一緒の社会の構成メンバーと認めないようでは自分自身も、息苦しい、生きにくい社会になっていきます。他から見れば自分も「他者」です。そして「暴力」すなわち力づくが容認される筋道が通らない社会は、ほとんどの人が苦しむ社会です。その苦しみを減らすために、日々を人間らしく少しでも充実させていくために、横浜の歴史から学ぶことはたくさんあります。

だからたくさん歩きましょう。たくさん過去から学び、でも思考停止せず、たくさん考えてみましょう。遊び心をたくさんもちましょう。そこから自分の価値観を形成して、意見の同じ人や異なる人たちと、社会の「構造」をつかみ、「科学」というフィールドで意見を交わし続けることが大切です。

だから……横浜を歩きましょう!

＊主な参考文献

■全般
図説・横浜の歴史編集委員会『図説　横浜の歴史』横浜市市民局市民情報室広報センター、1989
横浜市『横浜市史Ⅱ』1989～2004
■序章　江戸時代まで
『神奈川のなかの朝鮮』編集委員会『神奈川のなかの朝鮮』明石書店、1998
■第１章　明治時代前半
戸塚町郷土研究会『戸塚郷土誌』、1934
横浜開港資料館『自由民権期の横浜』、1981
大畑哲『自由民権運動と神奈川』有隣堂、1987
遠山茂樹・神奈川県史料編集委員会編『史料が語る神奈川の歴史60話』三省堂、1987
横浜開港資料館『横浜中華街－開港から震災まで』1994
山室清『新聞が戦争にのみ込まれる時』かなしん出版、1994
横浜近代史研究会・横浜開港資料館『横浜の近代－都市の形成と展開－』日本経済評論社、1997
丸山健夫『ペリーとヘボンと横浜開港－情報学から見た幕末』臨川書店、2009
紀田順一郎『幕末明治傑物伝』平凡社、2010
田邊哲人『大日本 明治の美 横浜焼、東京焼』叢文社、2011
■第２章　明治時代後半
川口正英『明治の「横浜の人」』星雲社、1985
大倉精神文化研究所『大倉邦彦伝』、1992
安川寿之輔『福澤諭吉のアジア認識』高文研、2000
山室信一『思想課題としてのアジア　基軸・連鎖・投企』岩波書店、2001
小松裕『全集日本の歴史「いのち」と帝国日本』小学館、2009
■第３章　大正時代
佐藤建次『日本ビアラベル盛衰史』東京書房、1978
田中義郎『横浜社会事業風土記』神奈川新聞厚生文化事業団、1978
郷土戸塚区歴史の会『戸塚くるぶ』戸塚区役所、1983
神奈川県自治総合研究センター『神奈川の韓国・朝鮮人』公人社、1984
西坂勝人「神奈川県下の大震火災警察」『関東大震災横浜記録』民団神奈川県本部編著、1993
民団神奈川県本部編著『関東大震災横浜記録』1993
神奈川と朝鮮の関係史調査委員会『神奈川と朝鮮』神奈川県渉外部、1994
サトウマコト『鶴見線物語』230クラブ、1995
神奈川県歴史教育者協議会『神奈川県の戦争遺跡』大月書店、1996
松野誠也『日本軍の毒ガス兵器』凱風社、2005
高村直助『都市横浜の半世紀－震災復興から高度成長まで』有隣堂、2006
今井清一『横浜の関東大震災』有隣堂、2007
内海孝『横浜開港と境域文化』神奈川大学評論ブックレット27お茶の水書房、2007
笠原十九司『日中戦争全史』高文研、2017
■第４章　昭和前期
横浜市・横浜の空襲を記録する会『横浜の空襲と戦災』全6巻横浜市、1975～77
富永謙吾編『現代史資料39　太平洋戦争５』（米国戦略爆撃調査団「太平洋戦争報告書」）みすず書房、1975
服部一馬・斎藤秀夫『占領の傷跡　第二次大戦と横浜』有隣新書、1983
松浦総三「日本空襲のあらまし」早乙女勝元・土岐島雄編『母と子でみる③日本の空襲』草の根出版会、1988
神奈川県出納局『神奈川県庁物語』、1989
越田利成「南洋の銀翼」『浜海道Ⅱ』磯子区役所、1993
石川美邦『横浜港ドイツ軍艦燃ゆ』木馬書館、1995
今井清一『新版　大空襲5月29日　第二次大戦と横浜』有隣新書、1995
後藤乾一『近代日本と東南アジア』岩波書店、1995
鶴見の空襲を伝え平和を願う実行委員会『炎の中を－鶴見空襲体験の記録』、1996
木俣滋郎『日本特攻艇戦史』光人社、1998
三沢浩『アントニン・レーモンドの建築』鹿島出版会、1998
神奈川の学徒勤労動員を記録する会『学徒勤労動員の記録』高文研、1999
十菱駿武、菊池実『しらべる戦争遺跡の事典』柏書房、2002
小宮まゆみ『敵国人抑留－戦時下の外国民間人』吉川弘文館、2009
戦争災害資料室『「無差別爆撃」の転換点』東京大空襲・戦災資料センター、2009
中山伊佐男「日本への住民選別爆撃の実相」『無差別爆撃の転回点』東京大空襲・戦災資料センター、2009
■第５章　戦後
遠山茂樹・神奈川県史料編集委員会、『史料が語る神奈川の歴史60話』三省堂、1987
林博史『裁かれた戦争犯罪』岩波書店、1998
栗田尚弥編著『米軍基地と神奈川』有隣新書、2011
■学校史
『フェリス女学院100年史』1970、『学び舎／本町小学校』1975、『三ツ沢の今と昔／50年誌』1983、『関東学院と横浜大空襲』2005
■会社史
『麒麟麦酒株式会社五十年史』1957、『日産自動車三十年史』1965、『日立製作所戸塚工場史』1970、『横船の思い出』1973、『日平産業40年史』1978、『日本金属工業50年史』1982、『加藤発条の五十年史』1984、『三菱重工－横浜製作所百年史』1992
■機関紙・紀要
『開港のひろば』（横浜開港資料館）、『市史通信』（横浜市史資料室）、『ハマ発NEWSLETTER』（横浜都市発展記念館）、『埋文よこはま』（横浜市ふるさと歴史財団埋蔵文化財センター）、『有鄰』（有隣堂）、『横浜開港資料館紀要』横浜開港資料館、『横浜市史資料室紀要』（横浜市史資料室）『横浜都市発展記念館紀要』（横浜都市発展記念館）、『歴史地理教育』（歴史教育者協議会）、『横浜』神奈川新聞社
■横浜市各区史・図録
＊おもな参考文献をあげました。このほかにも多くの文献を参考にさせていただきました。紙幅の都合により、お名前だけ紹介させていただいた方がありますがお許しください。
◆使用写真　（Ｌ）横浜中央図書館所蔵／（Ｒ）横浜市史資料室所蔵資料

索 引

■人物編

あ 行

か 行

さ 行

た 行

な 行

は 行

ま 行

や 行

ら 行・わ 行

■できごと・組織編

あ 行

か 行

さ 行

か 行

さ 行

た 行

な 行

は 行

ま 行

や 行

ら 行・わ 行

鈴木　晶（すずき　あきら）

1960年、横浜生まれ。
法政大学法学部政治学科卒業、
フェリス女学院大学大学院国際交流研究科修了、元東京大学教養学部非常勤講師

著書：『神奈川の戦争遺跡』（共著、大月書店、1996）
『旅行ガイドにないアジアを歩く　マレーシア』（梨の木舎、2010）
『旅行ガイドにないアジアを歩く　シンガポール』（梨の木舎、2016）

旅行ガイドにないアジアを歩く　**横浜**

2020年9月1日　　初版発行
著　者：　鈴木　晶
装　丁：　宮部浩司
発行者：　羽田ゆみ子
発行所：　梨の木舎
〒101-0061 東京都千代田区神田三崎町2-2-12 エコービル1階
TEL　03(6256)9517
FAX　03(6256)9618
email : info@nashinoki-sha.com
http://nashinoki-sha.com

DTP：具羅夢　　　　印刷：㈱厚徳社

教科書に書かれなかった戦争

⑯歴史を学び、今を考える

――戦争そして戦後　内海愛子・加藤陽子 著

◉ 目次　1部　歴史を学び、今を考える／それでも日本人は「戦争」を選ぶのか? 加藤陽子／日本の戦後―少数者の視点から 内海愛子／2部　質問にこたえて／●「国家は想像を越える形で国民に迫ってくる場合があります」加藤陽子／「戦争も歴史も身近な出来事から考えていくことで社会の仕組みが見えてきます」内海愛子●大きな揺れの時代に、いま私たちは生きている。

978-4-8166-1703-4
A5判／160頁　1500円+税

⑲画家たちの戦争責任

――藤田嗣治の「アッツ島玉砕」をとおして考える

北村小夜 著

1943 年のアッツ島玉砕の後、藤田の絵は、大東亜戦争美術展に出品され全国を巡回した。東京の入場者数は 15 万人、著者も絵を観て奮い立った一人だった。

978-4-8166-1903-8
A5／140頁　1,700円+税

⑳慈愛による差別　新刊　新装増補版

――象徴天皇制・教育勅語・パラリンピック

北村小夜 著

東日本大震災と五輪誘致で「みんな化」が進み、日本中に同調圧力と忖度が拡がっていかないか。

978-4-8166-2003-4
46判／258頁　2,200円+税

㉑対決！安倍改憲　新刊

東北アジアの平和・共生と新型コロナ緊急事態宣言

高田 健 著　『週刊金曜日』連載　2017～2020 年

市民と野党の共同の現場からの熱い報告。
分断を乗り越え、日韓市民の運動の連携を実現した 30 カ月の記録。

978-4-8166-2004-1
A5判／173頁　1,600円+税